Ludger Graf von Westphalen

Der junge Vincke
(1774–1809)

Ludwig Vincke 1804

LUDGER GRAF VON WESTPHALEN

DER JUNGE VINCKE
(1774–1809)

Die erste Lebenshälfte
des westfälischen Oberpräsidenten
Ludwig Freiherrn Vincke

Herausgegeben von
Ruth Gräfin von Westphalen

ASCHENDORFF MÜNSTER

VEREINIGTE WESTFÄLISCHE ADELSARCHIVE E. V.

Veröffentlichung Nr. 6

Das Titelbild des jungen Vincke ist eine Reproduktion des Gemäldes
von Johann Friedrich Winkelmann.

© 1987 Aschendorffsche Verlagsbuchhandlung GmbH & Co., Münster

Das Werk ist urheberrechtlich geschützt. Die dadurch begründeten Rechte,
insbesondere die der Übersetzung, des Nachdrucks, der Entnahme von Abbildungen,
der Funksendung, der Wiedergabe auf fotomechanischem oder ähnlichem Wege
und der Speicherung in Datenverarbeitungsanlagen bleiben, auch bei nur auszugsweiser
Verwertung, vorbehalten. Die Vergütungsansprüche des § 54, Abs. 2, UrhG,
werden durch die Verwertungsgesellschaft Wort wahrgenommen.

Gesamtherstellung: Aschendorffsche Verlagsbuchhandlung GmbH & Co., Münster, 1987

ISBN 3-402-05268-7

ZUM GELEIT

Anläßlich der Feier ihres fünfzigjährigen Jubiläums am 2. April 1974 konnten die Vereinigten Westfälischen Adelsarchive den Oberstudiendirektor a. D. Dr. Ludger Graf von Westphalen für den Festvortrag mit dem Thema „Westfalens erster Oberpräsident Ludwig Freiherr Vincke (1774–1844)" gewinnen.

Ludger Graf Westphalen galt damals schon als bester Kenner Ludwig Vinckes und seiner Zeit. Er hat davon seither in einer ganzen Reihe einschlägiger Publikationen Zeugnis abgelegt. Sie galten ihm zugleich als Vorarbeiten für eine umfassende biographische Würdigung des Oberpräsidenten, die er sich als Lebensaufgabe gestellt hatte. Als ihm vor einem Jahrfünft der unerbittliche Tod die Feder aus der Hand nahm, hinterließ er ein Manuskript mit der Darstellung der ersten Lebenshälfte Vinckes (1774–1809). Diese Biographie des jungen Vincke ist wissenschaftlich und darstellerisch von einer solchen Qualität, daß es unvertretbar gewesen wäre, sie in Manuskriptform zu belassen und damit der westfälischen Geschichtsforschung praktisch vorzuenthalten.

Im Gedenken an den Festvortrag von 1974 haben die Vereinigten Westfälischen Adelsarchive es als eine Ehrenpflicht betrachtet, die Arbeit in der Reihe ihrer Veröffentlichungen herauszubringen. Sie fühlen sich dabei in doppelter Hinsicht der Witwe des Verfassers verbunden: Ruth Gräfin von Westphalen hat zum einen das Manuskript sorgfältig für den Druck aufbereitet, zum anderen durch ihre finanzielle Hilfe den Vereinigten Westfälischen Adelsarchiven die Übernahme in ihre Veröffentlichungsreihe erleichtert.

Als deren Archivdirektor hat der Unterzeichnende gemeinsam mit Gräfin Westphalen schließlich Herrn Dr. Anton Wilhelm Hüffer vom Hause Aschendorff dafür zu danken, daß das Werk in seinem Verlag erscheinen kann.

Münster, im März 1987   Helmut Richtering

VORWORT

Die vorliegende Veröffentlichung ist das Fragment einer Vincke-Biographie, das mein Mann hinterlassen hat. Sein Tod im März 1982 beendete jäh die Arbeit „Über das Leben und Wirken des Oberpräsidenten Ludwig Freiherrn Vincke. Eine politische Biographie", welche er nach Herausgabe der Tagebücher Vinckes 1813–1818 im Jahre 1980 begonnen hatte. Die Ausführungen meines Mannes reichen bis zu Vinckes Amtsantritt als Präsident der Kurmärkischen Regierung in Potsdam im April 1809. Zum größeren Teil lagen sie in Maschinenschrift vor, die Darstellung der Zeit von 1807 bis 1809 jedoch nur handschriftlich.

Bei der Herstellung einer druckfertigen Vorlage durfte ich den Rat und die Hilfe von guten Freunden und auch von Schülern meines Mannes erfahren. Dafür möchte ich ihnen aufrichtig und herzlich danken.

Münster, im März 1987 Ruth Gräfin von Westphalen

INHALT

Einführung: Das Bild Vinckes in der Geschichtsschreibung des 19. und 20. Jahrhunderts 1

Der junge Vincke

I. Jugend und Lehrzeit 7

    1. Herkunft, Kindheit und Schulzeit 7
    2. Vincke auf der Universität 13
    3. Referendar und Assessor in Berlin 23
    4. Landrat in Minden 27
    5. Kammerpräsident in Aurich 38
    6. Kammerpräsident in Münster 44

II. Wanderungen 59

    1. Zweite Englandreise 59
    2. Mitarbeit an der Reform 1807 bis 1809 68

Zeittafel zur zweiten Lebenshälfte Vinckes 93
Abkürzungen für Archivalien und Literatur 95
Anmerkungen 98
Register 120

EINFÜHRUNG

Ludwig Freiherr Vincke zählt nicht zu den großen, selbständig handelnden Persönlichkeiten der Geschichte. Er hat indes durch sein Auftreten und Wirken frühzeitig die Aufmerksamkeit der Öffentlichkeit auf sich gelenkt, und es erstaunt nicht, daß bereits zu seinen Lebzeiten biographische Notizen über ihn veröffentlicht worden sind.

Als sich der westfälische Oberpräsident im Frühjahr 1816 in Berlin aufhielt, erlebte er es – wohl ein wenig verdutzt –, wie ein Bekannter in einer Gesellschaft einen Artikel des Lütticher Bonapartistenblattes ‚Mercure surveillant' über ihn vorlas.[1]

1817 erschien von Wiardas Ostfriesischer Geschichte der 1. Teil des 10. Bandes, in der Vincke, einst Kammerpräsident in Aurich, als betriebsamer Beamter und Förderer des Kanalbaus gerühmt wurde.[2]

Am 1. Februar 1827 besuchte Vincke einen Beamten der münsterschen Regierung „und hier mich im Konversationslexikon gelesen, bei mehreren irrigen Datis viel zu gut geschildert" heißt es im Tagebuch; es scheint sich um die kurze Würdigung Vinckes in „des Hauptwerks zwölften Bandes zweiter Hälfte" des Konversationslexikons von Brockhaus zu handeln, dessen Neue Folge 1826 erschienen ist. Auch wenn der Artikel nicht einmal schmeichelhaft abgefaßt ist, mochte es Vincke doch peinlich sein, in einem so verbreiteten Lexikon genannt zu werden, das großen Schichten des Bürgertums Belehrung und Stoff zur Unterhaltung abgab.

Bald nach Vinckes Tod 1844 erschien im Neuen Nekrolog der Deutschen für das Jahr 1844, Band 2, ein ausführlicher Nachruf, der Vinckes Wirken lobend und anerkennend und fast ohne kritische Untertöne würdigt. – Das gilt auch für den Nachruf im Band 8 der Zeitschrift des Vereins für Geschichte und Altertumskunde Westfalens, den der Archivrat Dr. Erhard, Direktor der Abteilung Münster des Vereins, in der Generalversammlung am 10. November 1845 vortrug. Erhard schildert aus lebendiger Anschauung die Breite der Bemühungen Vinckes um die Wohlfahrt der Provinz und sein Verhältnis zur Monarchie: „In der ganzen Provinz, deren einzelnste Teile ihm infolge seiner zahlreichen und unermüdlichen Reisen aus eigener Anschauung bekannt waren, lebte und waltete er wie ein Hausvater im Kreise der Seinigen."

Erhard kennzeichnet Vinckes spezielle Verdienste um die Organisation des Archivwesens, seine gute Zusammenarbeit mit dem Direktor der Paderborner Vereinsabteilung Meyer und Vinckes Bemühungen um die Vereinsgründung 1823. Dem Verein in seinen beiden Abteilungen stand Vincke viele Jahre als Kurator vor.

Im selben Jahr 1845, wahrscheinlich noch vor Erhards Nachruf, erschien unter dem Titel „Die Provinz Westfalen und der Oberpräsident Freiherr von Vincke. Eine Skizze" mit der Ortsangabe Wesel eine Würdigung Vinckes durch einen Anonymus, wohl Friedrich Arnold Steinmann, in der Zeitschrift „Der Sprecher", die auch in Sonderdrucken verbreitet worden ist.[3] Die in dieser Skizze von Steinmann geäußerten Vorwürfe, Vincke habe keinen Einfluß auf den Verein für Geschichte und Altertumskunde ausgeübt und die literarische und wissenschaftliche Tätigkeit in Westfalen nicht gefördert, werden durch Erhards Würdigung deutlich und entschieden entkräftet.

Fast gleichzeitig mit dem Reichsfreiherrn vom Stein hat Vincke seinen ersten Biographen gefunden: Während jenen Georg Heinrich Pertz zwischen 1849 und 1855 in sechs umfangreichen Bänden schilderte, begann 1850 Ernst von Bodelschwingh, ein um zwanzig Jahre jüngerer enger Freund Ludwig Vinckes und Vetter seiner ersten Frau Eleonore, mit der Arbeit an dessen Biographie.[4] Bodelschwingh war nicht Historiker wie Pertz, sondern Verwaltungsbeamter und als solcher Schüler Vinckes, von 1842 bis 1848 aber Minister und Vertrauter Friedrich Wilhelms IV. und zuletzt Regierungspräsident in Arnsberg. Er begann aus eigenem Antrieb und wohl auch auf Wunsch der Familie Vincke die Arbeit, für die ihm Georg, der älteste Sohn des Oberpräsidenten, alle auf den Familiengütern Ickern und Ostenwalde vorhandenen Unterlagen, insbesondere die Tagebücher und Korrespondenzen, bereitwillig zur Verfügung stellte.[5]

Doch Bodelschwingh vermochte nur „Das Leben des Oberpräsidenten Ludwig Freiherrn Vincke. Nach seinen Tagebüchern bearbeitet" zu einem Teil niederzuschreiben und zum Druck bei Georg Reimer in Berlin zu bringen: „Das bewegte Leben 1774–1816" nämlich – so lautet der Untertitel des ersten Bandes –, während er mit der Darstellung der Oberpräsidentenzeit in Münster in den Anfängen steckengeblieben ist. Über Materialsammlungen und skizzenhafte Teilstücke hat er nicht hinauskommen können: Der Freiwillige Jäger von 1813 blieb nach einem Lungenschuß gesundheitlich stets anfällig und starb bereits 1854. So blieb sein Werk unvollständig, doch lassen der erste Band und auch die Vorarbeiten zum zweiten den Geist erkennen, in dem Bodelschwingh seinen Freund und Lehrmeister aufgefaßt hat, und die Art, wie er den Oberpräsidenten hat darstellen wollen: Ludwig Vincke als der schlichte, aber tatkräftige, als der selbstlose, aufopferungsbereite Vater seiner Provinz, als der volkstümliche Staatsmann und loyale Diener seines Königs. Mit seiner Schilderung dieses nahezu vollkommenen, allseits geschätzten preußischen Beamten hat Bodelschwingh – bewußt oder unbewußt – jener eben zu Ende gegangenen ‚guten alten Zeit' vor der Revolution 1848 ein Denkmal gesetzt, in der Monarch und Volk durch wohlmeinende, tätige Beamte verbunden, nicht aber durch Verfassungsinstitutionen voneinander getrennt gewesen seien. Von den tatsächlichen inneren Spannungen, denen der preußische Staat auch schon im Vormärz ausgesetzt war, von den sozialen und wirtschaftlichen Schwierigkeiten, mit denen Vincke zu kämpfen hatte, wird bei Bodelschwingh kaum etwas sichtbar, soweit das der erste Band und die Ansätze und Vorarbeiten zum zweiten Band erkennen lassen. Bodelschwinghs Biographie ist eine lebendige Aneinanderreihung von Tagebuch- und Briefstellen mit anschaulich geschriebenen Zwischentexten. Von ihr haben alle späteren Biographen gezehrt, was zur Folge hat, daß das bewegte Leben des jüngeren Vincke viel besser bekannt wurde als die Pläne und Ziele, Mühen und Sorgen des nach den Befreiungskriegen und bis zu seinem Tod 1844 dauernd an das ungeliebte Münster gebundenen Oberpräsidenten.

Bodelschwinghs Schilderungen hat sich als erster der schon erwähnte Friedrich Arnold Steinmann zunutze gemacht, jener nicht eben gut beleumundete literarische Jugendfreund Heinrich Heines, der sich seit 1823 in Münster aufgehalten und Kenntnisse aus seiner Tätigkeit als Regierungsbeamter zu allerhand indiskreten Hintertreppengeschichten verarbeitet hat, weswegen er aus dem Staatsdienst entlassen wurde. Nach seinem bereits 1845 erschienenen sehr kritischen Aufsatz in der Zeitschrift „Der Sprecher" veröffentlichte Steinmann im Jahre 1858 eine weitere Schrift über Vincke,[6] in der er seitenweise die Tagebuchnotizen Bodelschwinghs ausschreibt, ohne deren Herkunft kenntlich zu machen. Steinmanns Kritik an der preußischen Verwaltung bezieht nicht den populären Oberpräsidenten mit ein, dazu fehlen ihm die Kenntnisse.

Alfred Sterns Artikel „Vincke" in der Allgemeinen Deutschen Biographie Band 39 vom Jahre 1895 beruht nicht auf Quellenstudien und kann deswegen nicht wesentlich über das allgemein verbreitete Vincke-Bild und Bodelschwinghs Ansatz hinausgehen. Das gilt auch von Disselhoffs Lebensgeschichte Vinckes,[7] die zu Ende des 19. Jahrhunderts in mehreren Auflagen erschienen ist.

Neben diesen und anderen Darstellungen[8] bleibt bis ins 20. Jahrhundert eine Anekdotentradition lebendig, die ihren Niederschlag in Geschichtensammlungen und Volksschullesebüchern gefunden hat und deren Ursprung in zahlreichen Erlebnissen und Begegnungen, vielleicht auch in manchen Erfindungen aus der Umgebung des Oberpräsidenten zu suchen ist. Sie haben das von Bodelschwingh begründete Bild des rastlos tätigen, schlichten und humorvollen Mannes unterstützt und verlebendigt: Vincke als Mythos!

Im 20. Jahrhundert haben mehrere Untersuchungen unsere Kenntnisse über Vinckes Anschauungen und Bemühungen in einzelnen Zweigen der Verwaltung bereichert, doch hat sich an dem Gesamtbild wenig verändert, denn auch Heinrich Kochendörffers zweibändige Vincke-Biographie aus den Jahren 1932/33[9] bietet kaum einen Schlüssel zu einem neuen Verständnis Vinckes: Zwar hat Kochendörffer vermehrt Korrespondenzen aus dem Nachlaß Vinckes und Akten aus dem Geheimen Staatsarchiv in Berlin herangezogen, doch bleibt er dem Vorbild Bodelschwinghs nach Form und Inhalt eng verbunden, ja, er schließt wie jener mit dem Jahr 1816, so daß über die letzten und wichtigsten drei Jahrzehnte in Vinckes Leben kaum etwas Neues gesagt wird.

Erst die Neubewertung der deutschen und preußischen Geschichte, die nach dem Zweiten Weltkrieg und durch sein Ende in breiter Front in Gang gekommen ist, hat auch Vinckes Rolle in ein neues, schärferes Licht gerückt: Wilhelm Schulte hat in seinem 1954 erschienenen materialreichen Werk „Volk und Staat"[10] den ersten westfälischen Oberpräsidenten in seine – im wesentlichen negative – Bewertung der Rolle und der Leistungen des preußischen Staates einbezogen, doch wirken manche Urteile polemisch überzogen und sind nicht systematisch genug belegt und begründet. Die unübersichtliche Anordnung der Darstellung und der Anmerkungen erschwert die Nachprüfung der Urteile.

Von einem engeren Ansatz aus, dafür aber genauer, übersichtlicher und abgewogener setzt Dietrich Wegmann in der 1969 erschienenen Arbeit über die leitenden Beamten der Provinz Westfalen zu einer Beschreibung der Tätigkeiten Vinckes als Oberpräsident und als Regierungspräsident in Münster, seiner Leistungen und Schwächen an.[11] Sie bleibt allerdings vornehmlich auf den Bereich der inneren Verwaltung einschließlich des Verhältnisses zum Kirchen- und Schulwesen beschränkt; weite Bereiche der oberpräsidialen Wirksamkeit werden kaum erwähnt.

Wenn es der Verfasser nun unternimmt, das Leben und Wirken des Oberpräsidenten Ludwig Freiherrn Vincke darzustellen, so geht er von dem Vincke-Bild aus, wie es in den genannten Darstellungen und vielen Einzeluntersuchungen und Erzählungen erscheint, glaubt aber auf Grund der eigenen längeren Beschäftigung mit Vincke[12] ein differenzierteres Bild gewonnen zu haben, und zwar sowohl von seinem privaten Leben wie von seiner dienstlichen Tätigkeit; beide Bereiche sind bisher nur ausschnittsweise und nicht im Zusammenhang gewürdigt worden. Neben seinen in vieler Hinsicht ergiebigen, wenn auch kritisch zu lesenden Tagebüchern und Briefen haben dazu die Akten der von ihm geleiteten Behörden zu dienen: Vincke wollte nach seinen eigenen Worten zwar immer „ein reisender, kein schreibender Beamter" sein, und dieser Grundsatz hat ihn auch bis zur letzten Dienstfahrt drei Wochen vor dem Tod in Bewegung gehalten, doch findet sich der im einzelnen nachprüfbare Niederschlag aller seiner Tätigkeiten, seiner Wünsche und Hoffnungen, seiner Neigungen und Vorurteile in den unzähligen Gutachten und Berichten, Anträgen und Beschwerden, Weisungen und Mitteilungen an die Zentralbehörde, an Kollegen und unterstellte Beamte, an denen er mitgearbeitet hat oder die z. T. ganz allein von ihm entworfen sind. Es gibt in seiner Amtszeit fast nichts, was aus dem Oberpräsidium oder dem Regierungspräsidium in Münster herausgegangen ist, was er nicht mitberaten, mitbeschlossen, angeregt, revidiert und schließlich unterzeichnet hat. Nur der Blick auf alle Zweige der Verwaltung und auf seine Beziehungen zum König und zum Kronprinzen, auf seine Tätigkeit für die Landstände und die Mitwirkung an der Gesetzgebung der preußischen Monarchie, schließlich die

Kenntnis des Umgangs mit den Unterbehörden und den Einwohnern seiner Provinz wird eine treffende Biographie des Oberpräsidenten Vincke möglich machen. Ludwig Vinckes ältester Sohn Georg kannte die zahllosen Unternehmungen und Pläne seines Vaters, er hatte bei manchen mitgeholfen, und so vermochte er einzuschätzen, wie schwierig es sein müsse, Amt und Person in der rechten Weise miteinander zu verbinden: „Die Gruppierung des Stoffes ist m. E. die einzige, aber auch sehr große Schwierigkeit der Arbeit", schrieb er am 10. Dezember 1850 an Ernst von Bodelschwingh.

Es ist unumgänglich, dem Leben und Wirken Vinckes eine Übersicht über Jugend-, Lehr- und Wanderjahre voranzustellen, aus der die Herkunft seiner wichtigsten Vorstellungen in Politik und Gesellschaft, seines Heimatgefühls und seines Preußentums wie seiner Weltanschauung insgesamt hervorgeht, da die älteren Arbeiten von Bodelschwingh und Kochendörffer zwar hierzu reiches Material enthalten, aber nur schwer erreichbar sind. Für die anschließende Biographie des Oberpräsidenten verbietet es sich, die Fülle der Tätigkeiten jahrweise aufzureihen – der Blick auf das Wichtige würde dadurch verstellt – vielmehr ist eine sachliche Gliederung angebracht: Zuerst ist der Mensch Vincke mit seinen familiären Verhältnissen und in seiner wirtschaftlichen Lage, mit seinem Denken und Fühlen, seinen Interessen und Freunden zu schildern, dann soll seine Tätigkeit in den wichtigsten Abschnitten seiner Verwaltung jeweils durch seine ganze Amtszeit vorgeführt werden, wobei einzelne Überschneidungen und Wiederholungen sich nicht immer vermeiden lassen.

Aus dieser Zusammenstellung und auch aus den nicht seltenen Widersprüchen zwischen seinem Verhalten auf diesem oder jenem Gebiet, in dieser oder jener Situation wird sich am Ende eine Beurteilung Vinckes ergeben, die seine Bedeutung und seine Grenzen erkennen läßt.

DER JUNGE VINCKE

I. Jugend und Lehrzeit

1. Herkunft, Kindheit und Schulzeit

Die dem Oberpräsidenten Ludwig Freiherrn Vincke[13] zugemessene Lebensspanne von 1774 bis 1844 war angefüllt von tiefgreifenden Entwicklungen und umstürzenden Ereignissen: Der amerikanische Unabhängigkeitskrieg, die große französische Revolution, Aufstieg und Fall Napoleons, Preußens Niedergang und Erhebung, der Beginn der industriellen Revolution und die ersten Bemühungen um eine Verfassung – all das hat ihn sein Leben lang in seiner gesellschaftlichen, politischen und wirtschaftlichen Existenz, in seinem Lebensstil und seinem beruflichen Wirken, in seiner Art zu denken und zu fühlen entscheidend beeinflußt und innerlich tief bewegt.

Der Abkömmling einer 1223 zuerst auftretenden, ursprünglich ministerialischen, seit der Reformation evangelischen Adelsfamilie des Osnabrücker Landes, der sich stets und in erster Linie als Westfale gefühlt hat,[14] erlebte sehr bewußt den Einbruch neuer Ideen und Mächte in die Welt des 18. Jahrhunderts: Sein Vater, Ernst Idel Jobst Vincke, war ein überaus standesbewußter, herrischer Kavalier alter Schule, mehr Hannoveraner als Preuße, der Ehrenstellen als Droste des Amtes Grönenberg und als Oberstallmeister des Osnabrücker Landesherrn Friedrich Herzog von York innehatte, daneben aber auch zeitweise am Hof in Kopenhagen als Gesandter Friedrichs II. diente. Sein Hauptamt war das eines Domdechanten in Minden; er war damit Mitglied eines gemischtkonfessionellen Domkapitels, das zwar die Säkularisation des Fürstbistums Minden durch den Westfälischen Frieden überstanden, aber seine angestammten Mitregierungsrechte in einem Wahlfürstentum weitgehend verloren hatte. Immerhin hat Idel Jobst Vincke die Wünsche und Interessen der Stände des Fürstentums Minden, so wie er sie verstand, energisch vertreten, und zwar in zunehmender Opposition gegen die oberste preußische Verwaltungsbehörde im Lande, die Kriegs- und Domänenkammer, die vornehmlich die auf Erhaltung und Stärkung der militärischen Macht des Staates gerichteten Forderungen der Verwaltung durchzusetzen hatte.[15]

Der Domdechant Vincke wie seine Frau Luise aus der hessischen Familie von Buttlar haben die überkommenen Privilegien des Adels als etwas ihnen rechtmäßig Zustehendes nie in Frage gestellt und ihren Stand durch die Forderung nach nur ‚ebenbürtigen' Eheverbindungen gegen andere Bevölkerungsgruppen abzuschließen gesucht. Von ihren zehn Kindern starben drei früh; den sieben anderen jene Versorgungen und Stellen zu sichern, die ihnen ein standesgemäßes Leben ermöglichten, war das Hauptanliegen der Eltern, die dabei in überlieferter Weise die eigenen Berufs- und Laufbahnvorstellungen den Wünschen der Kinder überordneten. In Frage kamen für die Söhne die Tätigkeit beim Reichskammergericht, Stellungen in den territorialen Verwaltungen und in den Armeen der benachbarten Landesherrn, während die Töchter durch standesgemäße Heiraten oder durch Pfründen in Damenstiftern, die auch in evangelischen Ländern nach der Reformation erhalten geblieben waren, gesichert wurden. Während nun der Domdechant seinen ältesten Sohn Ernst, der auch als Haupterbe im nicht sehr umfänglichen Familienbesitz vorgesehen war, für den Dienst in der hannoverschen Armee bestimmte, bemühte er sich für die Söhne Karl und Georg um Offizierstellen im preußischen Heer, und an diesen Bestimmungen haben die Betroffenen nicht gerüttelt. Lediglich bei dem dritten Sohn, unserm Friedrich Ludwig Wilhelm Philipp Vincke, bis ins Mannesalter nur Louis genannt, ist ein mehrfaches Schwanken in der Berufswahl festzustellen, dessen Gründe sich nicht völlig aufklären lassen.

Der am 23. Dezember 1774 in der Mindener Domdechanei[16] geborene Ludwig erhielt – wie beim Adel damals allgemein üblich – seinen ersten Unterricht durch Privatlehrer; 1784 trat er in das Knabenpensionat des Pastors Joachim Friedrich Lehzen in Hannover ein, wo er neben anderen Fächern besonders in der englischen Sprache gefördert werden sollte, da der Vater wie auch Ludwig Vincke selbst eine Laufbahn in der englischen Marine anstrebten. Vinckes erster Biograph Ernst von Bodelschwingh hat wohl nach den Erzählungen seines Freundes wie auch nach dessen Tagebucheintragungen[17] berichtet, wie sich der kaum zehnjährige Ludwig an den Leistungen britischer Truppen im amerikanischen Unabhängigkeitskrieg und den Taten der britischen Flotte begeistert habe und wie ihm durch Vermittlung des sich in Hannover aufhaltenden englischen Prinzen Wilhelm, des späteren Königs Wilhelm IV., die Naturalisierung als Engländer und ein Platz in der Seekadettenschule in Portsmouth zugesichert worden seien. Ein Brief des Pastors Lehzen an den Domdechanten, in dem dieser am 25. September 1784 davon spricht, daß der „junge Herr Midshipman" besonderen Englischunterricht erhalten solle, bestätigt diese Überlieferung.[18]

Vincke hat sich bis zum Jahr 1787 in Hannover aufgehalten, danach ist er wohl wieder durch einen Privatlehrer im heimatlichen Minden und in Ostenwalde unterrichtet worden, doch bleibt es unklar, wann und warum die so ersehnte Karriere als Marineoffizier aufgegeben wurde.

Ähnlich steht es mit dem Eintritt in das Königliche Pädagogium in Halle im Frühjahr 1789: Diese unter Leitung August Hermann Niemeyers, eines Urenkels vom pietistischen Gründer August Hermann Francke, stehende Erziehungsanstalt war ganz auf Preußen ausgerichtet und wurde von dessen König unterstützt. Daß der 14jährige Ludwig Vincke von seinem Vater dorthin gebracht wurde, während die älteren Brüder das Carolinum in

Braunschweig, ein jüngerer Salzmanns Erziehungsanstalt in Schnepfenthal bei Gotha besuchten, mag vielleicht damit zusammenhängen, daß durch die Heirat der ältesten Schwester Elisabeth, Lisette genannt, mit dem preußischen Justizminister Eberhard von der Reck[19] im Jahre 1784 sich Chancen im preußischen Zivildienst zu eröffnen schienen; zudem hat von der Reck die wache Intelligenz des um 30 Jahre jüngeren Schwagers Ludwig frühzeitig erkannt, er hat ihn sehr geschätzt und nach Kräften gefördert.

Mit dem Aufenthalt in Halle beginnt Ludwig Vinckes Entwicklung bis in Einzelheiten hinein sichtbar und faßbar zu werden, denn aus dieser Zeit haben sich nicht nur ein Großteil seiner Zeugnisse, der vierteljährlichen und wöchentlichen Zensuren erhalten,[20] sondern es setzen auch mit dem 21. Dezember 1789 seine Tagebücher ein, die zur Gänze erhalten und für die Biographie Vinckes von unschätzbarem Wert sind.[21] Niemeyer und seine Mitarbeiter kümmerten sich um die kleine Schar – etwa 60 Schüler im Pädagogium, davon rund ein Drittel Adlige – mit außerordentlicher Intensität; die Eltern erhielten regelmäßige Beurteilungen der Söhne, die auch vor der Schulgemeinde bekannt gegeben und in drei Zensurbüchern nach dem Rang des Fleißes und der Führung eingetragen wurden. Mit ihrer Hilfe, aber auch durch Gespräche, Andachten und gesellige Veranstaltungen suchten Niemeyer und seine Mitarbeiter die charakterliche und intellektuelle Entwicklung ihrer Zöglinge offenzulegen und zu fördern.[22] In einem der frühesten erhaltenen Zensurzettel äußert Lehrer Mehmel am 1. August 1789 über Ludwig Vincke: „Herz und Verstand wohnen bei ihm in einer sehr nahen und vertraulichen Nachbarschaft, und er ist für die Bildung des einen wie des anderen gleich gewissenhaft besorgt." Manche Lehrer erfassen schon damals als seine Grundschwäche, daß er nicht selten in hitzige Erregung verfalle und zu wenig Herr seiner selbst sei, im übrigen aber sind alle des Lobes voll über diesen überaus fleißigen, wachen und anhänglichen Jungen, dessen Tätigkeitsdrang nie angespornt, sondern viel eher gebremst werden müsse. So schreibt Niemeyer selbst am 27. November 1789 an den Vater: „Sein Betragen hat keinen Schatten von Unregelmäßigkeiten und sein Fleiß ist – nur zu groß. Ich und alle seine Lehrer sind daher soweit entfernt, ihn anzufeuern, als daß vielmehr unsere Erziehung beständig darauf arbeitet, ihn zu mindern."[23] Niemeyer, Inspektor des Pädagogiums, der Professor der Theologie an der Universität Halle und lange Zeit deren Rektor und ein sehr fruchtbarer pädagogischer und philologischer Schriftsteller war und von dem jungen Vincke immer der „Herr Professor" genannt wird, hat auf die meisten seiner Schüler, insbesondere auf den jungen Ludwig, einen außerordentlich tiefgehenden Einfluß ausgeübt: Bis in Einzelheiten des rationalistischen Denkens und der strengen Selbstdisziplin hinein spürt man Niemeyers religiöse, philosophische und gesellschaftliche Grundanschauungen.[24] Von ihm geleitet hat Ludwig Vincke das selbständige Arbeiten gelernt, ihm verdankt er wohl in erster Hinsicht jenes feste moralische Gerüst, die sichere Überzeugung, daß es der eigentliche Sinn des Menschen sei, seinen Mitmenschen und seinem engeren und weiteren Vaterland mit allen Kräften zu dienen. Auf dem Pädagogium war es ein strenger Brauch, Tagebuch zu führen, und der „Herr Professor" ließ sich diese Selbstzeugnisse von allen seinen „Pädagogisten", so nennt Vincke sich gelegentlich selbst, zur Einsicht aushändigen und benutzte sie als Gesprächs- und Erziehungsgrundlage. Er belobigte und kritisierte die Eintragungen, die jeden Tag mindestens eine Seite umfassen sollten. Vincke hat zwar nicht ganz lückenlos, aber doch umfassend in seinen Tagebüchern bis zum Ende seines Lebens ein Bild seiner selbst gegeben und so richtig und so wahr über sich geurteilt, wie das ein Mensch nur tun kann.[25]

Das Lernprogramm der Schule umfaßte die Fächer Religion, Latein, Französisch, Mathematik, Philosophie, Geschichte und deutschen Stil; daneben erhielt Vincke Privatstunden in Musik, Zeichnen und in deutscher Sprache, zeitweise auch in Englisch. Hinzu kamen Disputationsübungen, über die einzelne Schüler Protokoll zu führen hatten. Die behandelten Themen sind erstaunlich zeitnah und mußten damals geradezu radikal wirken: Über das Recht der Bauern zu rebellieren, über Pressefreiheit, über die Abschaffung der Todesstrafe, über die Abschaffung des Adels – wobei sich Vincke schon auf die Verhältnisse in England beziehen konnte –, über die Gleichberechtigung der Juden, über den Negerhandel, über die Gefährdung von Menschenleben in Bergwerken und über die These: „Es ist nicht gut, völlig tolle Menschen zu töten", die Vincke mit dem Argument verteidigt, daß man mit einem etwaigen Tötungsrecht der Despotie freien Lauf gebe. Diese Redeübungen sind gewiß nicht von besonderer Bedeutung, sie gleichen vielmehr den mannigfachen Akademien, Gesprächskreisen und ähnlichen Veranstaltungen, wie sie seit langem gerade in Internaten gepflegt werden. Immerhin wird aus ihnen deutlich, welche Gesinnungen am Pädagogium in Halle geherrscht haben und wie der Zeitgeist sich dort bemerklich gemacht hat. Im Laufe des 18. Jahrhunderts hatte sich der Geist des Pädagogiums vom preußischen Pietismus zu einer aufgeklärt-humanitären Gesinnung gewandelt.

Beeindruckend sind die Tagebucheintragungen über die französische Revolution. Sie bestätigen die allgemein bekannte und vielfach belegte Tatsache, daß diese in Deutschland anfangs breite Zustimmung gefunden und gerade von der gebildeten Jugend und ihren Wortführern stürmisch begrüßt worden ist.[26] Uneingeschränkt hat der 15jährige, aus adliger, also privilegierter Familie stammende Vincke sich die Meinungen seiner jüngeren Lehrer zu eigen gemacht, so etwa in seiner Freude über die Erfolge der aufständischen Belgier gegen die österreichischen Truppen und in seiner Verehrung für Mirabeau.[27] „Wie doch der Geist der Freiheit allenthalben itzt so sehr um sich greift. In der kleinen Grafschaft Bückeburg sogar sind viele Unruhen" – vermerkt der Schüler freudig Nachrichten aus der näheren Umgebung Mindens.[28]

August Hermann Niemeyer scheint sich in seinen Äußerungen zurückgehalten zu haben,[29] doch hat er sich wohl dem Zug der Zeit angeschlossen: denn den 14. Juli 1790, den Jahrestag der Erstürmung der Bastille, ehrte man im Pädagogium in mehreren Klassen mit öffentlichen Französisch-Übungen,

„auch uns war der heutige Tag, der in der Geschichte gewiß ein sehr berühmter sein und in Jahrbüchern der Franzosen vor vielen anderen glänzen wird, gewissermaßen feierlich",[30] – aber ohne das stillschweigende Einverständnis des „Herrn Professors" war eine solche Gedenkstunde wohl nicht möglich.

Die Ablehnung absolutistischer Fürstenherrschaft und des Privilegienunwesens, die Forderungen nach uneingeschränkter Pressefreiheit und nach Abschaffung der Stifter als Versorgungsanstalten für den Adel hat Vincke in Halle in sich eingesogen und sein Leben lang nicht vergessen, so wenig wie die Hinweise auf jene sozialen Probleme, an deren Lösung der gebildete, human denkende Mensch zu arbeiten berufen sei: Eine menschenwürdige Versorgung der Geisteskranken und der Straffälligen, Hilfe für Invaliden und Soldatenkinder, bessere Schulen für alle und gleichmäßige Verteilung der Lasten auf alle Bürger.

Ludwig Vinckes gute Vorsätze und Arbeitspläne haben sich von früher Jugend an, nachdem sich seine Träume vom Seedienst und vom Reisen in fremde Länder verflüchtigt hatten, ganz auf seine engere Heimat, auf Westfalen und in ihm auf das Fürstentum Minden gerichtet. Immer wieder betont er in seinem Tagebuch, daß all sein Streben und Lernen darauf abziele, „für das Wohl meines Vaterlandes tätig zu sein, zu wirken und zu helfen, wo ich wirken, wo ich helfen kann, keinen Gegenstand, der sich alsdann meiner Tätigkeit darbietet, ungenützt vorbei gehen zu lassen, ohne an ihm zu zeigen, daß ich ein Mensch und ein wahrhaft patriotischer Westfälinger bin".[31] Das trieb ihn auch an, den Zusammenhalt seiner westfälischen Landsleute in der Fremde, in Halle also, zu stärken, wo er konnte, und als ein neuer Landsmann im Pädagogium eintrifft, notiert er voller Stolz: „Wir Westfäler werden durch ihn 7 Mann stark, die stärkste und zahlreichste, und wie der Herr Professor sagte, die beste, von ihm am meisten geliebteste Landsmannschaft auf dem Pädagogium."[32] Hier werden gleichzeitig die Nähe der Universität Halle, unter deren Studenten der Begriff der Landsmannschaft und die zahlreichen westfälischen Theologiestudenten eine große Rolle spielten, wie auch ein westfälisches, in diesem Fall ausschließlich von Protestanten gepflegtes Gemeinschaftsbewußtsein deutlich, das sich zwar nicht auf eine territoriale Einheit, aber doch auf das lockere Band des niederrheinisch-westfälischen Reichskreises und die Fülle stammlich-kultureller Gemeinsamkeiten im nordwestdeutschen Raum gründete.[33] Dies Westfalenbewußtsein erschöpfte sich nicht in Eifersüchteleien gegen andere Landsmannschaften, sondern förderte den menschlichen Zusammenhalt und die Geselligkeit. Aus Vinckes Tagebuch erfährt man, wie oft sich die Westfalen auf dem Pädagogium zum Verschmausen von Pumpernickel und Schinken zusammenfanden und das Lob ihres Herkunftslandes sangen. Für Vincke ist Westfalen trotz zahlreicher Aufenthalte in anderen deutschen Landschaften und im Ausland immer der Inbegriff der schätzenswerten, allen anderen deutschen Landschaften weit überlegenen Heimat geblieben. Die Annahme liegt nahe, daß hierzu die räumliche und geistige Nähe zu dem Osnabrücker Staatsmann und Historiker Justus Möser erheblich beigetragen hat: Ihm hat es Westfalen zu verdanken, daß im Selbstbewußtsein seiner Bewohner wie in der Schätzung durch die Nachbarn ein Wandel von Verächtlichkeit zu Stolz und Anerkennung in der 2. Hälfte des 18. Jahrhunderts vor sich gegangen ist.[34]

Als Schüler des Pädagogiums hat Ludwig Vincke alle jene Gottesdienste und Andachtsübungen, wie sie unter August Hermann Niemeyer üblich waren, bereitwillig mitgemacht, auch die öffentliche Beichte und den gemeinsamen Gang zum Abendmahl, worauf die Schüler von Niemeyer vorbereitet wurden. Ganz angeeignet hat er sich dessen in Predigten immer wieder vorgetragenen Gedanken, daß das Laster die Quelle allen Übels und aller Krankheiten sei und daß Unkeuschheit und Liederlichkeit zu Elend und frühem Tod führen müsse.[35] Doch war er kein Freund theoretischer Auseinandersetzungen, weltanschauliche Fragen scheinen ihn nie tiefer berührt zu haben, vielmehr scheut er den Disput über sie und erklärt seinen Entschluß, „nie über unbegreifliche Dinge zu streiten, sie den Gelehrten zu überlassen und nur rechtschaffen zu handeln – so hat man immer frohen Mut."[36] Dem tätigfrischen jungen Menschen lagen auch Diskussionen über poetische Fragen nicht; zwar gefällt ihm Schillers Schreibart, „freilich sieht man es ihr noch an, daß der Verfasser vorher Dichter war, denn sie ist nicht nur sehr mit vielen, obgleich schönen Bildern angefüllt, sondern auch ganz poetisch, zuweilen etwas dunkel, so daß ich Mühe hatte, den Sinn mancher Stelle recht zu erforschen."[37] Ihn interessiert nicht der Dichter Schiller, sondern der politisch-geschichtliche Schriftsteller, ihn fesseln Staatswissenschaft und Statistik, überhaupt alles, was zum Bereich der Kameralwissenschaften gehört, wiederum nicht um der Theorie willen, sondern um damit Nutzen für die Gemeinschaft zu stiften. Bezeichnend für diesen Trieb ist die Tatsache, daß der 16jährige für zahlreiche Mitschüler die Kasse führt: sie übergeben ihm ihr Geld, er verwaltet es und teilt es ein, weist für notwendige Ausgaben Mittel zu und sucht seine Schützlinge zu Sparsamkeit und haushälterischem Denken zu erziehen.[38]

Drei Jahre hat Vincke auf dem Pädagogium zugebracht, zuletzt auf der sog. Selecta, die als Vorbereitungsklasse zur Universität anzusehen ist. Unter Niemeyers Führung ist er immer mehr zu dem Musterschüler geworden, der für die Zukunft wegen seines Fleißes und seiner Bescheidenheit, wegen seiner praktischen Intelligenz und seiner regen Phantasie einen außerordentlichen Aufstieg versprach. Er hat die Schule mit einer Prüfung abgeschlossen, welche – nach einer Mitteilung Vinckes[39] – schon dem 1788 in Preußen eingeführten Abiturientenexamen entsprach. Erhalten haben sich sein Deutscher Aufsatz und das Entlassungszeugnis; ersterer hat als Thema: „Versuch ein zum Aufruhr geneigtes Volk zur Achtung gegen die Gesetze zurückzubringen". Er enthält im Kern Ludwig Vinckes politisches Glaubensbekenntnis: Nach den Erfahrungen der großen französischen Revolution müssen in allen deutschen Staaten die Privilegien der Herrschenden abgebaut, der Anteil des Volkes an der Regierung begründet und die uneingeschränkte Freiheit des

Geistes gesichert werden, – sonst ist ein revolutionärer Flächenbrand unvermeidlich.

Vinckes Entlassungzeugnis lautet:

„Reif zur Akademie verläßt Philipp Ludwig von Vincke aus Westphalen die Selecta als die höchste Klasse des Königlichen Pädagogiums, dessen Zögling er drei Jahre gewesen ist. Seine Aufführung war die ganze Zeit seines Aufenthaltes in hohem Grade musterhaft, sein Fleiß ununterbrochen angestrengt, nie des Ansporns, immer nur des Zurückhaltens bedürftig.

Er hat in der Lateinischen Sprache einen sehr guten Grund gelegt, auch in mehreren neuen es zu einer gewissen Fertigkeit gebracht, sich auch in der Philosophie und Mathematik schätzbare, in der Geschichte und Statistik ganz ausgezeichnete Kenntnisse erworben.

Von diesen allen hat er bei der am 15. März angestellten Prüfung die rühmlichsten Beweise gegeben.

Wir begleiten ihn mit der unumschränktesten Zufriedenheit und dem sicheren Vertrauen, daß er unsere nicht geringen Erwartungen niemals täuschen werde.

Halle, im Königlichen Pädagogio, den 18. März 1792

... (Unterschriften) ..."[40]

2. Vincke auf der Universität

Über die Berufswahl und den ihr entsprechenden Studiengang hat es zwischen Vater und Sohn und wohl auch mit dem Schwager von der Reck einige Erörterungen gegeben: Für den letzteren wie auch für den Domdechanten war es ausgemacht, daß Ludwig Vincke vornehmlich Rechtswissenschaften studieren solle, um Assessor am Reichskammergericht in Wetzlar zu werden – eine ebenso angesehene wie einträgliche Stellung, die zudem den Weg in die höhere Justizlaufbahn seines Landes öffnen konnte. Doch Ludwig Vincke brachte dem Plan des Vaters, den anscheinend der Schwager von der Reck unterstützte, eine entschiedene Abneigung entgegen, die gewiß auch die allgemeine Geringschätzung dieses 1495 begründeten obersten Reichsgerichts widerspiegelt,[41] die aber mehr noch durch seine Unlust geweckt wurde, sich ausschließlich dem Studium der Rechte zu widmen, das ihm zu theoretisch, zu wirklichkeitsfremd dünkte. Sehr ausführlich hat er seine Bedenken dem Vater in einem Brief am 10. August 1791 dargelegt, in dem die geringen Aussichten auf den Erwerb einer solchen Kammergerichtsstelle breit ausgemalt werden, der aber auch den wohl sehr ernst gemeinten Wunsch des jungen Vincke enthält, durch ein Studium der Kameralistik und der Rechte sich zu einem Dienst in seinem engeren Vaterlande zu qualifizieren.[42] In diesem Sinne hat er auch die geeignetsten Universitätsorte gegeneinander abgewogen und den Eltern u. a. Marburg vorgeschlagen, „weil dies durch mehrere neuere Einrichtungen, als besonders der Einrichtung einer eigenen staatswirtschaftlichen Fakultät für Kameralisten die allerbeste Universität geworden ist." Diesen Wunsch hat Ludwig Vincke, der seinen Eltern in ehrfurchtsvoller Liebe ergeben war und jeden Meinungsstreit mit dem hochfahrenden Vater ängstlich scheute, umso eher durchsetzen können, als in Marburg als bekanntester Professor der Kameralistik Johann Heinrich Jung, gen. Stilling, der mit dem Domdechanten Vincke wohl schon in Verbindung stand, lebte und lehrte; seine berühmte Selbstbiographie wies ihn als frommen, menschenliebenden Mann aus. Jung selbst berichtet in den ‚Lehrjahren': „Seit einiger Zeit studierte ein junger Cavalier, der jetzige Königliche Preußische Landrat von Vincke, zu Marburg; er logierte in Stillings Haus und speiste auch an seinem Tisch; er gehörte unter die vortrefflichsten Jünglinge, die jemals in Marburg studiert haben."[43] Jung-Stilling ist für Vincke ein zweiter Niemeyer geworden, beiden verdankt er ein Gutteil seiner moralischen und intellektuellen Bildung, mit beiden ist er bis zu deren Lebensende in freundschaftlicher Verbindung geblieben.

Die größere Freiheit der Universität hat Vincke keinen Augenblick zu einem anderen Lebensrhythmus, zu geringerer Arbeitsintensität oder gar zum Nichtstun verführt: Zu eng waren bei ihm Temperament, Betriebsamkeit und moralischer Impetus ineinander verflochten, als daß er sich nicht neben den kameralistischen, ihm am meisten liegenden Studien auch den ungeliebten Pandekten und Institutionen in dem gehörigen Ausmaß widmete. Neben das Fachstudium trat nach Ausweis der Tagebücher eine immer breitere Lektüre, er verschlingt banalste Ritterromane aber auch ernste Literatur – wie Forsters Ansichten vom Niederrhein, Mosers Patriotisches Archiv, den ‚Westfälischen Brockenkorb', Knigges kleine Schriften, Rousseaus Bekenntnisse, Pestalozzis Lienhard und Gertrud, Höltys Gedichte, von denen er zwei auf einem melancholischen Gang durchs Land auswendig lernt, von Goethes neuen Schriften Cagliostro, den Römischen Karneval und den Großkophta, an dem ihn der Lustspielcharakter als unangemessen ärgert. Viel näher als Goethes Werke stehen Vincke die Romane Jean Pauls, die er auch in späteren Jahren mit großem Genuß und deutlichem Beifall gelesen hat.

Erkennbare Wirkungen hat der Hannoveraner Ernst Brandes auf Vincke ausgeübt; seine Schrift über die Folgen der französischen Revolution in Deutschland[44] traf mit den kriegerischen Ereignissen in unmittelbarer Nähe Marburgs derart zusammen, daß die Einstellung des jungen Westfalen – wie übrigens die vieler Zeit- und Altersgenossen – zum Umsturz und seinen Vorkämpfern erheblich verändert wurde. Noch im Sommer 1792 hatte er dem Vater den Grafen Mirabeau und die ‚neufränkische' Demokratie schmackhaft zu machen gesucht, seinen Abscheu gegen die Emigranten und gegen das Eingreifen preußischer Truppen in Frankreich ausgedrückt.[45] Am 20. Oktober 1792 vermerkte er den Vormarsch des Sansculotten-Heeres auf Mainz mit einem Gemisch aus Bewunderung und Besorgnis, denn „sie betragen sich allenthalben so klug, daß sie immer nur Freunde der guten Sache, nirgends Feinde derselben zurücklassen. Keinen einzigen Bürger haben sie gebrandschatzt, wohl aber den Priestern, Fürsten, Magistraten und anderen

Blutigeln jeder Art das Fett etwas abgezapft. Das wird auf Teutschland nicht den besten Einfluß haben ..., es stehen uns bald große Veränderungen bevor, es ist ein allgemeiner Geist, welcher jetzt ganz Europa beseelt, auch ganz Teutschland ergriffen hat und sich schon hier und dort in dem allgemeinen Drange nach Veränderung fürchterlich geäußert hat. Das größte Unglück ist wohl, daß die Menschen jetzt gar keinen Unterschied mehr machen zwischen guten und bösen, vermaledeiten Fürsten, daß sie allem, was nur Regierung heißt, so aufsätzig sind ..."[46] Es ist wohl diese allgemeine Demontage der staatlichen Autorität, die Furcht vor dem Sturz in die Anarchie, die Vincke wie so viele seiner Zeitgenossen Distanz nehmen läßt zur anfangs bejubelten Revolution.

In diesen Monaten des endenden Jahres 1792 und des beginnenden Jahres 1793 befindet sich Vincke in einem Zustand hoher Erregung, denn Mainz, die Stadt des Kurerzkanzlers, und Frankfurt, wo er eben noch die Krönung Franz II. miterlebt hat, fallen in französische Hand; durch Marburg ziehen Tag für Tag hessische und preußische Truppen, überängstliche Aristokraten packen dort schon ihr Fluchtgepäck. Wirre, verzweifelte Emigrantenhaufen irren über die Landstraßen. Diese Eindrücke – manchmal untermalt von fernem Kanonendonner – und die Lektüre von Ernst Brandes haben den jungen Menschen zu einem Wandel seines politischen Glaubensbekenntnisses veranlaßt, in dem zwar die notwendigen politischen und gesellschaftlichen Veränderungen enthalten bleiben, zugleich aber die Gefahren revolutionärer Entwicklungen und des französischen Übergewichts in Deutschland erfaßt sind. In einem langen Brief an die geliebte Schwester Luise äußert er sich über mehrere Tage hierzu: „Denn auch mir fängt doch an, vor den Folgen eines längeren Aufenthalts freiheitsrasender Franzosen etwas zu grauen. Man kann auch, glaube ich, sehr wohl Freund und ernster, warmer Verteidiger der Franzosen in Frankreich, mit ihnen eifriger Demokrat in Frankreich sein, ohne deswegen ihre Anwesenheit in Teutschland und einen so mächtigen Einfluß auf diesen, für ihre Gesinnungen gewiß noch nicht reifen, ihrer auch bei ungleich geringerem Aristokratenelend noch nicht so bedürftigen Staat herbeizuwünschen ... Ich habe ganz aufgehört, ein so warmer, eifriger teutscher Demokrat zu sein als sonst; ich habe mich weit mehr zum Aristokratismus herübergeneigt, wenn man das so nennen will oder kann, wenn ich wünsche, daß die bisherigen Unterschiede der Stände nicht aufgehoben werden, sondern nur eine andere, nach den gegenwärtigen Zeiten abgemessene und diesen gemäß modifizierte Form erhalten ... Ich wenigstens tue darauf Verzicht, in einer Republik im eigentlichen Sinne, wie es die altgriechischen und die römische waren und die neufränkische jetzt worden ist und Holland es bald auch sein wird, meinen Wohnsitz aufzuschlagen, denn die Geschichte aller jener älteren Republiken ist mir ... zu warnend gewesen."[47]

Zu diesem Sinneswandel, der nicht nur Furcht vor der Schreckensherrschaft, sondern auch einen Schritt zu einem realitätsbezogenen Denken anzeigt, hat wahrscheinlich auch Vinckes erste Begegnung mit dem Freiherrn vom Stein beigetragen: Der stets neugierige junge Mann reitet am 27. Oktober 1792 allein von Marburg nach Gießen, weil er gehört hat, der preußische Gesandte in Mainz, vom Stein, befände sich dort; von ihm will er das Neueste über die politische und militärische Lage hören. Er trifft dort nicht Johann Friedrich vom Stein, sondern dessen jüngeren Bruder Karl, damals Direktor an der preußischen Kriegs- und Domänenkammer in Hamm und Leiter der westfälischen Bergwerksverwaltung, der eben zusammen mit seinem Bruder dabei ist, den Widerstand der 1. Koalition gegen den so überraschenden Angriff der französischen Revolutionstruppen zu organisieren.[48] Vincke erfährt von Karl vom Stein, den er mit einigem Stolz „unsern Geheimrat" nennt, alles Wissenswerte über die Franzosen und den Kampf gegen sie, über das notwendige Fortbestehen der Koalition zwischen Preußen und Österreich. Mit diesen Nachrichten reitet er nach Marburg zurück, wo er seine Bekannten beruhigt und wo er am nächsten Tag Stein noch einmal im größeren Kreis trifft, in dem über die politische Lage und ständische Verhältnisse diskutiert wird. Seit dieser Begegnung, bei der Vincke sich auch durch allerhand Mitteilungen hat nützlich machen können, hat Stein den um fast 20 Jahre jüngeren Westfalen nicht mehr aus den Augen verloren – eine bleibende, für Vincke wie für Westfalen bedeutende Verbindung war damit entstanden.[49]

Diese Wandlung Vinckes von einem jugendlichen Schwärmer und Phantasten zu einem wirklichkeitsnahen, auf eine Besserung der Menschen und eine Hebung ihrer wirtschaftlichen Verhältnisse bedachten jungen Mann ist nicht nur durch die im Jahre 1793 sich in Deutschland verbreitenden höchst grauenvollen Schilderungen der Schreckensherrschaft in Paris gefördert worden, sondern ebenso durch Jung-Stillings staatswissenschaftliche Vorlesungen, die Vincke mit hohem Interesse aufnahm und verarbeitete und die ihm die wissenschaftliche Grundlage für sein so ausgeprägtes moralisches Streben mitgaben. Er ist darüber nicht zu einem Reaktionär geworden, der – in Jakobinerangst verfallend wie zahlreiche deutsche Aristokraten – allen Jugendträumen abgeschworen hätte, vielmehr beharrt er, wie aus zahlreichen Tagebucheintragungen und brieflichen Bemerkungen hervorgeht, auf den auch für den Fortbestand und das Glück Preußens und seiner Bewohner notwendigen Reformen, er wettert weiterhin gegen den grauenhaften Geiz und die Habsucht des hessischen Landgrafen, macht sich lustig über den, wie er sagt, „häßlichen, läppischen Unterschied, die abgeschmackte Sonderung zwischen Adeligen und Bürgerlichen" auf den Bällen der Marburger Gesellschaft,[50] und überaus zuwider ist ihm weiterhin jener Despotismus in Glaubensfragen, wie er in Preußen nach dem Wöllnerschen Religionsedikt praktiziert wurde: Kant sieht er schon als Gefangenen auf die Festung Magdeburg abgeführt – welche Schande für einen kultivierten Staat! Sich selbst fühlt er zu größtem Fleiß und entschiedener Bescheidenheit in der Lebensführung verpflichtet, um dadurch die ihm durch seinen Geburtsstand zugefallene, unverdiente Privilegierung auszugleichen.

Als er einmal bei einem Spaziergang über den Marburger Schloßberg durch einen Haufen fronender, überanstrengter Bauern gehen muß, fängt er an zu laufen, „um schneller wieder zu Haus bei meiner Arbeit zu sein. Da schämte ich mich meines Anzugs, des feinen Tuchs meines Rocks im Vergleich jener, die nur in Leinwand gehüllt waren, da schämte ich mich des guten Mittagsmahls, das meiner wartete, wenn jene ihr Stücken trocken Brot mit Käse niederschluckten – genug, ich mußte tief beschämt aus ihrem Kreise abtreten, aber gewiß mit dem ernstesten, heiligsten Vorsatz, in meinem künftigen Leben ... durch die größte Einfachheit der Speisen und Kleidung alle meine jetzigen unverschuldeten Sünden wieder abzulösen und dagegen alles, was ich auf solche Weise – eigentlich freilich zum Besten meiner eigenen Gesundheit – ersparte, zur Beförderung des Wohls meiner Mitbürger zu verwenden. Es war ein sehr schöner, heiliger Morgen: ein Blick vom hohen Berge in das schöne Amphitheater der Natur ... – oh, der erfüllte voll edler Empfindungen, oh, der beseelte zu den besten, heiligsten Vorsätzen. Alles lud ein zum feierlichen Nachdenken, es war der Altar, worauf ich mein heutiges Gelübde ...niederlegte, feierlich und heilig beschwor."[51] Auch wenn man in dieser Szene einiges dem Pathos der Jugend und der Gefühlsseligkeit der Zeit zuschreiben muß – ein Schlüsselerlebnis ist diese Begegnung doch wohl gewesen: Zu genau entspricht Ludwig Vinckes spätere Lebenshaltung in Kleidung und Essen dem abgelegten Gelübde, zu eifrig hat er in seinem späteren Leben den Herrn wie den hohen Beamten unter dem Bauernkittel versteckt, als daß man von einer flüchtigen Mitleidspose sprechen könnte.

Man gewänne ein ganz falsches Bild von Ludwig Vincke, wenn man ihn als moralisierenden Stubenhocker, der sich pedantisch hinter seine Bücher verschanzt, ansähe; ganz im Gegenteil: Vincke ist ein überaus lebensfroher, geselliger, reiselustiger, von einem großen Freundeskreis umgebener junger Mann gewesen, voll Drang nach Welt- und Menschenkenntnis, der ritt und focht, musizierte und tanzte, der in der Lahn schwamm und mit seinen Altersgenossen Hoch- und Weitsprung betrieb, sich auf Festen tummelte und ein verehrtes junges Mädchen liebend anschwärmte. Ein freundschaftlicher Zusammenhang mit vielen Marburger Bekannten blieb über Jahrzehnte bestehen und wurde durch Rundbriefe, die sog. ‚Cirkelbriefe' befestigt, von denen sich manche im Nachlaß Vincke erhalten haben.[52] Dauernde enge Beziehungen hat Vincke mit Friedrich von Motz, dem späteren preußischen Finanzminister, und mit Ferdinand Weerth, dem späteren lippischen Generalsuperintendenten, unterhalten. Beide haben das ‚muntere Temperament', die Ehrlichkeit und den Einsatz des Freundes geschätzt; für Motz, der sein Studium in Marburg nicht allzu ernst nahm, war Vincke geradezu ein Vorbild und Muster an Fleiß,[53] während dem eher nach innen gekehrten Theologiestudenten Weerth die agile Umtriebigkeit Vinckes und sein Bedarf an Geselligkeit und Gespräch manchmal ein wenig unheimlich waren.[54]

Ausgeprägt war schon beim jungen Vincke die Lust, in schnellen, nicht zu teuren Reisen, zu Pferde oder zu Fuß, die nähere und weitere Umgebung zu erkunden, Menschen und Landschaften kennenzulernen, wirtschaftliche und soziale Verhältnisse zu studieren. Ein aufschlußreiches Beispiel für solche Expeditionen stellt seine viertägige Fußreise von Marburg nach Mainz dar, die er organisiert und mit den beiden Freunden Gehrken und v. Meyer in den ersten Julitagen 1793 unternommen hat,[55] um die Belagerung der seit Oktober 1792 in französischer Hand befindlichen Stadt durch die alliierten Truppen zu studieren, den Bruder Karl im preußischen Lager zu besuchen und insbesondere um das Spektakel eines großen Bombardements zu erleben.[56] Zwar laufen die jungen Leute Gefahr, als Spione festgesetzt zu werden, können aber den Belagerungsring einmal umrunden und die Unterschiede zwischen den verschiedenen Kontingenten des Reichsheeres studieren; das ganze Unternehmen kostet nicht einmal 2 Louisdor für jeden, und schon am 6. Juli sitzen sie wieder in Marburg beim Studium der Pandekten. „Ein Stück Brot, etwas Bier oder auch wohl ein Schnäpschen, ein Paar heile Füße und ein heiterer, zufriedener Sinn ist alles, was ich verlange, um die größte Fußreise zu bestehen."[57] So sättigt Vincke nicht nur seinen Erlebnishunger, sondern sieht beim Marschieren seine gute körperliche Konstitution bestätigt, „und ohne Eigenlob war ich unter meinen Gefährten noch immer der tätigste und unermüdlichste."[58]

Kummer hat ihm in Marburg wie in Halle sein sehr zögerndes Längenwachstum bereitet: Vincke ist klein geblieben – er hat seine Größe nach Ausweis seines französischen Passes aus dem Jahr 1813 mit 1,66 m angegeben[59] – und das hat ihn seit seiner Jugend veranlaßt, sich soviel wie möglich zu recken und zu strecken und durch Betriebsamkeit auszugleichen, was die Natur dem Körper versagte. Daß er daneben „ein schlechtes Gesicht" hatte, d. h. erheblich an Kurzsichtigkeit litt, geht aus Bemerkungen des Tagebuches hervor,[60] eine Brille hat er wohl nie getragen, sondern sich mit Lorgnetten und Lupen beholfen.

Nach drei in Marburg ebenso tätig wie vergnüglich verbrachten Semestern ist Vincke – dem Wunsche des Vaters folgend – nach Erlangen übergewechselt, wobei ein besonderer Anziehungspunkt der Staatsrechtslehrer Johann Ludwig Klüber gewesen zu sein scheint. Bezeichnenderweise macht Vincke die Reise dorthin zu Fuß: Auf Jung-Stillings Spuren besucht er das Siegener Land, dessen Bewohner ihm echte Westfälinger zu sein scheinen, dessen Brot ihm fast so gut wie der Pumpernickel schmeckt, beschäftigt sich voll Bewunderung mit dem Müsener Erzbergbau, besieht sich Wetzlar mit dem Reichskammergericht, über das er sich weidlich lustig macht, zieht über Frankfurt, Hanau und Würzburg und gelangt in zwei Wochen nach Erlangen, in die 1791 preußisch gewordene Universitätsstadt, wo er – wieder nach genauen Weisungen des Vaters – Jura und Kameralwissenschaften betreibt.[61] Was sich schon in Halle und Marburg abgezeichnet hatte, wird in Erlangen ganz deutlich: Vincke hat einen angeborenen Trieb zum Kaufmännischen, er ist ein homo oeconomicus, dem die übermächtigen Bindungen der Tradition zwar das standesgemäße Jura-Studium aufgezwungen haben, der aber einen unwiderstehlichen Hang zu Handel und Industrie, zur Spekulation und zum Risiko, ja auch einen Trieb zum Glücksspiel hat, dem er je nach Gelegenheit und Umständen – wenn auch mit schlechtem Gewissen – nachgibt. Er gerät damals an den Finanzrat Jakob Mark, der „für den größten Teil der hier studierenden Jugend das Geld besorgte. Er war auch sehr bereitwillig, das meinige zu besorgen ..."[62] Dieser Finanzier, anscheinend noch ganz vom Typ des Hoffaktors des 18. Jahrhunderts, war Christ geworden und hatte seine Kinder zur Erziehung nach Schnepfenthal geschickt.[63] Er faszinierte den leicht erregbaren Westfalen mit verlockenden Nachrichten über Besitzungen und Geldanlagen in Nordamerika und über märchenhafte Gewinnaussichten: „daß ein dortiges Kupferwerk, wovon Jakob Mark fünf Kuxen besitzt, so reiche Ausbeute verspricht, daß gleich mit der ersten Dividende die ganze Ankaufssumme erstattet werden wird. Ich, von Natur aus so sehr zu Spekulationen geneigt, sann gleich auf ein Mittel, mir eine Kuxe zu verschaffen ..."[64] Auch die Eltern vermag er von der Solidität seines Finanzmannes Jakob Mark zu überzeugen: Sie schenken ihm einen Anteilschein an der ‚New Jersey Copper Mine Association', bezahlen ihm übrigens auch alte Marburger Bücherschulden wie neue Erlanger Spielschulden.[65]

Es war dies nicht der einzige und letzte Ausflug Vinckes in die Industriespekulation: Auch nachdem mehr als 20 Jahre später „Finanzrat Mark ... mir die letzte Hoffnung für die amerikanischen Kupferaktien nahm,"[66] hat er immer wieder erhebliche Summen in Aktien und Kuxen angelegt, ohne dabei sonderlich reich zu werden. Es besteht eine eigentümliche, nicht aufhebbare Diskrepanz zwischen diesem Hang zur privaten, durchaus nach Gewinn strebenden Spekulation und den begeisterten Bekenntnissen des 19jährigen Studenten zur selbstlosen Arbeit für Heimat und Vaterland, von denen dasjenige vom 7. Februar 1794[67] am häufigsten zitiert wird, weil es am eindrucksvollsten formuliert ist: „Ich gehöre zunächst meinem Vaterlande an, ihm ward ich geboren, es beglückte meine Väter, ihm will ich auch dienen, ihm meine rastlose Tätigkeit weihen und so der mir stets eigentümlichen Anhänglichkeit für alles, was Westfalen betrifft, genügen. Ich könnte auch im Genuß der größten Ehre, des glänzendsten Reichtums außer Westfalen nicht glücklich sein; auch die lockendsten Ehrenstellen werden mich daraus nie entfernen. Eine nützliche Tätigkeit in meinem Vaterlande, das ist der bescheidene Wunsch meiner Seele. Es steht noch hinter manchen anderen Teilen Deutschlands zurück, allein es enthält die Kräfte, es allen zuvor –, wenigstens gleich zu tun ... Mein Vaterland soll dereinst das Bild der vollkommensten Polizeieinrichtung abgeben,[68] Landwirtschaft, Fabriken, Handlung, Schiffahrt sollen darin blühen, die Wissenschaften nicht weniger, eine glückliche gemeinnützige Aufklärung bis in die niedrigsten Klassen verbreitet werden, gute, unverdorbene Sitten und ein rühmlicher Nationalcharakter den Westfalen auszeichnen. Wohlhabenheit soll allgemein mit Zufriedenheit des Lebens vereinigt sein, die Menschen sollen glücklich sein, auch ohne diese Glückseligkeit durch eine unselige Revolution auf das Spiel zu setzen. Dazu wirken und tätig zu sein, das umfaßt mein ganzes Innerstes. Daneben habe ich mir vorgenommen, mich mit Geschichte, Geographie, Statistik, Diplomatik, Staats- und Privatrecht und der Naturgeschichte meines Vaterlandes eifrig zu beschäftigen. Zu meinem eigenen Vergnügen auch Chemie, Botanik, Mathematik, Physik, Meteorologie eifrig zu betreiben. Wie dies alles bestehen wird nebeneinander und mit den Geschäften meines Amtes, das kann ich freilich selbst noch nicht ganz begreifen. Doch nur nach Kräften geleistet, was sich leisten läßt, ist's doch immer rühmlicher, sich zuviel als zu wenig vorzunehmen." In diesen guten Vorsätzen ist ein Lebensprogramm enthalten, wie es umfassender und begrenzter zugleich nicht sein kann, und was der noch nicht Zwanzigjährige sich voll schwärmender Begeisterung vornahm, hat Vincke wohl immer als Richtschnur seines Lebens beibehalten, ohne doch auf seinen privaten Vorteil zu verzichten.

Die Zuneigung zur westfälischen Heimat hat Vincke nicht den Blick auf Preußen verstellt, ja, der Aufenthalt in Erlangen scheint in ihm den preußischen Patriotismus gefördert zu haben. Bezeichnend hierfür ist eine Szene, die sich beim Jahreswechsel 1793/94 abspielte: Als nach studentischem Brauch der ‚Landesvater' zelebriert wird, erlaubt sich ein Kommilitone abfällige Ausdrücke über den derzeitigen Landesherrn in Preußen, König Friedrich Wilhelm II., worüber sich Vincke so ereifert, daß er jenen ohrfeigt, da er „gegen die geheiligte Person meines und seines Königs" gelästert habe; es gehe nicht darum, ob dieser Fürst als Mensch und König achtungswert sei – Vincke weiß selbst, wie schwach Friedrich Wilhelm II. ist –, er repräsentiere aber den Staat, dem er einst dienen will, und die Beleidigung des Königs trifft das verehrte Vaterland.[69] In engem Zusammenhang mit dieser impulsiven Aktion, die er übrigens mit einer ebenso schnellen Versöhnung beendigte, ergeht sich Vincke in seinem Tagebuch in Überlegungen, wie man die Würde des Staates und insbesondere die des preußischen Soldaten heben könne, denn „Liebe zum Soldatenstande muß den preußischen Nationalgeist charakterisieren, darauf ist auch die Festigkeit des ganzen preußischen Regierungssystems gegründet, welches ohne König nicht bestehen kann. Die Liebe zum Soldatenstande ist aber mit der Liebe seines Königs genau verbunden, die eine erhält, befestigt, beseligt, erzeugt die andere ..."[70] Diese Auffassung von Preußentum, die nicht wie angelesen, sondern wie ein sehr persönliches Bekenntnis wirkt, führt Vincke zu einer Auffassung der Ehre des als Soldat dienenden Bürgers und der Dienstpflicht aller Bürger – gleich welchen Standes – und damit auch zu dem Vorschlag, von allen Nicht-Dienenden eine Art ‚Wehrsteuer' zu erheben, mit deren Hilfe man u. a. auch die elende Löhnung der Soldaten aufbessern könne.

In dieser durch Loyalität und reformerische Kritik gekennzeichneten Einstellung zu seinem Staat[71] ist Ludwig Vincke durch seinen in Erlangen gewonnenen Freund Samuel Gottfried Borsche wohl am nachhaltigsten bestärkt worden; auch dieser liberal gesonnene, von der französischen Revolution demokratisch beeinflußte Altpreuße litt schmerzlich unter der Mißregierung Friedrich Wilhelms II., aber er stellte doch seinen Staat weit über alle anderen deutschen Territorien.[72]

Ganz in diesem Sinne lauten auch Vinckes Urteile über Österreich, den einzigen ernsthaften Mitbewerber um die Führerstellung in Deutschland. Schon während des beginnenden Feldzuges der Alliierten gegen das revolutionäre Frankreich hatte er bemängelt, daß Preußen von Österreich sich habe ins Schlepptau nehmen und ganz unsinnigerweise in den Krieg habe hineinziehen lassen, ja, er führt die trotz der Niederlagen gegen die Revolution andauernde Bindung an die Habsburger auf den Verrat preußischer Minister und die Geisterfurcht des Königs zurück;[73] umso mehr reizt es ihn, den österreichischen Staat selbst kennenzulernen, und er studiert ihn auf einer Reise im April und Mai 1794 – zu Fuß, zu Wasser und zu Wagen –, die ihn auch nach Wien führt. Als er in Bayreuth wieder preußischen Boden betritt, ruft er aus: „Gott sei gelobt und gedankt, daß ich mich wieder in meinem geliebten preußischen Vaterlande befinde, welches man als ein wahres Land der Freiheit anerkennen lernt, wenn man sich einige Wochen im Österreichischen aufgehalten hat."[74] Die Fülle polizeilicher Schikanen und Zensurmaßnahmen, das Spitzelsystem, die Zerrissenheit der Verwaltung, die auch das „verunglückte Genie" Josef II. nicht habe beseitigen können, lassen ihn die Verhältnisse in Preußen auch in einem Augenblick begrüßen, in dem ihm vieles an den Berliner Zuständen äußerst zuwider war. Dazu gehörte insbesondere das Treiben der Geheimgesellschaften, darunter der Rosenkreuzer, in deren Händen er den König glaubte. Diese wie auch die Freimaurer und die unter den Studenten damals weitverbreiteten akademischen ‚Orden'[75] waren Vincke zutiefst verhaßt, und die Gründe dafür erfährt man aus der in seinem Nachlaß erhaltenen Stiftungsurkunde und den sonstigen Aufzeichnungen über das von ihm und seinem Freundeskreis in Erlangen begründete Kränzchen westfälischer Studenten: Dieses richtete sich gegen den Machtanspruch und die Zudringlichkeit der Orden und gegen die Unterdrückung und geistige Vergewaltigung durch das akademische Sektenunwesen; es verfolgte aber auch positive Ziele: Schutz der neuankommenden und Hilfe für ärmere Landsleute, die lockere freundschaftliche Vereinigung gleichfühlender und -strebender Westfalen gleich welchen Standes.[76] Immer noch und stärker als je betont Vincke den besonderen „ächtwestfälischen Charakter" seiner Landsleute, der durch „Liebe zu einer vernünftigen Freiheit", durch Haß gegen Unterdrückung, durch Vaterlandsliebe, Gemeingeist, Bruderliebe und Redlichkeit gekennzeichnet sei. Nirgends ist genauer ausgeführt, wer Westfale sei; „Ausländer, wenn sie nicht nahe von der Grenze sind, werden nicht aufgenommen – jedoch nichtgeborene Westfalen, wenn sie sich lange in Westfalen aufhielten" und sich westfälischen Sitten und Gewohnheiten hätten anpassen können.

Das sechste und letzte Semester des juristischen Trienniums[77] hat Ludwig Vincke in Göttingen verlebt, den krönenden Abschluß seines Studiums also dadurch erreicht, daß er auf der noch jungen, aber in Deutschland bereits führenden hannoverschen Universität mit ihren Beziehungen zu England die bedeutendsten Juristen, Historiker und Naturwissenschaftler seiner Zeit kennenlernte und bei ihnen hörte: Den aus der Grafschaft Mark stammenden Staatsrechtler Johann Stephan Pütter, den Publizisten August Ludwig Schlözer, die Historiker Gatterer und Spittler, den Physiker Lichtenberg. Dem spekulativen, philosophischen Denken hat er auch in Göttingen wenig Reiz abgewinnen können: Er wolle sich an eine praktische Nachfolge Christi halten, um den möglichsten Grad moralischer Vollkommenheit zu erreichen, und nicht noch die Zweifel vermehren, die ihm hinsichtlich der christlichen Offenbarung unterdes gekommen seien.[78]

Einen gewissen Einfluß hat Jung-Stilling immer auf ihn behalten, er öffnete ihm durch sein Buch „Heimweh" den Blick über die Grenzen der Aufklärung hinaus. Auch in Göttingen hat Ludwig Vincke sich in einem wachsenden Kreis alter und neuer Freunde getummelt, aber sein Herz hing weiterhin an seiner Marburger Jugendliebe Marianne von Cronenberg, deren Bild sich ihm immer mehr verklärt und die er in seinen Träumen umschwärmt. Doch mußte er nun von seinem Vater hören, wie unpassend, ja existenzgefährdend nach den Vorstellungen des Domdechanten die Verbindung mit einer eben erst geadelten Familie sei: „Das erste und das, was am mehrsten am Herzen liegt, ist, wie ich itzo erfahren habe, Deine vorgesehene eheliche Verbindung mit einer Familie von Cronenberg aus Marburg ... Ich will zwar, liebster Sohn, die Möglichkeit zugeben, daß man mit einer Person unter seinem Stande, denn dieses ist der Fall mit einer von dem nicht vollbürtigen Adel, auch glücklich leben kann. Aber wieviele tägliche Aufopferungen setzt dieses nicht voraus? Gibt denn nicht die allerglücklichste Ehe leider zuviele andere Vorfälle zu Mißvergnügen, als daß man vorsätzlich noch eine so sichere Gelegenheit, als der Unterschied des Standes ist, hinzufügen sollte?"[79] Gesellschaftliche Isolation, Ausschluß von den Landständen, für die Kinder der Verlust der Anwartschaft auf Pfründen in Stiftern und Kapiteln seien die notwendigen Folgen. Ohne 16 Ahnen gebe es nun einmal kein angemessenes Leben, und die Vorurteile in der Welt seien nicht abzuschaffen, das ist die Meinung des Domdechanten und damit einer Generation, die in den Errungenschaften der Revolution nur eine arge, böswillige Störung bestehender Besitz- und Rechtsverhältnisse zu sehen vermochte. Wir kennen keinen Antwortbrief des Sohnes hierauf, doch hat sich Ludwig Vincke, wenn auch mit Mißbehagen und Trauer, gefügt, und die längere Abwesenheit von Marburg mag ein übriges getan haben. Man muß an dieser Stelle hinzufügen, daß Ludwig Vinckes Zuneigungen zu weiblichen Wesen häufig mehr den Charakter von heftigen Wunschträumen als von widerstandsfähigen Realitäten getragen haben. Er erschafft sich jene, um eine Hilfe und Stütze zum angestrebten moralischen Wandel und bei der Verfolgung seiner Lebensziele zu gewinnen – so wenigstens legen es viele Tagebucheintragungen nahe.

3. Referendar und Assessor in Berlin

Im Einverständnis mit dem Vater und dem Schwager von der Reck hat Ludwig Vincke nicht gezögert, nach Abschluß des Göttinger Semesters sich in Berlin um den Eintritt in den preußischen Staatsdienst zu bemühen. Auf ein Bewerbungsschreiben hin wurde er am 16. April 1795 aufgefordert, sich bei der Kurmärkischen Kriegs- und Domänenkammer in Berlin Akten zur Anfertigung einer Probearbeit geben zu lassen.[80] Deren Inhalt und das Ergebnis der mündlichen Prüfung vom 15. Juli 1795 führten zu einer Einstellung bei der Kurmärkischen Kammer und ihrer Justizdeputation. Am 6. Juli wurde der Referendar Vincke vereidigt, und von diesem Tag an datiert seine Dienstzeit als preußischer Beamter, die fast 50 Jahre gedauert hat. Vom gleichen Jahr an wurde er auch bei dem Manufaktur- und Kommerzkollegium beschäftigt. Diese Behörde unterstand damals dem Minister v. Struensee als dem ‚Chef des Fabriken- und Commerzdepartements' und hatte den Auftrag, den ökonomischen und wissenschaftlichen Fortschritt auszuwerten, die Wirtschaft Preußens voranzubringen und Erfindungen und Erfinder durch eine ‚Technische Deputation' zu fördern. In diesem Kreise hat Vincke den von ihm hochgeschätzten und mit Stein und Humboldt vertrauten Kriegsrat Kunth kennengelernt; auch nach seinem Abgang nach Minden 1798 ist Vincke ‚Auswärtiges Mitglied der Technischen Deputation' geblieben.[81]

Während der drei Berliner Jahre hat Vincke sein Tagebuch nur sporadisch geführt, ohne daß er hierfür eine klare Begründung nennt; das Heraustreten aus dem Schüler- und Studentenleben in die ganz andere Welt Berlins wird dabei mitgespielt haben. Jedenfalls bleiben die Nachrichten über seine Tätigkeiten, über sein Leben und Denken in dieser Zeit bruchstückhaft und zufällig, und sie werden durch Korrespondenzen nur unvollkommen ergänzt. Sicher ist, daß ihm angestrengte, schnelle Arbeit nach wie vor der Hauptinhalt des Lebens war; nun sind es die ersten, noch recht unselbständigen und häufig eher banalen Verwaltungsangelegenheiten, die zu besorgen waren, anfangend mit Kanzlei- und Expeditionsgeschäften. Es folgte die Einarbeitung in die Praxis der Domänenverwaltung, -verpachtung und -revision, in Wegebau und Schulsachen, in Militärergänzungs- und -versorgungsfragen.[82]

„Louis ist immer gleich fleißig, indessen hoffe ich doch, daß seine Gesundheit nicht dabei leiden wird, da er selbst die Notwendigkeit, sich Bewegung zu machen, sehr fühlt und wir ihn soviel wie möglich dazu auffordern", schreibt die besorgte ältere Schwester Lisette von der Reck an die Eltern.[83] Damit ist zugleich schon angedeutet, daß Vincke im Hause seines Schwagers, des Justizministers, während seines Berlinaufenthaltes ein zweites Elternhaus gefunden hat: Dem Schwager brachte er Respekt entgegen, war aber immer darum besorgt, nicht den Verdacht aufkommen zu lassen, er werde von ihm protegiert; die Schwester aber liebte er und genoß den Umgang mit ihr und den zahlreichen Nichten, ihnen las er vor und spielte mit ihnen wie ein älterer Bruder.

Zu den Freunden aus dem dienstlichen Bereich, darunter dem schon genannten Kunth, seinen Schul- und Universitätsfreunden v. Bassewitz, Borsche, v. Bärensprung, traten durch die Vermittlung von der Recks einige Bekannte, die auf Ludwig Vincke einen großen Einfluß ausgeübt haben und die ihm zeit ihres Lebens eng verbunden geblieben sind. Zu nennen sind vorzüglich jene erstaunliche Frau v. Friedland und ihre Tochter Henriette Charlotte, seit 1792 verheiratet mit Peter Alexander v. Itzenplitz, die auf ihren Gütern Alt-Friedland, Groß-Behnitz und Kunersdorf Musterwirtschaften errichtet und sich außerordentlich um die Melioration der Böden, um die Veredlung des Viehs und um die Einführung moderner Ackergeräte aus England bemüht haben. Schon 1793 hatte Schwester Lisette ihrem noch studierenden Bruder Louis bei einem Treffen in Ostenwalde von den ökonomischen und botanischen Kenntnissen der Frau v. Friedland und von den technologisch-ökonomischen Reisen des Ehepaares v. Itzenplitz nach England erzählt.[84] 1796 wurde er mit diesen überaus tätigen, geistvoll-aufgeschlossenen Menschen persönlich bekannt und hat mit ihnen in Berlin, besonders aber auch in Kunersdorf (Kreis Oberbarnim im Oderbruch) einen engen freundschaftlichen Gedankenaustausch gepflegt: Bei ihnen traf er die Brüder Humboldt, sie haben den damals in Celle lebenden Agrarwissenschaftler Albrecht Thaer auf Vincke hingewiesen, den er 1799 kennenlernte. Thaer ist 1804 durch Vermittlung des Herrn v. Itzenplitz nach Preußen gekommen und hat in Möglin im Oderbruch sein Versuchsgut und seine landwirtschaftliche Lehranstalt begründet und die ‚Möglinder Annalen des Ackerbaus' herausgegeben. Vincke blieb ihm durch einen lebenslangen fruchtbaren Gedankenaustausch verbunden.[85]

Dieser durch keinerlei ständische Grenzen beengte, ganz auf nützliches Wirken ausgerichtete Kreis hat den Blickwinkel des jungen Verwaltungsbeamten außerordentlich erweitert und auch sein noch ein wenig jungenhaftes Gehabe geglättet. Er selbst bekennt gelegentlich seine Schwierigkeiten beim gesellschaftlichen Umgang und bei der Konversation mit Damen, seine innere Verlegenheit und Unsicherheit; zugleich sucht er „Beruhigung für meine über die wichtigsten Wahrheiten noch nicht ganz feste Seele".[86] Um sie zu finden, sehnt er sich auch nach einer festen Bindung an eine Frau: „Ich war nie ein besserer, sittlicherer Mensch als zur Zeit meiner ersten Liebe – die zweite wird mich dahin zurückführen, vor allen Abwegen bewahren."[87] Mit Vergnügen, aber auch als Gefährdung hat Vincke in der Hauptstadt die Geselligkeit jener aufgeklärten Gesellschaft miterlebt, die für wenige Jahre – von der Ablösung des bigotten Wöllner, des Chefs der Geistlichen Angelegenheiten unter Friedrich Wilhelm II., also von 1797 bis zum Ausbruch der Feindseligkeiten mit Napoleon 1806 – die Berliner Welt kennzeichnete und in der ständische Fesseln, religiöse und moralische Bindungen sich aufzulösen schienen. Er tummelte sich auf Picknicks, „und ich fand eine zahlreiche Gesellschaft, den Übergang zwischen der Hof- und ersten bürgerlichen Sozietät, an hübschen Mädchen und guten Tänzerinnen war kein Mangel".[88]

Als Mitglied einer Lesegesellschaft, die der Assimilation und Emanzipation der Juden in Deutschland zugeneigt ist, verfaßt er „den Bericht der Technischen Deputation für den Chemiker Eschwege, der ihm hoffentlich die Konzession zur Farbenfabrikation verschaffen wird – es ist doch schrecklich, einen Mann von Talenten und allen möglichen guten Eigenschaften von aller bürgerlicher Tätigkeit auszuschließen, ihm selbst die Existenz im Staate zu verwehren, einzig und allein weil er das Unglück hat, ein Jude zu sein!"[89] Zwei Tage später besucht er „einen jüdischen mineralogischen Kaffee beim Dr. Friedländer".

Neben seinen amtlichen Arbeiten, die ihn gelegentlich auf Wochen zu Domänenrevisionen aufs Land führen, findet Vincke damals Zeit zur Weiterbildung: Er studiert Gibbon, liest Lord Rumfords Essays im von der Reckschen Hause vor, und ganz im Sinne dieses aus Nordamerika stammenden und unter Kurfürst Karl Theodor in Bayern wirkenden Menschenfreundes wird er tätiges Mitglied des „Berliner Rettungsinstituts", das für Kranke und Hilfsbedürftige sorgt.[90]

Von dem englischen Moralphilosophen und Volkswirtschaftler Adam Smith hat er sich geradezu begeistern lassen, ihn hat er fast mit religiöser Inbrunst verehrt: „Ich weihete diesen Morgen der Lektüre des göttlichen Smith. Möchte er sich doch in den Händen recht vieler Kameralisten befinden! Ich habe es mir zum Gesetz gemacht, alle Morgen mein Tagewerk mit dem Lesen eines Kapitels im Smith anzufangen."[91] Diese Begeisterung hat Vincke wohl schon von Göttingen, das als Einfallstor für englisches Gedankengut anzusehen ist, mitgebracht und teilt sie mit Kant und Stein und einem Teil der jüngeren preußischen Beamtenschaft: Die von Smith gezeigte Verbindung zwischen Freiheit und Selbstinteresse, Sittlichkeit und Eigennutz, Moralität und Volkswohlstand schien geeignet zu sein, die offenbaren Schwächen und Schäden des absolutistischen Merkantilismus zu überwinden. Diese letzteren hat Ludwig Vincke ganz unmittelbar vor Ort studieren können: Bei der Arbeit in der Domänenverwaltung und bei den Revisionsreisen, die er als Begleiter eines erfahrenen Kriegs- und Domänenrates durch die Dörfer und Städtchen der Kurmark machte, wurde es ihm augenfällig, wie wenig die merkantilistische Wirtschaftspolitik Friedrichs II. den Wohlstand des Landes gefördert hatte. Den König habe man getäuscht und zu ganz unnützen Investitionen bei der Anlage von Fabriken verleitet, die nicht nur nichts einbrächten, sondern eine dauernde Belastung für den Staat darstellten; nach manchen abschreckenden Beispielen bevorzuge er „den eigenen, freien, natürlichen Gang der Wirtschaft".[92] Doch geht seine Neigung zu den Gedankengängen Adam Smith' nicht so weit, daß er auf den Staat als Anreger und Förderer im Bereich der Wirtschaft ganz verzichten möchte: Wohl nicht ohne Zutun der Kunersdorfer Freunde beschäftigt er sich intensiv mit Schafzucht und mit der Wollveredlung, die mit Hilfe importierter spanischer Merinoschafe erreicht werden soll, und eben der dazu notwendige Ankauf und der Transport waren ohne diplomatische und finanzielle Hilfe nicht zu denken; auch die Initiative wie die Organisation eines solchen Unternehmens waren ohne diese unmöglich, wie sich einige Jahre später bei Vinckes Ankaufsreise nach Spanien gezeigt hat.

Das unselbständige, unbezahlte Arbeiten als Referendar hat Vincke nicht lange gefallen; schon 1796 schreibt er dem Vater, daß er die Landratsstelle in Minden oder eine solche in der Grafschaft Mark anstrebe: „... auf jeden Fall wünschte ich sehr, das Referendarleben ... mit einer Landratsstelle zu vertauschen, da ich mich nun einmal so vertraut mit dem Gedanken gemacht habe und meine Einbildungskraft mir soviel Gutes davon vormalt".[93]

Inwieweit es sich nun wirklich um einen Wunsch Ludwig Vinckes gehandelt oder ob er sich den Plänen des Vaters angepaßt und sie zu den eigenen gemacht hat, läßt sich kaum entscheiden, jedenfalls hat der Domdechant 1797 von sich aus dem Sohn sehr deutlich nahegelegt, er möge in die Nähe der Eltern zurückkehren. Ernst Idel Jobst Vincke fühlte sich stets als Verteidiger der überkommenen ständischen Rechte gegen die absolutistischen Gelüste des preußischen Staates wie den Despotismus seiner Beamten, und seinen Sohn will er hierbei als Hilfe benutzen. Zwar schlägt er ihm vorübergehende Verwendung im Auswärtigen Departement vor: Er solle als Legationssekretär den preußischen Gesandten nach St. Petersburg begleiten, doch immer mit dem Ziel, seine Qualifikation als Kriegs- oder Landrat in Minden zu erwerben.[94] Aus dieser Verwendung im diplomatischen Dienst, die der Vater vielleicht in Erinnerung an seine eigene kurze Gesandtenzeit 1769 in Kopenhagen erwünschte, ist nichts geworden; der Vater wollte dem so braven Louis ein größeres Maß an Weltläufigkeit vermitteln.

Ludwig Vincke hat bereits im Mai 1797 sein zweites Examen bestanden und ist danach als Assessor sowohl bei der Kurmärkischen Kammer wie beim Manufaktur- und Kommerzkollegium angestellt worden, außerdem wurde ihm gestattet, „den Vorträgen des Westfälischen Departements höchstdero General-Directorio beizuwohnen".[95]

Der junge Assessor, der übrigens schon 1795 in den Johanniter-Ritterorden aufgenommen worden war[96] – das Johanniter-Kreuz hat er zeitlebens gern auf Uniform und Frack getragen –, begab sich mit seinen Freunden Wilckens und Hecht auf eine mehrwöchentliche Studienreise nach Schlesien, in die industriereichste und wirtschaftlich fortgeschrittenste Provinz der preußischen Monarchie, wo er mit Hilfe ministerieller Empfehlungen und Verfügungen Zugang zu zahlreichen Berg- und Hüttenwerken samt ihren „Feuermaschinen", zu Textilfabriken und Leinwandwebereien und zu bedeutenden Gutsbetrieben erhielt. Die darüber verfaßten Berichte an das Fabrikendepartement verschafften ihm bei den Ministern Heinitz und Struensee, beide Vertreter eines vorsichtigen Reformkurses in der preußischen Führung, einen guten Namen: Vincke galt dort bereits als fleißiger, begabter, unterrichteter junger Mann mit Zukunft, als Fachmann für Fragen der Schafzucht und Wollveredlung.[97]

4. Landrat in Minden

„Unser guter Louis ist jetzt in völliger Aktivität bei der Kammer und recht glücklich, daß man ihm viel zu arbeiten gibt, ... er sprang gestern vor Freude in der Stube herum, daß ihm 2 Sachen zum eignen Vortrag zugeschrieben waren", schrieb die Schwester Lisette von der Reck am 1. September 1797 an die Eltern.[98] Liest man eine solche Mitteilung wie auch Ludwig Vinckes eigene Briefe und die Tagebucheintragungen über seine dienstlichen Tätigkeiten, seine privaten und gesellschaftlichen Beziehungen in Berlin und in der Kurmark, so glaubt man ihn auf dem besten Wege zu einem aufstrebenden Ministerialbeamten – da wurde seine Laufbahn durch die Wahl zum Landrat in Minden abgelenkt: Das Mindener Domkapitel, dem die Präsentation der Landräte des Fürstentums als Überbleibsel älterer ständischer Rechte zustand, wählte in einer Kapitularversammlung am 22. Juli 1798 einstimmig den Kammerassessor Ludwig Vincke zum Landrat in den Ämtern Hausberge, Schlüsselburg und Petershagen.[99] Am 16. August 1798 bestätigte der König ihn im Amt und wies ihm, da er seinen Dienstsitz in Minden habe, Sitz und Stimme im Kollegium der dortigen Kriegs- und Domänenkammer zu. Zuvor hatte seine Ansässigkeitsqualifikation dadurch nachgewiesen werden müssen, daß ihm aus dem Vinckeschen Familienbesitz das adlige Gut Klein-Eickel übertragen wurde: Erst damit wurde er Mitglied der Mindenschen Ritterschaft und wählbar. Diese Umstände der Wahl machen deutlich, wie damals das Amt des Landrats, das mit 400 Talern jährlich nicht eben fürstlich dotiert war, noch eng mit ständischen Überlieferungen verknüpft war; die Unterstellung unter die Kriegs- und Domänenkammer und die Zugehörigkeit zu ihr beweisen andererseits, daß der Landrat ein Organ der Staatsbehörden war und die Interessen des Fiskus in erster Linie zu verfolgen hatte.[100] Vincke hat gleichzeitig mit seiner Bestallung vom Generaldirektorium eine Dienstanweisung erhalten, aus der hervorgeht, wie schwer ständische und staatliche Aufgaben zu vereinbaren waren, aber auch, wie subaltern das Amt noch war: Der Landrat sollte den Verhandlungen der Stände beiwohnen, für die gleichmäßige Besteuerung der Untertanen sorgen, die in bösem Ruf stehenden Steuereinnehmer beaufsichtigen und Streitigkeiten über die Verteilung aller Lasten schlichten. Er hatte die Erhaltung und Wiedererrichtung von Bauernstellen zu fördern und im Falle ihrer Überschuldung als eine Art staatlicher Vormund die sog. Elokationsrechnungen zu führen. Über den Stand der Ernten, über Brand- und Unglücksfälle war der Kammer zu berichten; der Landrat besorgte in Zusammenarbeit oder Streit mit den Feldkriegskommissaren die Marsch-, Quartier- und Vorspannangelegenheiten der im Lande liegenden und durchmarschierenden Truppen, dazu das ärgerliche Geschäft der Aushebung der Ersatzmannschaften aus den den Regimentern zugewiesenen Kantonen bei den sog. Kantonsrevisionen.[101] Gerade der Umgang mit dem Militär hat dem Mindener Landrat sehr viel zu tun gegeben, da ein erheblicher Teil der preußischen Armee nach der Rückkehr aus Frankreich und nach Abschluß des Friedens von Basel 1795 als

Observationskorps in Westfalen stehen geblieben war, dessen kommandierender General, der Herzog Karl Wilhelm Ferdinand von Braunschweig, ein wenig zugänglicher Mann gewesen sein muß, wenn man den Zornesausbrüchen Vinckes im Tagebuch Glauben schenken will. Der junge Landrat war von den vielfach berechtigten Klagen seiner Bauern stark beeindruckt und fühlte mit ihnen die Lasten der unentgeltlichen Einquartierungen, der Vorspannleistungen und Wegearbeiten, die er abzuwenden oder doch abzumildern suchte. Sehr schnell war ihm die Lust an diesem Posten verdorben: „Ich bin immer das Werkzeug, wodurch dem armen Bauern neue Lasten aufgebürdet werden, scheine ihnen sehr oft deren Urheber, soll allem abhelfen und vermag doch so wenig – der beständige Überlauf und das beständige Umhertreiben draußen zersplittern meine Zeit, ich habe gar nicht mehr fortstudieren können in meinem Fach, kein einziges Buch in diesem ganzen Jahr lesen können ...", schreibt er nach einjähriger Landratstätigkeit am 20. September 1799 an seine geliebte Schwester Luise, Äbtissin des Stifts Quernheim, der er alle seine Sorgen und Nöte mitteilte.[102]

Auch die Tätigkeit als Mitglied der Mindener Kriegs- und Domänenkammer bot ihm keine Entschädigung für das, was er mit dem Verlassen Berlins hatte aufgeben müssen. Er hatte ja nicht nur die in jeder Hinsicht überaus lebendige Landeshauptstadt mit ihrer ungezwungenen Geselligkeit und seinen dort wohnenden geistvollen Freunden gegen das damals ausgesprochen kleinstädtische, ihm geradezu öde vorkommende Minden vertauscht, sondern auch die Mitarbeit in der mit tüchtigen Beamten besetzten Kurmärkischen Kammer und die interessante Tätigkeit in dem Fabriken- und Kommerzdepartement, wo ihm Kunth ein Mentor und guter Freund geworden war, verloren; stattdessen war er in eine ihm menschlich wie fachlich wenig zusagende Kollegenschaft geraten, in der ihm als einziger sein früherer Schulkamerad Delius nahestand.

Zwar war sein Chef der Reichsfreiherr vom Stein, der seit 1796 als Oberkammerpräsident die Verwaltung der westlichen Besitzungen Preußens mit Minden als Dienstsitz leitete, aber Vinckes Verhältnis zu ihm war durchaus nicht ungetrübt, und die beiden nach Temperament und moralischer Grundeinstellung so ähnlichen Männer haben sich oft und heftig aneinander gerieben. Der Jüngere hat mit scharfem Blick erkannt und mit spitzer Zunge ausgesprochen, wo die Stärken und auch die Schwächen seines Lehrmeisters lagen. Am 20. Februar 1799 schrieb er dem vertrauten Ehepaar v. Itzenplitz: „Die Kammer hat sich unter Stein sehr gebessert, und dieser hat sie von mehreren unnützen Subjekten geläutert, allein die Ordnung, Regelmäßigkeit, den allgemeinen Geist, welcher bei der Kurmärkischen Kammer herrschte, habe ich hier nicht wiedergefunden." Pointierter noch ist seine Bemerkung vom 15. November 1799: „... er (Stein) ist in der Tat ein sehr vorzüglicher Mann, obgleich vielleicht mehr zum Minister als zum Präsidenten geschaffen."[103] Eben darin liegt ein schon hier zu betonender Unterschied der beiden: Stein war Staatsmann und darauf angelegt, im großen zu denken und zu wirken, Vincke war ganz Beamter, durchaus geeignet zum Präsidenten, aber nicht zum Minister – was er selbst gewußt hat.

Nicht selten hat Vincke seinen Vorgesetzten schriftlich wissen lassen, wie ärgerlich, ja zuwider ihm aufgetragene Arbeiten seien, wie sehr ihm die Landratstätigkeit verleidet sei und wie er nach einer Versetzung strebe – notfalls in den durch die polnischen Teilungen neugewonnenen Osten der Monarchie, wo auch die Freunde Borsche und Schön zeitweise tätig waren. Der Reichsfreiherr vom Stein wiederum hat als Vorgesetzter in der ihm eigenen groben Strenge den hitzigen, unbeherrschten Untergebenen zurechtgewiesen, ohne ihm doch sein Wohlwollen zu entziehen und ohne an seinen Fähigkeiten und seinem Arbeitseifer zu zweifeln.[104] Aus der Frühzeit dieses durch scharfe Zusammenstöße und gesellschaftlichen Umgang, deutliche Zurechtweisung und vertrauensvolle Mitteilungen gekennzeichneten Verhältnisses stammt übrigens die wahrscheinlich älteste der zahlreichen über Vincke, zum Teil schon zu seinen Lebzeiten umlaufenden und der Nachwelt überlieferten Anekdoten: 1799 besuchten König Friedrich Wilhelm III. und Königin Luise den Westen ihres Reiches, und der König besichtigte die preußischen Truppen in der Nähe Mindens; bei dieser Gelegenheit wurde ihm durch den Präsidenten vom Stein der Landrat, der sich um die Wegebesserung aus diesem Anlaß sehr bemüht hatte, vorgestellt, was auch Vincke in seinem Tagebuch mit Freude, aber eher beiläufig vermerkt. Der Bischof Friedrich Rulemann Eylert hat diese Szene in seinem Nachruf auf den 1844 verstorbenen Freund Vincke so mitgeteilt: Der König habe beim Anblick des recht jugendlich wirkenden, kleinen Westfalen geäußert: „Macht man hier Kinder zu Landräten?", worauf Stein mit dem Satz geantwortet habe: „Ja, ein Jüngling an Jahren, aber ein Mann am Verstande!"[105] Es haben auch später das fast kindliche Aussehen Vinckes und sein hitziges, manchmal unbeherrschtes Temperament den Kern zu manchen spaßhaften Geschichten abgegeben.[106]

In der Kriegs- und Domänenkammer Minden hatte Ludwig Vincke insbesondere die Armen- und Schulangelegenheiten und die Versorgung der Invaliden und Geisteskranken zu bearbeiten. Auf diesen Gebieten war er gern tätig und hat Bleibenderes zu leisten vermocht, als die subalternen Geschäfte des Landrats, der Tag für Tag in seinem Kreis unterwegs zu sein hatte, es zuzulassen schienen.

Zu erwähnen sind zuerst einmal seine Bemühungen und Vorschläge zur Verbesserung der Landschulen, die seine Einsicht in die Wichtigkeit der Volksbildung und sein Verständnis für Lehrer und Schüler beweisen und wohl einiges zur Verbesserung des Schulwesens beigetragen haben. Der Zustand der Landschulen nicht nur im Mindener Land, sondern fast überall in Preußen, widersprach durchaus dem Interesse, das der Staat an der moralischen und intellektuellen Bildung seiner Einwohner nehmen mußte, wenn ihm „an guten Menschen und brauchbaren Staatsbürgern" gelegen war.[107] Das 1787 gegründete Oberschulkollegium unterstand als Landesschulbehörde unmittelbar dem preußischen König, und auf seine Veranlassung forderte das Generaldirektorium am 27. August 1799 von der Kriegs- und Domänenkammer in Minden ein Gutachten über den Stand des Schulwesens an; von dieser nun wurde Vincke am 21. Oktober mit einem Entwurf hierzu beauftragt. Der Landrat ging mit großem Eifer an diese Arbeit und stützte sich dabei wohl auf seine eigenen Erfahrungen und Beobachtungen wie auf die Mitteilungen Heinrich Brökelmanns, damals Prediger und Superintendent in Petershagen, und die Meldungen der Ortsbeamten. Der Bericht vom 18. Februar 1800 „Über die Verbesserung des Schulwesens auf dem Lande"[108] übt vernichtende Kritik an den Schulgebäuden und -stuben wie auch deren Einrichtung, „und nicht selten siehet man diese beim Hereintreten eher für Gefängnisse oder für Viehställe als für den Ort an, wo die hoffnungsvollsten Blüten für den Staat, die Landkinder, gepflegt und entwickelt werden sollen".[109] Für eine Höchstzahl von 60 Kindern – die tatsächliche Zahl lag oft weit über 100 – errechnet Vincke nun eine Mindestgröße der Schulstube, den Mindestluftraum für jedes Kind, die Größe der Fenster, die Zahl der Luftlöcher und die Menge an notwendigem Brennholz für die winterliche Beheizung. Besonders eingehend beschäftigt er sich mit der elenden ökonomischen Lage der Lehrer: Die meisten Schulmeister in seinem Kreise verdienten weniger als jenes jährliche Mindestbareinkommen von 100 Talern, das er für unumgänglich hielt. Bislang mußte der Lehrer das Schulgeld von den Kindern, denen es die Eltern mitgeben sollten, einziehen, was zu ärgerlichen und entwürdigenden Szenen geführt hat. Nach Vinckes Vorschlag sollte das Schulgeld in eine Schulsteuer als allgemeine Landessteuer verwandelt werden, die von allen Einwohnern, nicht nur den Eltern der Schulkinder, zu entrichten sei. Diese Abgabe solle in eine Provinzialschulkasse fließen, aus der die Lehrer nach Leistung und Würdigkeit und nach der Anzahl der unterrichteten Kinder ein angemessenes Gehalt in monatlichen Raten erhalten sollten, wofür er das Konsistorium als Provinzialschulvorstand verantwortlich machen will. Aus dieser Kasse solle auch die Förderung der Lehrerseminare, die Einführung guter Schulbücher und die Abgeltung der Heizkosten erfolgen, was für seinen Kreis eine Summe von jährlich 7355 Talern ausmache, kaum ein Achtel der gesamten jährlichen Steuerabgaben der Einwohner des platten Landes. Vincke begleitete seine Vorschläge mit genauen Tabellen über den Zustand der Schulen seines Kreises, und er sah diese Arbeit selbst als bedeutsam an. Er erläuterte seine Gedanken dem Freunde v. Itzenplitz, der ihm darauf schrieb: „Den Bericht in Schulsachen läse ich umso lieber bald, da ich etwas Ähnliches unter der Feder habe; ich möchte so gern die Schwarzröcke ganz heraus haben, allein das geht bei uns auf dem Lande nicht an."[110] Es ist dieser Bericht des Landrats Vincke über das Schulwesen in seinem Kreis auch abgedruckt worden, und zwar in: „Westphälisches historisch-geographisches Jahrbuch zum Nutzen und Vergnügen, auf das Jahr 1805", das Peter Florenz Weddigen herausgab.[111] Mit dieser seiner ersten Veröffentlichung erreichte der Verfasser für seine wohlmeinenden und zeitgemäßen Bestrebungen einen breiteren Widerhall und mehr Nachwirkung, als sie bei der oberen Verwaltungsbehörde zu erhoffen waren, die sich vor 1806 zu einer durchgreifenden Reform des Landschulwesens nicht hat aufraffen können.

Die zweite größere Arbeit Ludwig Vinckes beschäftigte sich, wieder ganz im Sinne einer aufgeklärten Humanität, mit der Erfassung, Unterbringung und der medizinischen Betreuung von Geisteskranken. Der Landrat hatte am 4. April 1799 über einen ‚wahnsinnig' gewordenen Invaliden in der Bauerschaft Bierde bei Petershagen berichtet und dessen Verbringung in die Berliner Irrenanstalt vorgeschlagen; daraus geht hervor, daß es damals in den westlichen Gebieten Preußens noch keine öffentliche Anstalt für Geisteskranke gab, vielleicht nur eine einzige in der Monarchie, die für alle diejenigen Fälle als zuständig angesehen wurde, die nicht mehr in den Familien gehalten werden konnten. Die Kriegs- und Domänenkammer in Minden lehnte wegen der hohen Kosten den vorgeschlagenen Transport ab, legte dem Landrat stattdessen auf, er „müsse daher veranstalten, daß dieser unglückliche Mensch unter beständige Aufsicht in Bierde untergebracht wird. Die Kosten müssen von der Bauerschaft aufgebracht werden, wenn wir auch einen Beitrag aus den Sublevationsfonds zu bewilligen nicht abgeneigt sind."[112] Die Diskussion über diesen und ähnliche Fälle wird zu dem Plan beigetragen haben, für Minden und Ravensberg eine Irrenanstalt – verbunden mit einem Zucht- und Arbeitshaus – einzurichten: Vincke erhielt am 26. Oktober 1799 den Auftrag, hierüber ein Gutachten vorzulegen, aus dem auch die Zahl und Schwere der Fälle von Geisteskrankheit in seinem Amtsbereich hervorgehen sollte; von vorneherein betont die Behörde den Unterschied zwischen vermögenden und unvermögenden Kranken, zwischen Selbstzahlern also und denen, die von den Gemeinden unterhalten werden mußten. Vincke ließ durch die Ortsbeamten die erforderlichen Materialien zusammenstellen: Aus seinen drei Ämtern mit insgesamt 4500 Feuerstellen wurden 46 Kranke gemeldet, die sich nicht selbst helfen konnten und auf Pflege angewiesen waren, weil sie sich und andere gefährdeten; außerdem wies er die Kammer auf das Vorbild der in Neuruppin für die Kurmark bestehenden Anstalt hin, die er ebenso wie einige hessische und sächsische Häuser für Geisteskranke aufmerksam besichtigt hatte. Nach dem, was er dort gesehen hatte, lehnte er zwar nicht den vorgeschlagenen Standort Herford ab, wohl aber die Unterbringung der Geisteskranken unter einem Dach mit Zuchthäuslern, Bettlern und Invaliden, weil das für die Wiederherstellung der Kranken schädlich sei; für diese seien eine kleine Anstalt auf dem Lande, gute Luft, die Möglichkeit zu kalten Bädern und zu angemessenen ländlichen Arbeiten am förderlichsten. Dagegen hält er unter dem Gesichtspunkt der angestrebten Verwahrung und Heilung hilfloser Menschen die Ausdehnung der zu gründenden Anstalt „auf bösartig epileptisch Kranke, Taubstumme, Blinde pp ..." für wohltätig und sinnvoll. Eine Verminderung der Krankenzahlen und eine Vorbeugung sei möglich, u. a. „bei einer vernünftigen Anleitung der Untertanen zur ordentlichen Behandlung der Kinder in den ersten Jahren" – ein Hinweis darauf, daß Vincke die Bedeutung der Bildung im frühen Kindesalter durchaus bekannt war. Ganz pragmatisch urteilt er: „Die Wahl eines geschickten Arztes und liebreicher, vernünftiger Aufseher und Wärter bleibt immer die Hauptsache, und dürfte es wohl gut sein, dieselben einer besonderen Belohnung für jeden geheilt entlassenen Irren zu versichern" – die Menschenliebe und der nach Adam Smith so wirkungsvolle Eigennutz sollen zum Wohl der Kranken eine Verbindung eingehen, die auf den ersten Blick überraschend wirkt. Auch für die Finanzierung der Irrenanstalten entwickelt Vincke seine Vorschläge: Es sind neben Kirchenkollekten Einnahmen aus Steuerstrafen und -zuschlägen, aus denen die notwendigen Fonds gebildet werden sollen.[113]

Der Oberkammerpräsident Stein hat die Vorschläge des Mindener Landrats begrüßt, doch ist es vor der französischen Ära nicht zur Gründung einer Irrenanstalt in Westfalen gekommen, denn auch aus Vinckes späterem Plan, das Kloster Marienfeld im Münsterland dazu einzurichten, ist bei dem Zögern der Berliner Oberbehörden nichts geworden.[114]

Sehr praktisch-anschaulich äußerte sich Vinckes Sorge um die Gesundheit seiner Kreiseingesessenen, als der Landrat sich 1801 öffentlich mit Kuhpockenlymphe impfen ließ, um der bäuerlichen Bevölkerung die Furcht vor diesem neuen, eben aus England auf den Kontinent gekommenen Verfahren zu nehmen und dadurch die damals so gefährliche Seuche wirksam zu bekämpfen.[115]

Einzugehen ist schließlich noch auf eine in Minden entstandene größere Ausarbeitung, die für Vinckes Denkart bezeichnend ist, die „Alleruntertänigste Vorstellung des Landrats von Vincke wegen Anlegung der Chausseen durch Privat-Sozietäten gegen ein diesen zu verwilligendes Wegegeld" vom 3. Januar 1802.[116] Zu diesem nach englischem Vorbild ausgearbeiteten Vorschlag mag ihn nicht zum wenigsten jener Ärger getrieben haben, den ihm täglich und immer aufs neue die Aufsicht über den Straßenbau und die Instandsetzung der Wege bereiteten, ohne daß ein Erfolg sichtbar geworden wäre. Nach dem Wegeedikt vom 10. September 1735[117] sollten die öffentlichen Straßen von den Bauerschaften, deren Grenzen sie berührten, unterhalten werden. Das mußte zu einer Überbelastung mancher Landstriche führen, durch die vielbefahrene Post- und Heerwege verliefen; dabei hatten die Bauern ihre Kräfte und ihre Zeit in hohem Maße für die Unterhaltung von Einrichtungen zu opfern, die sie selbst wenig oder gar nicht nutzten. Das kam dem jungen Mindener Landrat schon sehr bald nach seiner Amtsübernahme als unsinnig und ungerecht vor, und er hat sehr empfindlich gegen viele ihm widersinnig und unausführbar erscheinende Anordnungen der Kriegs- und Domänenkammer protestiert.[118] Immer wieder suchte er nach einer Entlastung der Anlieger und einer vernünftigen Verteilung der Wegebaulasten, so als es im Frühsommer 1799 darum ging, die übelsten Stellen in der Heerstraße passierbar zu machen, die der König auf dem Weg zur großen Truppenrevue auf der Petershagener Heide benutzen sollte. Mit Stein ist Vincke in Wegebaufragen bis zur gegenseitigen Erbitterung zusammengestoßen.[119] Angesichts der Not der Bauern und den nicht zu umgehenden Forderungen hat der Landrat nach seiner noch zu besprechenden Englandreise die Initiative ergriffen und von sich aus am 3. Januar 1802 die schon zitierte Eingabe an den König gerichtet. Zwar war durch den Bau einer staatlich geförderten Chaussee[120] die alte Poststraße zwischen der Bückeburger Grenze und Bielefeld erheblich verbessert worden, doch konnte sich dieser Fortschritt nicht in dem erwünschten Maß auswirken, weil alle übrigen Straßen, die auf diese Chaussee hin und von ihr weg durchs Land führten, sich „in der allerdesolatesten Beschaffenheit" – so Vincke – befanden. Da nun alle Zwangsmaßnahmen und alle staatlichen Anordnungen, wie die vergangenen sieben Jahrzehnte bewiesen haben, nicht zu einer Änderung an diesem Zustand geführt haben, schlägt Vincke vor, die Sorge für den Wege-, Brücken- und Kanalbau gänzlich Privatpersonen zu überlassen, und zwar nach dem Beispiel Englands, wo diese „in Sozietäten vereinigt das erforderliche Kapital durch Aktien zusammentragen und sich zur beständigen guten Unterhaltung verpflichten, dagegen durch Parlamentsacte zur Erhebung eines verhältnismäßigen Wegegeldes autorisiert werden". Vincke kann schon auf einen ersten geglückten Versuch des Wegebaus durch Privatvereinigung auf Aktien hinweisen, bei dem es bisher nur an der Genehmigung des Wegegeldes durch das Generaldirektorium fehle; zugleich gibt er alle Strecken an, für deren Bau sich nach seiner Meinung leicht Interessenten finden würden.

Der König hat in einer Kabinettsorder vom 9. Februar 1802 Vinckes Vorschlag als „ganz gut" bezeichnet, doch sich zu einer umfassenden Anwendung nicht entschließen mögen. Zu sehr widersprach er dem eingefahrenen Grundsatz, daß die Anwohner die Wegelast zu tragen hatten. Zudem will sich die Zentrale nicht die Entscheidung über den Straßenbau aus der Hand nehmen lassen – Vincke solle daher in Zukunft seine Pläne auf dem Dienstweg und nicht mehr unmittelbar an den König einreichen. So sind auch Vinckes Chausseebaupläne damals ohne unmittelbare Folge geblieben, und doch waren sie nicht fruchtlos, denn er hat sie 14 Jahre später unter ganz anderen Umständen und nun als Oberpräsident von Westfalen wieder aufgenommen: In der Hagener Zeitung „Hermann" veröffentlichte er 1816 einen Aufsatz „Bau der Kunststraßen durch Privatvereinigungen", der in seinen Grundgedanken ganz auf dem Entwurf von 1802 aufbaut; nun glaubte er ihn mit größerer Aussicht auf Erfolg erneut vortragen und der Öffentlichkeit bekanntgeben zu können.[121]

Neben den geschilderten größeren Entwürfen hat der Landrat Vincke als Mitglied der Mindener Kriegs- und Domänenkammer die Anlage und Einrichtung des Zucht- und Arbeitshauses in Herford, die Abschaffung des Vorspanns, das Bielefelder und Herforder Fabrikwesen, insbesondere die dortige Leinen- und Baumwollherstellung bearbeitet und diese Tätigkeit als lohnend angesehen. Die Erinnerung daran hat sich lange gehalten, so daß in seinem Nachruf auf Ludwig Vincke der Archivsekretär Haarland im Mindener

Sonntagsblatt vom 8. Dezember 1844 schreiben konnte: „... es gelang ihm, den Kaufmann Schreve in Herford zur Anlegung einer Baumwoll-Manufaktur zu bestimmen; er verschaffte demselben zu dieser Unternehmung die nötigen Geldvorschüsse aus Staatsfonds, kontrahierte mit ihm wegen Beschäftigung der Züchtlinge mit Baumwollspinnen und ist somit ursprünglich der indirekte Schöpfer der nachherigen Schönfeld- früher Schrevenschen Fabrik in Herford."[122] Bemerkenswert an diesem Unternehmen ist wohl die enge Verbindung zwischen der noch ganz im Sinne des friderizianischen Merkantilismus erfolgten Fabrikgründung und der Beschäftigung von Zuchthausinsassen, die durch Arbeit gebessert werden und zugleich ihren Unterhalt verdienen sollten.

Daß Vincke mit diesen größeren Arbeiten und dem unruhevollen Landratsleben in Minden nicht so recht glücklich wurde, lag nicht zum mindesten an seinem wenig erfolgreichen Werben um Amalie Haß, die Tochter des Kammerdirektors Haß, der bei der häufigen Abwesenheit Steins die laufenden Geschäfte der Mindener Kriegs- und Domänenkammer führte: Seit Anfang des Jahres 1799 wuchs die Neigung des Landrats zu dem liebenswerten bürgerlichen Mädchen, das dem jungen Beamten wohlgesonnen war und ihn gelegentlich ausgezeichnet haben mag. Vincke jedenfalls war ganz entflammt: „Malchen oder keine!", klingt es durch die Tagebuchaufzeichnungen der Jahre 1799 und 1800.[123] Der Widerstand gegen die von ihm sehnlichst gewünschte eheliche Verbindung kam von zwei Seiten: Für den Vater, den adelsstolzen Domdechanten Ernst Idel Jobst Vincke, wäre die vermeintliche Mesalliance nur erträglich gewesen, wenn die fehlenden adligen Ahnen „durch Tonnen Goldes" aufgewogen würden.[124] Darum wollte er dem entsetzten Sohn auch gleich eine reiche Holländerin als Ersatz für die Tochter eines vermögenslosen Beamten zuführen. Kammerdirektor Haß selbst aber vernichtete die immer wieder aufflammenden Hoffnungen Ludwig Vinckes durch die Verheiratung der Tochter mit einem verhaßten Konkurrenten; darüber verfällt Vincke in heftigen Zorn und zugleich in tiefe Traurigkeit: Er hat sich das Leben mit der Geliebten so lebendig, so wirklich vorgestellt, daß er völlig die Fassung verliert, dem Vater der Geliebten einen wütenden Brief schreibt und blutenden Herzens nach Süd- oder Neuostpreußen entweichen möchte, wo die Freunde Schön und Borsche wirken. Doch diese wie spätere ähnliche Enttäuschungen hat Vincke überstanden, auch ohne aus Minden nach Bialystok zu fliehen oder nach Berlin zurückzukehren, wozu die Freunde aus dem Havellande immer wieder raten, denn dieser „Mittelpunkt der Regierung und ... Vereinigungspunkt guter und kluger Menschen" sei doch der Ort, „wo Sie eigentlich hingehören, ... und mit offenen Armen werden Sie hier erwartet und empfangen werden".[125]

Trost und Ablenkung von privatem Kummer und dienstlichen Mißlichkeiten hat Vincke auf großen Reisen gefunden, die ihn geformt, bereichert und gefestigt haben. Im Jahre 1800 hatte er das Glück, durch die Fürsprache des ihm trotz aller Reibungen durchaus gewogenen Freiherrn vom Stein einen mehrmonatigen Urlaub und dienstliche Aufträge für eine Reise durch England zu erhalten; sie erfüllt ihm nicht nur einen Jugendtraum, sondern verschafft ihm das Ansehen eines gebildeten, gereisten jungen Mannes, denn seit der Mitte des 18. Jahrhunderts galt Großbritannien als die Weltmacht und Herrscherin über ein Weltreich, hier glaubte man ökonomischen und politischen Fortschritt zu finden, darum wurde es zum Ziel zahlreicher Bildungsreisender. Der Freiherr vom Stein hat seine Englandreise 1786/87 gemacht, als er Leiter des Bergamtes in Wetter war; seine Absichten waren vornehmlich technologischer Art: Er wollte englische Dampfmaschinen kennenlernen und für die Bergwerke seines Bezirks erwerben.[126] Vincke dagegen hat von vornherein das Schwergewicht seiner Studien auf die Landwirtschaft gelegt, der er nach Physiokratenart schwärmerisch zugetan war und über deren Zustand in England er durch Albrecht Thaer und das befreundete Ehepaar v. Itzenplitz bereits unterrichtet war.[127] Danach sollte und wollte er sich über die englischen Heil- und Strafanstalten, die Leinenherstellung und die eben erfundene Flachsspinnmaschine unterrichten und die auf der Insel bereits weit verbreitete Verwendung der Steinkohlen beobachten. Insgesamt ging es ihm wie seinen Auftraggebern, den Ministern Heinitz und Struensee, darum, die Ursachen für die Überlegenheit der Engländer auf fast allen Gebieten der Wirtschaft und des öffentlichen Lebens zu erkennen und Mittel zu finden, wie man den Rückstand Preußens aufholen könne.[128]

Über den Verlauf der Englandreise Vinckes sind wir durch sein Tagebuch nur teilweise, umfassender durch briefliche Mitteilungen unterrichtet, die nach seiner Art Amtliches und Privates, Erlebtes und Gedachtes, Wünsche und Hoffnungen in bunter Fülle ausbreiten.[129] Von frühester Jugend an hatte er England verehrt, nun dringt er tiefer in englisches Denken und Leben ein, bleibt in vielen Einzelheiten in kritischer Distanz zu den Verhältnissen auf der Insel und faßt das ihm Wesentliche in einer sehr bezeichnenden, an Stein gerichteten Mitteilung zusammen: „Auch manche unserer Polizeieinrichtungen sind unstreitig besser, dagegen die Art, wie die Menschen hier so ganz durch und aus sich selbst regiert werden, ohne daß der Staat im mindesten sich darum zu bekümmern und dafür etwas auszugeben braucht, gewiß sehr viel Vorzügliches hat, welches alles übrige weit aufwiegt." Damit spricht Vincke das ihm Wichtigste über die englische Selbstverwaltung aus, und es ist lange sein inniger Wunsch gewesen, etwas davon in die preußische Wirklichkeit zu übertragen, um die Allzuständigkeit der Behörden ein wenig abzubauen.[130] Diese erste Englandreise Vinckes hat ihm den Blick für die Wurzeln des ökonomischen und politischen Fortschritts geschärft.

Die zweite große Reise seiner Landratszeit, die lange und oft mühselige Fahrt durch die Pyrenäenhalbinsel mochte ihn, der schon voreingenommen war, in der Ablehnung reaktionärer, absolutistischer Herrschaftsformen bestärken, die verbunden mit feudaler Selbstsucht zum Ruin des Landes und zur Verelendung des Volkes führen mußten. Der Anlaß zu dieser Reise war der Plan, ähnlich wie schon 1786, aus Spanien einige hundert Merinos –

Mutterschafe und Böcke – nach Preußen zu importieren, um mit ihrer Hilfe die grobe Wolle einheimischer Schafherden zu veredeln und zur Herstellung hochwertiger Tuche geeignet zu machen. Nicht der Staat wollte die Tiere kaufen, er übernahm vielmehr nur die Kosten, die für den Einkäufer und seine Helfer entstanden, während auf einen Aufruf hin 23 interessierte Gutsbesitzer der Mark Brandenburg auf 1430 Schafe subskribierten. Für den Posten des Kommissars wählte der Minister v. Struensee den ihm als Fachmann in Fragen der Schafzucht und der Wollveredlung, aber auch einsatzfreudigen, geschickten Organisator bekannten Landrat Ludwig Vincke aus, der in Berlin mit einer ausführlichen Instruktion versehen wurde[131] und Anfang Januar 1802 in Begleitung einiger Freunde nach Paris abreiste, um dort Spanischunterricht zu nehmen und die französische Stammschäferei in Rambouillet mit ihren Erfolgen und Schwierigkeiten kennenzulernen, da dort schon länger importierte Merinos aus Spanien mit französischen Schafen gekreuzt wurden.

Der stets neugierige Vincke hat seinen Aufenthalt in Paris zu zahllosen Besichtigungen, Theaterbesuchen und gesellschaftlichen Begegnungen genutzt; auf seine Bitten stellte ihn der preußische Gesandte in Paris, Marchese Lucchesini, dem 1. Konsul der französischen Republik, Napoleon Bonaparte, vor, den er zwar nicht freundlich, so doch respektvoll als eindrucksvolle Persönlichkeit charakterisiert.[132] Ende Februar 1802 ging die Reise über Bordeaux nach Madrid weiter, wo er dem leitenden Minister und Günstling des Königs, Godoy, wie dem ihm wenig erfreulichen Königspaar vorgestellt wurde. Seine eigentliche Mission, die Auswahl und den Ankauf der Schafe in Kastilien wie auch deren Zug nach Bilbao, wo sie zum Schiffstransport nach Hamburg verladen wurden, hat Vincke mit Geschick und Glück erledigen können.[133] Am 16. Juli 1802 berichtete er seiner Gönnerin, der Frau v. Friedland, die zu den Auftraggebern gehörte, daß er 797 Mutterschafe und 419 Böcke auf fünf Schiffen untergebracht und mit Futter versehen habe und daß er für sie persönlich noch zwei kleine schwarze Estremadurische Schweine und spanische Sämereien mitgeschickt habe.[134] Es folgte danach noch ein detaillierter Bericht mit Kostenabrechnung für den Minister, und dann war Vincke frei für eine monatelange Reise durch Spanien und Portugal: Beide Länder wurden einer gründlichen, wenn auch nicht vorurteilslosen Besichtigung unterzogen – für die romanische Welt und den spanischen Katholizismus hat er nicht viel Verständnis aufgebracht, alles wird an der preußischen Elle gemessen.

Den Jahreswechsel 1802/03 verlebte Vincke in Marseille; von dort reiste er durch die Schweiz, wo er im damals zur preußischen Krone gehörigen Neuchâtel den Geist heimatlicher Ordnung wieder begrüßte, nach Deutschland zurück. Er berührte München und lernte dort den als Menschenfreund verehrten Grafen Rumford kennen.[135] Auf Weisung Struensees hat er sich zur Berichterstattung nach Berlin begeben müssen, wo er nicht ohne Stolz auf die geglückte Mission, aber auch mit dem Bedenken erschien, er werde als Stellenjäger verschrieen werden, und tatsächlich war sein Ruf als ein zu allen Geschäften brauchbarer Mann derart gestiegen, daß jedermann seine baldige Beförderung zum Präsidenten einer Kriegs- und Domänenkammer voraussagte; doch hat sie noch einige Monate auf sich warten lassen, und ihr Zustandekommen ist nicht in allen Einzelheiten klar.[136]

Ludwig Vincke hat die territoriale Gliederung seiner Heimat und die Zersplitterung des preußischen Besitzes, die eine offensichtliche Schwächung und Gefährdung bedeutete, nicht als bleibend oder gar notwendig angesehen; vielmehr wünscht er wie viele seiner Zeitgenossen eine Neuordnung, die sich insbesondere gegen die Existenz der geistlichen Staaten richtete. Am 27. März 1801 schrieb er seinem Marburger Studienfreund Friedrich Josef Gehrken in Paderborn: „... Der Himmel weiß, wie sich die politische Verwirrung noch auflösen und was das endliche Resultat des langersehnten allgemeinen Friedens sein werde. Zunächst wünsche ich nur, daß in unserm Westfalen kein neuer großer geistlicher Staat gestiftet, sondern allen geistlichen Staaten mit allen ihren Anhängseln sobald als möglich ein Ende gemacht werden möge. Ich bin überzeugt, es würde für uns Westfälinger das erwünschteste sein, den größten Teil Westfalens unter der preußischen Regierung vereinigt zu sehen, weil nur das die Verteidigung gegen den übermütigen Nachbarn möglich macht."[137] Als er im Januar 1802 nach Paris kam, ließ er sich von Lucchesini über den Stand der Entschädigungs- und Säkularisationsverhandlungen zwischen Preußen und Frankreich unterrichten, und bei seiner Rückkehr aus Spanien im Februar 1803 war bereits das Gebiet zwischen Rhein und Weser völlig umgestaltet: Im August 1802 hatten preußische Truppen Münster und den östlichen Teil des Fürstbistums Münster, das Hochstift Paderborn, daneben auch die Abteien Essen, Werden und Elten okkupiert.[138] Das konnte auch für die Besetzung der Posten in der preußischen Verwaltung nicht ohne Folgen bleiben: Dem Oberkammerpräsidenten vom Stein wurde am 9. September 1802 die schwierige Aufgabe übertragen, die neuerworbenen Teile des Münsterlandes und Paderborn in den preußischen Staat einzugliedern, daneben behielt er das Präsidium der Kriegs- und Domänenkammer in Hamm, während er das in Minden abgab; er zog von dort fort und nahm im ehemals fürstbischöflichen Schloß in Münster neben dem militärischen Befehlshaber, dem General v. Blücher, seinen Wohnsitz. Als seinen Nachfolger in Minden hat Stein sich Vincke gewünscht, damit dieser die schon so eifrig betriebenen Pläne zur Einrichtung des Landarmen-, Invaliden- und Irrenhauses, zur Besserung der Schul- und Wegeverhältnisse und zur Förderung der Fabriken in Minden-Ravensberg weiterführen könne.

Nach seiner Rückkehr von der spanischen Reise ist Vincke von Stein über diesen Plan unterrichtet worden, doch erfüllte ihn der Vorschlag mit zwiespältigen Gefühlen: Einerseits liebte er unterdes seine Mindener Bauern, er lehnte aber – auch im Hinblick auf eine nun angestrebte Verbindung mit einer jungen Dame von Stand und Vermögen – eine Präsidentenstelle nicht grundsätzlich ab, aber die in Minden mochte er nicht. Die Stadt war ihm zuwider, die Zusammenstöße mit dem immer schwieriger werdenden Vater schreckten ihn ab, und dem Neid älterer Kollegen in der Kammer ging er lieber aus dem Wege. Die Ungewißheit, wohin er berufen werde, zog sich über den Sommer 1803 hin und beunruhigte Vincke nicht wenig. Ohne daß er es wissen konnte, hatte der König den Mindener Landrat immer noch als „Kind" in Erinnerung, und der lebhafte kleine Westfale mochte ihm für die Präsidentenwürde nicht seriös genug vorkommen; als Minister v. Struensee und Kabinettsrat Beyme ihn dem Monarchen vorschlugen, spottete der: „Warum nicht gar das Kind schon zum Präsidenten in Magdeburg ernennen? Wenn man doch einmal so weit zurückgekommen ist, daß man den Präsidenten unter den Kindern suchen muß, so muß man sie doch wenigstens bei den kleinen Kammern anfangen lassen."[139]

Nach einigem Zögern sind Vinckes Gönner, insbesondere auch der für die westlichen Provinzen zuständige Minister v. Angern, diesen Weg gegangen. Sie schlugen ihn für die freiwerdende Kammer in Aurich in Ostfriesland vor, deren Präsident Graf von Schwerin nach Magdeburg versetzt wurde: Am 8. Oktober 1803 ernannte nun der König Vincke zum Kammerpräsidenten, am 14. Oktober notiert dieser ins Tagebuch, daß ihm vom zuständigen Provinzialminister v. Angern seine Ernennung mitgeteilt sei – „eine mir in aller Hinsicht schreckliche Nachricht!" – und am 24. November trat er sein neues Amt in Ostfriesland an, zwar kein Kind mehr, aber doch noch nicht 29 Jahre alt.

5. Kammerpräsident in Aurich

Ostfriesland mit damals etwa 120 000 Einwohnern, in dem Ludwig Vincke nun die Stellung eines Kammerpräsidenten einnahm und sich bald voller Stolz „der Erste in einer ganz beträchtlichen Provinz ..."[140] nannte, wurde nicht – wie seit 1723 die übrigen Provinzen des preußischen Staates – ausschließlich durch die beiden obersten, von der Zentrale eingesetzten und überwachten Landesbehörden, die als Landesjustizbehörde fungierende Regierung und die Kriegs- und Domänenkammer, verwaltet, vielmehr wurden die Kompetenzen der letzteren nicht unerheblich durch jene landständischen Rechte eingeschränkt, die bei der Übernahme des Landes durch Preußen in der Konvention von 1744 festgelegt und noch einmal 1791 durch eine königliche Resolution bestätigt worden waren.[141] König Friedrich Wilhelm I. hatte 1723 das Generalkriegskommissariat – beauftragt mit der Verwaltung der für den Unterhalt des Heeres bestimmten Steuern – und die zentrale Domänenadministration zu einer Behörde vereinigt, dem General-Ober-Finanz-Kriegs- und Domänendirektorium, kurz Generaldirektorium genannt, und als diesem unterstellte Provinzialverwaltungsbehörden die Kriegs- und Domänenkammern eingerichtet, aus deren Namen noch die ursprünglichen Schwerpunkte der Geschäfte hervorgehen; nun waren ihnen durchweg das Steuerwesen auf dem Lande und in den Städten, die Kantonsangelegenheiten, d. h.

die Rekrutierung für die Armee, die allgemeinen Polizei-, Handels- und Gewerbesachen wie auch die Verwaltung der Domänen und meist auch die Kirchen- und Schulsachen übertragen.[142] Aus diesem Bündel von Aufgaben fehlten der ostfriesischen Kriegs- und Domänenkammer einige wichtige Kompetenzen: Das Land an der Küste war kantonsfrei, brauchte also keine Rekruten zu stellen, und es befand sich lediglich in Emden eine preußische Garnison – ein Bataillon Infanterie, das aus angeworbenen Ausländern bestand. Dem jungen Kammerpräsidenten, dem als Landrat in Minden die Zwangsrekrutierungen auf dem Lande mit ihren elenden Folgen und ärgerlichen Begleiterscheinungen die unangenehmste Aufgabe gewesen war, konnte die Privilegierung einer Provinz, und sei es die eigene, nicht recht sein, da sie seiner Grundüberzeugung von der Gleichberechtigung und -verpflichtung aller Untertanen zuwiderlief. Noch ärgerlicher war es ihm, daß die Kontribution, die Grundsteuer also, nur aus dem Harlinger Lande unmittelbar in die königliche Kasse floß, aus den übrigen Landesteilen aber in die landschaftliche, von Ständen verwaltete, die einen festen Betrag an den Fiskus abführte, im übrigen aber um Beiträge zu den größeren Aufgaben der Landeskultur gebeten werden mußte. Damit war ein Teil der Finanzverwaltung des platten Landes den Ständen überlassen, während die in den Städten aufkommenden Steuern der königlichen Kasse zuflossen, weswegen es in Emden einen der Kammer unterstehenden Steuerrat gab, während die sonst in Preußen als Unterbehörden arbeitenden und die Weisungen der Obrigkeit bei den Untertanen durchsetzenden Landräte und Amtleute fehlten. An der Spitze der acht alten Ämter standen adlige Drosten, denen das Amt keine Aufgabe, sondern eine Sinekure war, die keine Verwaltungstätigkeit verlangte. Dementsprechend klein war das Kollegium der Kriegs- und Domänenkammer. Es bestand – neben dem Präsidenten – aus sechs Kriegsräten, die sich unter Vinckes Vorgänger Graf von Schwerin an ein eher gemütliches Dienstleben gewöhnt hatten. Das muß sich auch anderwärts herumgesprochen haben, wie auch die eingeschränkten Kompetenzen der ostfriesischen Kammer Vincke bekannt waren; dieser hat den Freunden v. Itzenplitz am 20. Oktober 1803 über seine Versetzung nach Ostfriesland berichtet und noch ärgerlich-widerstrebend – wie bei jeder Änderung seiner dienstlichen oder privaten Verhältnisse – gemurrt: „... Der Auricher Posten gilt überall für einen halben Invalidenposten, die Kammer hat fast gar nichts zu tun (soll auch erbärmlich besetzt sein), man verliert sich dort ganz, weil man mit vielen wichtigen Geschäftszweigen ganz außer Verbindung kömmt ..."[143] Daß diese Mißstimmung bald in ein Hochgefühl umschwang und er später das Jahr in Ostfriesland als das schönste in seinem Leben bezeichnen konnte,[144] lag an den persönlichen wie den dienstlichen Umständen, die er in Aurich vorfand. Wichtig vor allem, daß er von der quälenden Nähe des tyrannischen, keinen Widerspruch duldenden Vaters, den er doch kindlich verehrte, befreit war und durch ein reichliches Gehalt von dessen Zuschüssen unabhängig wurde, denn der Präsidentenposten trug ihm neben freier Dienstwohnung, Torf und

Wildbret jährlich etwa 3200 Taler ein, wozu auch Tantiemen aus Strandungen beitrugen.[145] Schnell erkannte er, daß zwar sein Geschäftsbereich durch ständische Rechte eingeschränkt war und die adligen Sprecher der Stände keine angenehmen Gesprächspartner waren, daß sich ihm aber doch ein sehr lohnendes Arbeitsfeld bot: Die Tätigkeit der ostfriesischen Kammer konzentrierte sich auf das Domänenwesen und die Förderung von Handel und Gewerbe in den Städten, und für beide Gebiete entwickelte Vincke ein geradezu stürmisches Interesse, wie seine Tagebuchnotizen ausweisen.[146]

Der Fiskus beanspruchte für sich in Ostfriesland von altersher, wenn auch nicht unbestritten, allen wüsten Boden und alle Moore als sogenanntes bonum vacans, außerdem das jus alluvionis und damit die vor den Deichen entstehenden Anlandungen, die sog. „Anwüchse", aus denen durch Eindeichung königliche Güter wurden, die meist in Erbpacht ausgetan wurden. Es gehörte nun zu den wichtigsten Aufgaben der Kriegs- und Domänenkammer, diesen Staatsbesitz zu sichern, zu erweitern und ergiebiger zu gestalten, wofür ihr als Helfer die Domänenrentmeister zur Verfügung standen. Obwohl ihm die Kultur der Moor- und Sandflächen wie das Deich- und Sielwesen völlig fremd waren, hat sich Ludwig Vincke ohne Zögern und mit Lust und Eifer an die Arbeit gemacht; zuerst einmal mußte er aus den Akten und von seinen Mitarbeitern in der Kammer die zahlreichen rechtlichen und technischen Probleme mit ihrem neuen Wortschatz kennenlernen, bevor er sich mit Ostfriesen in eine Auseinandersetzung einlassen konnte.[147] Wieviel umfassender und abwechslungsreicher als anfangs befürchtet sein Aufgabenbereich war, hat er sehr schnell erkannt, und schon am 26. Dezember 1803 schreibt er dem Ehepaar v. Itzenplitz: „Auf den Sommer freue ich mich sehr, wenn ich erst die Provinz selbst näher kennenlernen werde. Jetzt machen Wetter und Wege das ganz unmöglich; auch ist es recht gut, daß ich mich mit den Gegenständen und Geschäftsgängen genau bekannt mache, damit ich dann schon nicht mehr in allem so ganz fremd bin und schon fragen und zweifeln kann. Es wird mir auch viel leichter, als ich es mir dachte, die hiesigen Eigentümlichkeiten und besonderen technischen Ausdrücke einzustudieren. Sie sehen daraus, daß es mir hier ganz gut geht und daß ich mit meinem Geschäftsleben ganz vollkommen zufrieden bin."[148]

Das am wenigsten erfreuliche Bild boten die Versuche zur Moorkultivierung: Ein auf den Meliorator Ostfrieslands und preußischen Regierungsdirektor Sebastian Eberhard Jhering zurückgehendes Urbarmachungsedikt König Friedrichs II. aus dem Jahre 1765 hatte zwar die Voraussetzungen zu staatlich geförderten Fehnkolonien geschaffen und die Niederlassung zahlreicher Ansiedler im Moor begünstigt, doch haben die Kargheit der für die Moorbauern vorgesehenen Landausstattung und der staatlichen Finanzmittel, aber auch die mangelnde Einsicht in die Bedürfnisse des Bodens, insbesondere der Raubbau durch das Abbrennen des Torfes diese Kolonisationsversuche nicht über Anfangserfolge hinauskommen lassen.[149] Vincke erwähnt die Fehnkolonien in seinen Tagebuchaufzeichnungen, die sein Arbeitspensum stichwortartig angeben, recht häufig – meist sorgenvoll und mit Resignation, etwa: „Spaziergang nach der neuen Kolonie Tannenhof, welche Wüsteneien nach allen Seiten".[150] Ob der Kammerpräsident, der für die Landwirtschaft viel Neigung und manche aus den Werken Thaers geschöpfte Einsichten mitbrachte, durchschaut hat, worauf die schnelle Erschöpfung des Bodens und die Verelendung der Siedler zurückzuführen sei, läßt sich aus seinen Äußerungen nicht entnehmen, gewiß aber war er der Überzeugung, daß die Beamten der preußischen Kriegs- und Domänenkammer sich bisher zu wenig und zu wenig nachhaltig um die Moorkolonien gekümmert hätten.

Erfreulicher mußte dem jungen Präsidenten die Arbeit im Deich- und Sielwesen vorkommen, da hier seiner Verwaltung ein von ständischem Mitspracherecht freier Aufgabenbereich oblag und durch ihn dem preußischen Staat ein bleibender, blühender Besitz zuwuchs: In den durch Eindeichung entstehenden Poldern waren ertragreiche Marschhöfe angelegt, deren Verpachtung und Verwaltung zu regeln war. Die beträchtlichen Domäneneinkünfte wurden durch die staatlichen Domänenrentmeister eingezogen und von der Kammer an die Generaldomänenkasse abgeführt. Hierfür war der Präsident ebenso verantwortlich wie für die Anlage und den Unterhalt der Wasserbauten, der Schleusen und Deiche, über die mit den Anwohnern, vertreten durch die Deich- und Sielachten,[151] zu beraten und zu beschließen war; die Beschaffung der Gelder wie die Vergabe der Arbeiten und deren Beaufsichtigung gehörten zum Aufgabenbereich der Kammer. In ihn hat sich Vincke zuerst theoretisch, dann praktisch eingearbeitet, indem er im Jahre 1804, wenn es nur die Witterung erlaubte, tagelang die Deiche zusammen mit den Eingesessenen beging. Dabei verdankte er dem auch persönlich geschätzten Landbaumeister Johann Nikolaus Franzius viel an notwendigen Aufschlüssen.[152]

Ähnlich wie für den Straßenbau im Mindener Land hat sich Vincke auch in Ostfriesland für die Verbesserung der Verkehrswege eingesetzt; als sein Lieblingsprojekt verfolgte er den Bau des schon geplanten Kanals von Aurich bis Wittmund und weiter nach Carolinensiel, der der Moorentwässerung wie der Schiffahrt dienen und den 1798 gebauten Treckfahrtkanal zwischen Emden und Aurich fortführen sollte, auf dem es neben dem Güterverkehr eine regelmäßige Personenschiffahrt mit von Pferden gezogenen Treckschuten gab. Von einer solchen die ganze Provinz durchschneidenden Wasserstraße erwartete er eine erhebliche Erleichterung und Belebung des Handels, für ihren Bau suchte er in Berlin und bei den ostfriesischen Ständen Geld aufzutreiben, brachte die Planungsarbeiten in Gang und entwarf Richtlinien für den Grundstückserwerb und die Entschädigung der Anlieger.[153] Weitere Vorhaben, die ihn nach Ausweis des Tagebuches stark beschäftigten, waren die Hafenanlagen in Emden und Greetsiel, das Provinzialvorflutgesetz und die ostfriesische Feuersozietät. Der Geschichtsschreiber Onno Klopp, alles andere als ein Preußenfreund, aber um die Mitte des 19. Jahrhunderts noch voll von Kenntnissen über die jüngste Vergangenheit seiner Heimat Ostfriesland und gerecht in ihrer Beurteilung, hat Ludwig Vincke als jungen Mann „voll glühenden Eifers und rastloser Tätigkeit, oftmals reizbar, scharf und kantig, aber immer rechtlich, brav und bieder" charakterisiert.[154]

Daß die meisten Ostfriesen mit solch einem Kammerpräsidenten bald zufrieden waren, verwundert nicht: Am wenigsten noch manche Mitglieder seiner Behörde, denen Vinckes Arbeitstempo und Anforderungen beschwerlich waren und denen der gemütliche Schlendrian unter seinem Vorgänger lieber sein mochte,[155] doch gewann er auch unter den Beamten mehrere treue Mitarbeiter, so den für die Entwicklung des Seebades Norderney eifrig tätigen Medizinalrat Friedrich Wilhelm v. Halem, den schon genannten Franzius und den Kammerrat Freese, einen Kenner der rechtlichen und wirtschaftlichen Verhältnisse des Landes. Schnell hat der junge Westfale, der sich in Ostfriesland nicht als Landfremder gefühlt hat, das Zutrauen der Kaufleute und Reeder in Emden, Leer und den anderen kleinen Küstenorten erworben: Sie erkannten in ihm einen Gesinnungsgenossen und Geistesverwandten. Der Präsident stammte zwar aus einer adligen Familie – vor dem Zusammenbruch Altpreußens 1806 wurden die Präsidentenstellen durchweg mit Leuten aus dem Adel besetzt –[156], aber schon der Schüler wie der Erlanger Student Vincke hatte seine Neigung und Begabung zum Planen und Spekulieren, zum Rechnen und Handeln nicht unterdrücken können.[157] Nun trat sein Interesse für Schiffahrt und Fischerei, für Hafen- und Zollprobleme ungehemmt hervor, und während seine Vorgänger auf dem Posten Fachkenntnisse weder hatten noch zu erwerben strebten, sondern aus bürokratischer Kompetenz entschieden, arbeitete sich Vincke mit Eifer und Vergnügen auch in schwierige Einzelheiten ein; so hat er den langwährenden Streit zwischen Emden und Leer über Zoll- und Stapelrechte geschickt behandelt, wobei er innerlich auf der Seite des kleineren Leer stand, ohne doch die Interessen des bedeutenderen Emder Hafens zu vernachlässigen. Die ostfriesischen Reeder haben diese ungewohnte Anteilnahme, die auch der Belebung der Heringsfischerei galt, sehr eilig belohnt: Sie trugen dem Kammerpräsidenten die Patenschaft über einen neugebauten Ostindienfahrer von 80 Lasten an,[158] der auf den Namen „Präsident von Vincke" getauft werden sollte; Vincke sträubte sich ein wenig, ergab sich aber nicht ohne Stolz in diese auffallende Ehrung. Dazu schreibt er drei Wochen später in sein Tagebuch: „... von der Schiffsgevatterschaft ist doch nicht loszukommen, die Leute setzen einen zu großen Wert darauf, weil sie glauben, da ich so viele Reisen glücklich bestanden, würde gleiches Glück ihrem, meinen Namen führenden Schiff werden."
In engen Kontakt zur Emder Kaufmannschaft brachte ihn auch die Ernennung zum königlichen Kommissar bei der Emder Bank, über deren Revision er sich immer tiefer in die ihm bisher fremden Fragen des Geldverkehrs seiner Provinz und des ganzen Staates einarbeitete.

Bei allem Fleiß ging der Kammerpräsident nicht in den Geschäften unter, vielmehr beteiligte er sich eifrig an den der Jahreszeit und Landschaft angemessenen Unterhaltungen. Im Februar 1804 ließ er sich von einem einheimischen Freund im Schlittschuhlaufen unterweisen, stets war er auf den Bällen und in den Konzerten zu finden, denn er liebte eine nicht aufwendige Geselligkeit und feierte in patriotischer Verehrung die Geburtstage des Königspaares.[159] Abscheu hegte er gegen die in der ostfriesischen Beamtenschaft damals üblichen steifen, langdauernden Schmausereien, auf denen er gelegentlich einschlief – oder er entzog sich der Langeweile durch die Flucht zu seinen Akten; nach deren Bewältigung fand er – anders als in Minden – wieder Zeit zum Lesen: Kameralistische und landwirtschaftliche Literatur nennt das Tagebuch, dann besonders Reisebeschreibungen und als Gipfel die Flegeljahre Jean Pauls, den Vincke den Weimarer Größen vorzog.[160]

Aus der Auricher Zeit stammt das erste uns erhaltene Porträt Vinckes, das ein damals in Norddeutschland beliebter Schnellmaler, Johann Friedrich Winkelmann, in drei Sitzungen zustande brachte.[161] Auf dem Bild blickt er überaus keck und lustig in die Welt, doch wird es wohl nur die eine, die glänzende Seite der Auricher Existenz widerspiegeln: Vincke hat damals seine Isolierung gefühlt und es sehr beklagt, daß ihm das Eheglück von dem er schon als Marburger Student geträumt, bislang versagt geblieben war. An einem Spätherbstnachmittag kehrt er von einer Dienstreise in seine Wohnung zurück, und da erfaßt ihn schmerzliche Traurigkeit; voller Selbstmitleid notiert er in sein Tagebuch: „Nie fühlte ich meine drückende Einsamkeit lebhafter als bei solchem Zuhausekommen – da ist niemand, der mich empfängt, der mich besucht, in dessen traulicher Unterhaltung ich ausruhen und von der Anstrengung der Reise mich erholen, durch offene Mitteilung mancher eingesammelter Bemerkungen mich erleichtern könnte – nur Arbeit finde ich immer, neue Arbeit und immer Arbeit! Oh, dieses Leben wird mir immer unerträglicher, und schrecklich ist es, daß auch die Hoffnung einer Veränderung mit jedem Tage mehr schwindet."[162] Solche Gefühlsaufwallungen kommen und gehen bei Vincke immer sehr schnell, und man wird annehmen können, daß er sich insgesamt in Ostfriesland in seinem Element gefühlt hat: Die Stellung als Kammerpräsident forderte seine Kraft und seine Fähigkeiten heraus, die Tätigkeit für die ihm anvertrauten Ostfriesen erfüllte seinen Jugendtraum, in der Heimat nützlich zu wirken. So war es jenen wie ihm gleichermaßen unlieb, daß er schon nach einem Jahr das Küstenland verlassen mußte: Als Nachfolger des verstorbenen Ministers Karl Gustav v. Struensee wurde am 27. Oktober 1804 der Reichsfreiherr vom Stein als Leiter des Akzise-, Zoll-, Commerz- und Fabrikendepartements nach Berlin berufen und zum Minister befördert. Vincke war von Aurich aus mit Stein in Verbindung geblieben und hatte ihn mehrfach in Münster besucht; nun geriet er in jene ängstliche Aufregung, die ihn bei jeder drohenden Änderung seiner Lage befiel, und er ahnte schon sein Versetzungsunglück, wie er es nannte.

Am 9. November 1804 dankte ihm Stein für die Glückwünsche zur Ministerernennung und fügte hinzu: „Nun bleibt mir der Wunsch übrig, daß Euer Hochwohlgeboren Hochwürden meine Stelle erhalten, daß sie einem Mann von Kenntnissen, von liberalen, edlen, menschenfreundlichen Gesinnungen zuteil werde, der die noch sehr zarte Pflanze der bürgerlichen Ordnung und Kultur mit sorgfältiger Hand pflege und zum Gedeihen bringe. Es eröffnet sich für Sie eine sehr angenehme Laufbahn und Sie finden einen Reichtum von Mitteln zur Erreichung vieler guter und menschenfreundlicher Zwecke ... – Ich reise von hier in den letzten Tagen dieses Monats, und wie sehr würde ich mich freuen, wenn ich Ihnen meinen Platz im Collegio noch vor meiner Abreise anweisen dürfte."[163]

An der Ernennung Vinckes auf den Posten Steins hat insbesondere der Provinzialminister v. Angern mitgewirkt, und diesen hatte der in Münster kommandierende General v. Blücher, der im Schloß neben dem Präsidenten seinen dienstlichen Wohnsitz hatte, in einer gleichermaßen ihn wie Vincke charakterisierenden Art angegangen: „... Ich bin weit entfernt Euer Excellenz Jemand vorzuschlagen, aber ich glaube, der Kammerpräsident von Vincke zu Aurich in Ostfriesland sei wohl der Mann, so sich hiezu eignete. Er ist ein Eingeborener Westfalens, ein kleiner Körper, aber brauchbarer Geist, hinlänglich mit der Verfassung und Kenntnis des Landes versehen, zugleich verbindet er mit seiner Fähigkeit viel Fleiß, weiß auch seine Untergebenen hiezu anzuhalten und hauptsächlich seine Autorité gegen Letztere zu behaupten, welches beides hierselbst notwendig ist ..."[164]

Vincke hat sich ein wenig gesträubt, und die ostfriesischen Stände haben in einer Eingabe sein Verbleiben in Aurich erbeten, doch wurde er schon am 10. November 1804 zum Präsidenten der Kammern in Münster und Hamm ernannt; der König hat in seiner Kabinettsorder ausdrücklich Vinckes Verdienste und seine nun erwiesene Eignung für einen größeren Wirkungskreis anerkannt.[165] Trauernd verließ Vincke am 20. November Aurich, traf am 22. November in Münster ein und wurde am 24. von Stein selbst mit „einer sehr hübschen Anrede" – so notiert er – in das Kollegium eingeführt.

6. Kammerpräsident in Münster

Als Chef der ostfriesischen Kriegs- und Domänenkammer in Aurich – weit entfernt von der Zentrale in Berlin und abseits von den großen politischen Bewegungen – hatte sich Vincke ganz den spezifischen, landschaftlich bedingten Aufgaben seiner Provinz widmen und hierin ein hohes Maß an Befriedigung finden können; mit der Übernahme der Präsidentenposten in Münster und Hamm aber geriet er an eine Fülle noch unbewältigter, zum Teil widerstreitender Probleme, die sich aus der heterogenen Geschichte seines Amtsbezirks ergaben und die er umso weniger zu lösen vermochte, als die sich lang hinziehende außenpolitische Krise des preußischen Staates den Handlungsspielraum der Zivilbehörden mehr und mehr einengte, bis diese durch die Mobilmachungen und den Kriegsausbruch 1806 ganz zu Handlangern der eigenen, dann der fremden Militärverwaltung geworden sind.[166]

Zum Verwaltungsbereich der Kriegs- und Domänenkammer in Münster gehörte der Ostteil des sog. Oberstifts Münster mit der Stadt Münster, während der Westteil des Münsterlandes unter die Fürsten von Salm-Salm und Salm-Kyrburg, den Wild- und Rheingrafen von Grumbach sowie die Herzöge von Croy und Looz-Corswarem, das Niederstift Münster schließlich unter die Herzöge von Arenberg und von Oldenburg, insgesamt also sieben Fürsten aufgeteilt wurden; der Kammer in Münster unterstanden außerdem das Hochstift Paderborn und die Grafschaften Lingen und Tecklenburg, diese als altpreußischer Besitz. Zur Kriegs- und Domänenkammer in Hamm gehörten die Grafschaft Mark, die rechtsrheinischen Teile des Herzogtums Kleve, dazu waren 1802 als Entschädigungsländer die Abteien Essen, Werden und Elten gekommen: Insgesamt war Vincke nun für etwa die vierfache Menge an Menschen und Land verantwortlich wie in Ostfriesland. Es war das erklärte Ziel der preußischen Zentralverwaltung, die neugewonnenen Landesteile den altpreußischen Besitzungen anzugleichen und die bestehenden Unterschiede in Gesetzgebung und Rechtsprechung, in der inneren Verwaltung wie im Steuer- und Militärwesen, in der Schul- und Kirchenorganisation zu beseitigen,[167] doch blieb es umstritten, wie schnell und radikal die so verschiedenen Gebiete miteinander verschmolzen werden könnten und welche überlieferten, von altpreußischen Regelungen abweichenden regionalen Einrichtungen beizubehalten seien.

Nachdem in den ersten Augusttagen des Jahres 1802 die Preußen zugesprochenen Gebiete militärisch besetzt worden waren, wurden zuerst Spezialorganisationskommissionen für Münster und Paderborn gebildet, die der Hauptorganisationskommission in Hildesheim unter dem Minister Graf von der Schulenburg-Kehnert unterstanden. Am 2. September 1802 hatte der Reichsfreiherr vom Stein, damals Oberkammerpräsident der westlichen Besitzungen Preußens, die Leitung der beiden westfälischen Organisationskommissionen übernommen, daneben die Präsidentschaft der Kriegs- und Domänenkammer in Hamm behalten; er, der schon fast zwei Jahrzehnte in Westfalen wirkte, hat sich redlich bemüht, den Übergang aus der Welt der geistlichen Fürstentümer, die manche Züge von Adelsrepubliken trugen,[168] schonend-vorsichtig zu gestalten, ohne doch etwas von dem grundsätzlichen Ziel und von den in Berlin geforderten Änderungen der inneren Verhältnisse abzustreichen. Die Hoffnung, man könne die Münsterländer und Paderborner durch eine rücksichtsvolle Behandlung langsam an die neue Herrschaft gewöhnen und Ängste und Feindseligkeiten abbauen, hat bei Steins Vorgehen gewiß eine erhebliche Rolle gespielt, doch war er selbst ernstlich überzeugt, es brauche nicht alles mit dem preußischen Zollstock gemessen zu werden, vielmehr liege in den Verfassungen der neugewonnenen Territorien vieles Erhaltenswerte, so in der wirkungsvollen Anteilnahme ständischer Vertreter an der Landesregierung, während Altpreußen kaum mehr als repräsentative Ständeaufzüge kannte. Auch die in den Erbentagen der Grafschaft Mark zu gemeinsamen Beratungen und zur Steuerverteilung versammelten ländlichen Grundbesitzer hatten seine ganze Sympathie. In der Berliner Zentrale war Stein seit langem wegen seiner angeblichen westfälischen

Vorlieben verdächtig, und er hat sich von 1802 bis 1804 kaum mit einer seiner Anregungen durchsetzen können. Übrigens haben auch nur wenige Bewohner der ehemals geistlich regierten Territorien sein Bemühen honoriert, Verständnis und Loyalität für den neuen Herrn zu schaffen: Die protestantischen Preußen waren und blieben verhaßt; die Landbevölkerung und Teile der städtischen Bevölkerung waren kantonspflichtig und fürchteten die lange Dienstzeit in der preußischen Armee – die Festung Wesel hatte den Ruf eines Zuchthauses! Die Bürgerschaft der Städte fühlte sich durch die neuen strengen Steuergesetze bedrückt, insbesondere durch die den Handel erschwerende preußische Akzise. Zudem verursachen die Abschaffung der Ratswahl in Münster, die Aufhebung von Klöstern und die Zweckentfremdung zahlreicher Kirchen allgemeine Mißstimmung, die durch Fälle von arrogantem Auftreten preußischer Offiziere in der Öffentlichkeit verstärkt wurde.[169]

Den Kern der antipreußischen Opposition bildeten in Münster Klerus und Adel, die beide, eng miteinander verbunden, einen Teil ihrer Privilegien durch Säkularisation von Stiftern, Kapiteln und Klöstern bereits verloren oder deren Aufhebung noch zu befürchten hatten. Als bedeutendste Persönlichkeit ragte aus dieser Schicht der Generalvikar und ehemalige Minister Franz von Fürstenberg hervor, den bei der Koadjutorwahl 1780 Preußen gegen Österreich und seinen Kandidaten für den münsterschen Bischofsthron ohne Erfolg gestützt hatte,[170] der anfangs Steins Respekt genoß, den er dann aber als Mittelpunkt einer schroff antipreußischen „Fürstenbergischen Faction" betrachtete.[171] Zu ihr zählte er als führende Köpfe die Domkapitulare Caspar Max, Clemens August und Franz Freiherren Droste zu Vischering, aber auch Johann Gerhard v. Druffel, Mitglied der neugebildeten Kriegs- und Domänenkammer in Münster. Diese war im wesentlichen nach den Vorschlägen des Freiherrn vom Stein organisiert und mit insgesamt etwa 50 Beamten – Räten, Sekretären, Kalkulatoren und Kanzlisten – besetzt, die überwiegend aus den benachbarten klevischen, märkischen und mindenschen Kammern, zum geringeren Teil aber auch aus der fürstbischöflichen Verwaltung stammten. Verständigungsschwierigkeiten und Anpassungsprobleme haben auf beiden Seiten bestanden.[172]

Als Stein nach kaum zweijähriger Tätigkeit in Münster nach Berlin berufen wurde, war nur erst der organisatorische Rahmen für die preußische Verwaltung geschaffen; die eigentliche Arbeit der Eingewöhnung und Anpassung hatte kaum begonnen, Früchte zu tragen. Der 17 Jahre jüngere Vincke war nun zwar wie sein Vorgänger und fast noch stärker ‚westfälisch' gesonnen und darauf aus, das Interesse seiner Heimat gegen gesamtstaatliche Anforderungen zu verteidigen, er war auch der Erhaltung landschaftlicher Eigenheiten wohlgesonnen, doch merkt man ihm an, wie hitzig vom ersten Tag an seine Gangart, wie wenig achtungsvoll auch sein Verhältnis zum reichen münsterländischen Adel ist, der wiederum den kleinen eifrigen Beamten weit weniger respektierte als den Reichfreiherrn vom Stein, der eben erst in seinem Brief an den Fürsten von Nassau-Usingen öffentlich als Sprecher für altes Recht und gegen Fürstenwillkür aufgetreten war und weiten Widerhall gefunden hatte.[173] Das Verhältnis zwischen Vincke und dem katholischen westfälischen Adel ist von Anfang an eher mißtrauisch und kühl gewesen – von der einen oder anderen Freundschaft abgesehen. So ist auch sein täglicher Umgang – das ergibt sich aus dem damals regelmäßig geführten Tagebuch[174] – überwiegend auf einen Kreis preußischer Beamter und Militärs und solcher Einheimischer beschränkt geblieben, die nach seinen Vorstellungen als loyal und fortschrittlich gelten konnten. An der Spitze stand der Domdechant Ferdinand August v. Spiegel, mit dem er seit 1802 bekannt war und den er – in Steins Nachfolge – als Berater in allen kirchen- und bildungspolitischen Fragen in Anspruch nahm, nicht selten auch in deutlich erkennbarer geistiger Abhängigkeit.[175] Was den katholischen Würdenträger dem preußischen Beamten so nahebrachte, war nicht nur die weltoffene, gastliche Lebensart des Prälaten, sondern auch eine gemeinsame, über die Grenzen der Konfession hinweg verbindende Glaubens- und Kirchenauffassung: Erstere war bei beiden damals von rationalistischem Gedankengut durchsetzt,[176] nach letzterer galt beiden die Religion vorzüglich als Dienerin und Instrument des Staates zur moralischen Besserung der Untertanen. Diese Einstellungen gingen Hand in Hand mit einer bei Spiegel aus älterem Zwist stammenden, bei Vincke stets zunehmenden Feindseligkeit gegen den Kreis um Fürstenberg, insbesondere gegen den ihm als Generalvikar nachfolgenden Clemens August Droste, für dessen Glaubenshaltung und Kirchenverständnis die beiden Freunde zumeist die Bezeichnung „bigott" und „ultramontan" verwendeten. In der Universitätsfrage ist diese Feindseligkeit unmittelbar wirksam geworden, und noch über den Tod Spiegels im Jahre 1835 hinaus hat Vincke gegen Drostes Staatstreue und Kompromißfähigkeit die größten Bedenken gehegt.[177]

Vinckes dienstlicher Anfang in Münster stand im Schatten des größeren Vorgängers; der hatte ihn zwar freundlich ins Amt eingeführt, und Frau vom Stein hatte den Junggesellenhaushalt im Schloß einrichten helfen, aber es wird doch aus manchen brieflichen Äußerungen deutlich, wie sich Vincke von Steins Größe bedrückt fühlte und wie der neue Minister seinerseits den Nachfolger aus seinem Ressort mit allerhand Weisungen versah, wie er ihn antrieb, beruhigte, lobte und tadelte.[178] Der Briefwechsel mit den Freunden v. Itzenplitz spiegelt diese Situation wider, und diese nehmen an seinen Schwierigkeiten herzlichen Anteil: „Sie haben an Stein, wir an meiner Mutter schwer zu erreichende Vorgänger gehabt. Und wir würden gegenseitig riskieren, die uns anvertraute Maschine ins Stocken zu bringen, und uns kompromittieren, wenn wir uns nicht bescheiden, nur soviel zu tun, als Umstände, Hülfen, Teilnehmer und Verhältnisse es erlauben."[179] Für Vinckes Temperament und Arbeitsamkeit war diese Mahnung, in Bescheidenheit und Treue das Nötige und Mögliche zu tun, eine rechte Zumutung, doch blieb ihm angesichts der Fülle der Routinegeschäfte, die er in Münster und Hamm zu leisten hatte und in denen er sich eifervoll verzehrte, wenig Zeit und Kraft, um größere Vorhaben anzufassen und durchzuführen. Sehr lag ihm die Errichtung eines „Instituts für Wahnsinnige" für die Provinz am Herzen, wofür das aufgehobene Kloster Marienfeld vorgesehen war; diesen Plan hatte er schon von Aurich aus betrieben, doch ist er vor der Katastrophe von 1806 nicht mehr zur Ausführung gekommen.[180]

Voller Schwierigkeiten war der schon von Stein begonnene, von Vincke zusammen mit Spiegel fortgeführte Versuch, die Universität in Münster umzugestalten. Diese war 1773 nach älteren, vergeblichen Ansätzen als katholische Bildungsanstalt mit vier Fakultäten begründet worden; im Augenblick der Säkularisierung 1802 waren 25 Lehrstühle besetzt.[181] Bald nach der preußischen Besitznahme hat Stein Reformkonzepte entworfen, nach denen ihr der konfessionell-katholische Charakter genommen und sie zu einer simultanen Staatsanstalt umgestaltet werden sollte; durch eine großzügigere Dotierung, durch die Einrichtung eines botanischen Gartens und durch zahlreiche Berufungen auswärtiger Gelehrter sollte sie aus der ursprünglichen provinziellen Enge herausgehoben werden. Die Begründung einer Sternwarte sollte ihr ein besonderes wissenschaftliches Ansehen verschaffen. An diesen Plänen war der Domdechant Ferdinand August v. Spiegel erheblich beteiligt, und Vincke hat ihnen in seiner Grundeinstellung nahegestanden, doch trennten sich ihre Meinungen zeitweise in der Frage, wo die für das ganze preußische Westfalen bestimmte Universität ihren Standort finden sollte.[182] Während Spiegel für das Verbleiben in Münster eintrat, setzte sich Vincke in seinem Gutachten vom 3. Oktober 1805 für die Vereinigung der Universitäten Münster und Paderborn in Paderborn ein. Allerdings hätte er gern die ihm nützlich erscheinende medizinische Fakultät in Münster behalten: Dort gäbe es schon einen gut eingerichteten botanischen Garten und genügend ‚Kadaver' für die Anatomie – so begründet er seinen Vorschlag. Aus dieser Stellungnahme wie aus Vinckes Korrespondenz mit Minister v. Angern wird deutlich, daß er die ihm fremden und unverständlichen Auseinandersetzungen um die Reinheit der katholischen Glaubenslehren fürchtete und sich jede Belastung seiner Verwaltungstätigkeit gern vom Halse geschafft hätte; in Paderborn gab es, so mochte er denken, keinen so energischen, geistig hochstehenden Kreis wie die Familia Sacra um Fürstenberg, der den Reformplänen Widerstand hätte leisten können. 1806 hat Minister v. Angern für den Verbleib der Universität am Sitz der staatlichen Verwaltung entschieden; eine Universitäts-Einrichtungskommission, die nach der Ablösung Fürstenbergs als Kurator nur aus Vincke und Spiegel bestand, bemühte sich, in allen Fakultäten den Geist der Aufklärung durchzusetzen und die Entkonfessionalisierung vorwärtszutreiben.

Vincke übernahm das in Münster vorhandene Kammerkollegium, in dem neben einer Mehrheit von westfälisch-protestantischen Altpreußen die katholischen Münsterländer Johann Gerhard v. Druffel, Maximilian Bernhard Forckenbeck, Johann Heinrich Schmedding, August Ferdinand Graf v. Merveldt und Michael Anton Tenspolde als Kriegs- und Domänenräte saßen. Der heimischen Bevölkerung ist die Kriegs- und Domänenkammer als wirkungsvoll-zupackende Verwaltungsorganisation, die die lässige Zersplitterung der fürstbischöflichen Behörden ablöste, wenig sympathisch gewesen, und daran konnte die Zusammenarbeit von Alt- und Neupreußen in ihr so wenig ändern wie die mancherlei Ehrungen, die man preußischerseits einigen einheimischen Familien in Gestalt von Nobilitierungen und Rangerhöhungen zukommen ließ. Neben dem gefürchteten Militär waren die Behörden die Quelle lästiger Eingriffe in das gewohnte Leben, und auch die eifrigsten Bemühungen Steins wie Vinckes um die Wohlfahrt des Landes reichten gerade aus, um ein Mindestmaß persönlicher Achtung für beide Männer herzustellen. Die Woge antipreußischer Gefühle aber wurde noch durch Jahrzehnte aus der Erinnerung an die „gute alte" – die fürstbischöfliche – Zeit genährt.[183]

Vinckes privater Umgang hat sich in den Jahren von 1804 bis 1807 überwiegend auf die Mitglieder der Kammer und der Regierung, der damaligen Landesjustizbehörde, und auf den im gleichen Hause wohnenden General v. Blücher und die Generäle und Stabsoffiziere der in Münster stationierten Truppen beschränkt, mit denen ihn die dienstlichen Interessen, vor allem die Ersatz- und Versorgungsfragen der Armee, aber auch die gleiche preußische Gesinnung verbanden. Den engsten persönlichen Anschluß hat er bei dem Domdechanten Ferdinand August v. Spiegel gefunden, der für seine gute Küche und eine geistvolle Geselligkeit bekannt war; das Tagebuch Vinckes notiert zahllose gegenseitige Besuche, doch fehlen in ihm auch die Hinweise auf Besuche und Einladungen zu den ansässigen Adelsfamilien nicht ganz: Mit dem Erbdrosten wie den Grafen v. Galen und Merveldt, mit den Boeselager, Ketteler und Korff gab es Verbindungen, die mindestens so lange korrekt waren, wie die preußische Herrschaft in Westfalen bestand.

Dem im Jahr 1800 gegründeten Adeligen Damenclub, einer damals im Heeremanschen Hof an der Königsstraße tagenden gesellschaftlichen Vereinigung des münsterländischen Adels, ist Vincke 1805 beigetreten, dagegen dem von der Gründung her bürgerlichen Civilclub, auch Hofräte-Club genannt, erst zehn Jahre später, während sich diesem gleich nach der Säkularisation die Masse der neu in Münster ansässigen preußischen Beamten angeschlossen hat.[184]

Nach Wochen der Einarbeitung in Münster suchte Ludwig Vincke im Januar 1805 zum ersten Mal Hamm auf, Sitz der kleve-märkischen Kammer; den Weg dorthin – vierdreiviertel preußische Meilen = 35,77 km – legte der Kammerpräsident damals, wie auch oft in späteren Jahren, zum großen Teil zu Fuß zurück, um dem auf der miserablen Straße Münster–Hamm üblichen „Wagenunglück" zu entgehen.[185] Dort hatten sich eben die kleve-märkischen Stände, die aus wenigen Vertretern des Adels und der Städte bestanden, zur Beratung über Steuerfragen versammelt; an ihnen wie an den Kammersitzungen nahm Vincke umso intensiver teil, als ihm die Grafschaft Mark und ihre Gewerbe bisher nur flüchtig durch kurze Besuche bekannt geworden waren. Eine sehr genaue Beschreibung seiner dortigen Aufgaben vermittelt die Instruktion des Generaldirektoriums vom 8. Dezember 1803 für die Kriegs- und Domänenkammer in Hamm:[186] Diese verwaltete die preußisch gebliebenen rechtsrheinischen Teile des Herzogtums Kleve, die Entschädigungsgebiete Essen, Werden und Elten, die Grafschaft Mark samt Soest und Soester Börde und die Samtstadt Lippstadt, an der von altersher das Fürstentum Lippe das Kondominat besaß; durch die Instruktion von 1803 wurde die zuletzt in Wesel sitzende Kriegs- und Domänenkammer Kleve–Mörs aufgehoben. Besetzt war die Kammer in Hamm mit dem Präsidenten Vincke, dem Kammerdirektor v. Rappard, dem die Bearbeitung der laufenden Geschäfte oblag, wenn der Präsident – wie oft – nicht anwesend war, zehn Kriegs- und Domänenräten, unter ihnen der spätere preußische Finanzminister Maaßen, einem Kammerdeputierten in Wesel, der eine Art Außenstelle der preußischen Verwaltung am Rhein darstellte, einem Forstmeister und den Subalternbeamten, den Sekretären, Rechenmeistern, Registratoren, Kanzlisten und Boten; ähnlich wie in Münster gehörten zur Kammer etwa 50 Beamte. Die Sessionen sollten, wie wohl bei allen preußischen Kammern, zweimal in der Woche stattfinden, „und ehe nicht endigen, als bis alle Sachen vorgetragen und abgemacht worden", so heißt es nach dem Vorbild der Instruktion von Friedrich Wilhelm I. von 1723 für das Generaldirektorium. Als besondere Aufgaben werden in § 12 u. a. genannt: die bessere Schiffbarmachung von Ruhr und Lippe, die Unterhaltung der Schiffahrt auf diesen Flüssen und dem Rhein, die gute Erhaltung der Wasserbauten am Rhein und an der Ruhr, die Marken- und Gemeinheitsteilungen, die Förderung der Forstwirtschaft, die Sorge für die wichtigen Eisen-, Stahl-, Draht- und andere Fabriken, die Getreideversorgung des Landes, die Verbesserung des Schulwesens und der Armenanstalten und die Förderung der öffentlichen Sicherheit. Diesem zum Teil für die Landschaft charakteristischen Aufgabenkatalog hat sich Vincke mit Neugier und Freude zugewandt. Während seine Beziehungen zu Münster und den Münsteranern immer kühl geblieben sind, liebte er den preußischpatriotischen Sinn der Märker, und in Hamm fand er unter den Beamten wie auch beim in der Umgebung ansässigen Adel einen Personenkreis, zu dem er Zutrauen hegen konnte und mit dem er überwiegend eines Sinnes war. Einem von ihnen, dem damaligen Landrat des Kreises Wetter, Friedrich Alexander v. Hövel, seit 1805 Präsident der Kriegs- und Domänenkammer in Minden, verdankt er, wie noch zu schildern sein wird, sein Lebensglück. Der Familie v. Bodelschwingh-Velmede, in und bei Hamm begütert, entstammt sein erster Biograph Ernst v. Bodelschwingh.[187]

Mit geringerem Wohlbehagen hat Vincke Anfang Mai 1805 das Hochstift Paderborn besucht, das viel mehr noch als das Fürstbistum Münster den grimmigen Hohn der Aufklärer und überhebliche Urteile der preußischen Beamten auf sich gezogen hatte.[188] Man kennt Steins schroffe Äußerungen über die Verwaltung und den Adel des Paderborner Landes,[189] und auch

Vincke hat mit abschätzigen Bemerkungen und Urteilen über diesen Teil seines Amtsbezirks nicht gespart. Sein Widerwille gegen die dort verhältnismäßig zahlreichen Juden – etwa 400 Familien waren im Hochstift ansässig[190] – war ebenso groß wie seine Abneigung gegen die zahlreichen Mönchsklöster und gegen die Verfassung des Landes, Vorurteile, die er schon in seiner Jugend kraß geäußert hat.[191] Mit umso größerer Genugtuung beschäftigte er sich nun mit der Verwaltung der eingezogenen Klostergüter, und die Veranschlagung und Verpachtung der aus ihnen neugebildeten Domänen nahmen seine Arbeitskraft erheblich in Anspruch; dazu kam die Verwaltung des nunmehr staatlichen Forstbesitzes, der, aus Kirchengut stammend, im Hochstift Paderborn fast 100 000 Morgen geschlossene Waldfläche umfaßte, während im preußisch gewordenen Münsterland nur kleine, unzusammenhängende Waldstücke von insgesamt kaum 2500 Morgen in Staatsbesitz übergegangen waren.[192] Das schärfste, geradezu vernichtende Urteil über das Paderborner Land hat Vincke in einem Zusatz gefällt, den er dem Bericht des für die Einführung der Akzise bestellten Kommissars v. Pestel beifügte.[193] Wenn man ihm Glauben schenken wollte, so wäre das Paderborner Land vor der preußischen Besetzung von zum Teil blödsinnigen geistlichen Fürsten auf das schlechteste regiert, von Domherren, Mönchen und Juden ausgeplündert, von ungebildeten Bewohnern in Stadt und Land elend bewirtschaftet worden; es sei ein Gebiet, dessen Bevölkerung in Armut und Stumpfheit dahinvegetiere: „Es mag wohl wenig Menschen in Deutschland geben, die so genußlos und zugleich genußunfähig wären als die Paderborner, nur für den heillosen Branntwein haben sie eine besondere Vorliebe." Das Münsterland unterschied sich nach Vinckes Meinung durchaus positiv von jenem Elend, was er besonders den Bemühungen Fürstenbergs um die Hebung der Landeskultur zuschrieb.[194]

Vinckes Liebe aber galt den altpreußischen Besitzungen Kleve und Mark, wo ihm Fleiß und Ordnung, Sauberkeit und Wohlhabenheit als Folge der langjährigen preußischen Verwaltung und einer aufgeklärten Religiosität eingewurzelt zu sein scheinen.

Wenn schon der Westfale Vincke es nicht vermochte, sich den nach geschichtlicher und wirtschaftlicher Entwicklung so unterschiedlichen Teilgebieten seiner Heimat unvoreingenommen zuzuwenden, so wird die Zentrale in Berlin es erst recht schwer gehabt haben, ein wahrheitsgetreues Bild von dem so erheblich erweiterten preußischen Besitzkomplex im Westen Deutschlands zu gewinnen, Mißgriffe beim Streben nach Angleichung an die übrige Monarchie zu vermeiden und nicht völlig von den Berichten der Provinzialbehörden abhängig zu bleiben. Hilfreich hierzu waren Besuche in den Entschädigungsländern durch Minister, die sich vom Kammerpräsidenten begleiten und mit allen Informationen versehen ließen. Als erster kam im Juni 1805 der für Westfalen zuständige Provinzialminister Ferdinand Ludwig v. Angern, mit dem Vincke einen Monat lang seine Kammerbezirke vom westlichsten Punkt, dem später an die Niederlande abgetretenen Zevenaar, bis zur Ostgrenze des Hochstifts Paderborn bereiste. Das Interesse galt den Verkehrswegen, dem Max-Clemens-Kanal also, der schiffbar gemachten Ruhr, dem Rhein wie den elenden Straßen, den aus Klostergütern neugeschaffenen Domänenämtern und den unbefriedigenden Bildungseinrichtungen, insbesondere den Universitäten Duisburg und Münster.[195] Bald nach der Trennung von Angern erschien der Minister Graf v. Reden, Chef des Bergwerksdepartements und darin Nachfolger von Heinitz, der sich mit Vincke am Sitz des märkischen Bergamtes in Wetter traf und von dort aus Bergverwaltung und Kohlenwege inspizierte. Es läßt sich nicht erkennen, ob auch ein Bergwerk selbst besichtigt wurde. Schließlich besuchte im Spätsommer 1805 noch der Chef des Geistlichen Departements, Minister v. Massow, Westfalen. Er hielt sich drei Tage in Münster auf, doch zu der geplanten Rundreise durchs Land kam es nicht, da unterdes die am 8. September angeordnete Teilmobilmachung der preußischen Armee den Kammerpräsidenten am Dienstsitz festhielt.

Neben solchen dienstlichen Besuchen empfing Ludwig Vincke im münsterschen Schloß auch seine Familie, seine Eltern und Geschwister, die auf den erfolgreichen Sohn und Bruder außerordentlich stolz waren und die immer aufs neue Pläne zu seiner Verheiratung spannen, was den nun schon ein wenig eigenbrötlerischen Junggesellen beunruhigte und quälte.[196] Zwar wünschte er innig die Verbindung mit einer geliebten Frau und vertrauten Freundin, aber er scheute die damit verbundenen Familienabsichten; als sein älterer Bruder Karl vor der Heirat stand und viel über dessen Ehepakten gesprochen wurde, seufzte Ludwig Vincke: „Fideikommisse und Ahnen sind doch recht ärgerlich, bloß dazu da, den Menschen ihre reinsten Freuden zu vergällen."

Eine rechte Wohltat war ihm der Besuch seines einst so verehrten und noch in der Erinnerung geschätzten Erziehers, des Professors August Hermann Niemeyer aus Halle, der bei ihm im Schloß wohnte; erst 14 Jahre vorher hatte Vincke das Pädagogium verlassen, und der ehemalige Lehrer, der in Münster viel Böses über die Preußen, aber nur Gutes über Stein und Vincke hörte, sonnte sich nun ein wenig im Glanze des Schülers, der ihn mit Blücher bekannt machte und über die Fülle seiner Verpflichtungen wie auch den Ernst der politisch-militärischen Lage unterrichtete: Jugendlichkeit des Aussehens, Einfachheit der Sitten, männlicher Ernst, strenge Arbeitsamkeit, Umsicht und Klarheit in den Amtsgeschäften – all das, was einen Pädagogen an einem früheren Schüler nur erfreuen kann, schien Vincke auszuzeichnen, doch „es lagen schwere Sorgen auf dem Herzen dieses reinen Patrioten."[197]

Diese Sorgen betrafen die politische und militärische Situation Preußens und insbesondere Westfalens während der Jahre 1805 und 1806 bis zur Katastrophe von Jena und Auerstedt: Wie die unklare und widersprüchliche Kabinettspolitik auf die dem Zugriff Frankreichs ausgesetzten Bewohner der westlichen Provinzen wirkte und welchen Belastungen das Loyalitätsgefühl auch treuer Preußen ausgesetzt war, läßt sich aus zahllosen Tagebuchnotizen

Vinckes, aus seinen Briefen an Familienangehörige und an Freunde ablesen. In ihnen mischen sich Scham und Verachtung, Argwohn und der niederdrückende Verdacht, durch Unfähigkeit und Verrat würden Preußens Großmachtstellung und sein Ansehen in der Welt verspielt.[198] König Friedrich Wilhelm III. hatte nach seiner Thronbesteigung 1797 zwar durch seine freundlich-humanitäre Gesinnung und seine menschlich-schlichte Haltung manche Sympathien gewonnen, doch vereitelten seine Entschlußschwäche und seine Arbeitsunlust den Beginn notwendiger Reformen und eine tatkräftige Außenpolitik; das blieb auch einer breiteren Öffentlichkeit nicht unbekannt. Er hat an dem durch den Frieden von Basel 1795 begonnenen Neutralitätskurs Preußens festgehalten und es strikt vermieden, sich den antifranzösischen Koalitionen zwischen Österreich, England und Rußland anzuschließen. Bei seinem zur völligen Isolierung führenden ängstlichen Taktieren dienten ihm als Berater die vielfach gegeneinander konkurrierenden Außenminister Haugwitz und Hardenberg, ein enger Kreis von Kabinettsräten, darunter vornehmlich Lombard und Beyme, und eine Gruppe ergebener, aber inkompetenter Militäradjutanten: Ihr Durch- und Gegeneinanderarbeiten ersparte es dem König, einen Entschluß zu fassen und diesen festzuhalten. An dem Regierungssystem wurde nichts geändert, obwohl es noch ganz absolutistisch auf die Willensmeinungen des Monarchen zugeschnitten war, während dieser es überhaupt vermied, sich intensiv mit politischen Fragen zu befassen.[199] Vincke hat die Schwäche der Berliner Führung wie auch den zunehmenden Druck Napoleons auf den Westen und die Bedrohung Westfalens mit steigendem Unbehagen wahrgenommen und fürchtete, seine Heimat sei für Preußen nur ein Kompensationsobjekt und wahrscheinlich längst zur Abtretung bestimmt. Die von Haugwitz mit Frankreich abgeschlossenen Verträge brachten zwar Hannover als Beute ein, verfeindeten aber Preußen gänzlich mit England, gefährdeten den Seehandel und Ostfriesland.[200] Dies mußte auf ihn umso bedrohlicher wirken, als gleichzeitig der rechtsrheinische Teil des Herzogtums Kleve mit der Festung Wesel abgetreten und Essen, Werden und Elten durch zeitweilige französische Übergriffe gefährdet erschienen:[201] Als die preußische Führung nur schwächlich oder gar nicht reagierte und Haugwitz den Standpunkt vertrat, „sich gar nicht um die Vorschritte der Franzosen in den angrenzenden fremden Landen zu kümmern und diese dort ungestört willkürlich schalten und walten zu lassen", da fing sein Glauben in die Sendung Preußens zu wanken an, die Lust am Dienst schlug schnell in Mißlaune und Verstimmung um. „Die nahe Vernichtung durch das französische Ungeheuer" ließ sich nach seiner Meinung vorausberechnen,[202] doch auch die vom König angeordneten Mobilmachungsmaßnahmen 1805 und 1806 brachten Vincke zur Verzweiflung, da sie Menschen und Zugtiere der heimischen Wirtschaft entzogen und eine massenhafte Flucht der zur Auffüllung der Regimenter bestimmten „Kantonisten" ins benachbarte Ausland zur Folge hatten. Wozu auch diese Opfer, wenn Westfalen bei einem Feldzug gegen Napoleon doch aufgegeben werde und Preußen dabei sei, sich hinter die Weser, wenn nicht hinter die Elbe zurückzuziehen?[203] Hierüber haben ihn auch die Briefe Steins und Angerns nicht oder nur vorübergehend beruhigen können, besonders wenn letzterer ihm als Trost und Tadel zugleich schrieb: „Uns geht die Politik gar nichts an, und in unserem Dienstverhältnis müssen wir nur tun, was in unseren Kräften steht, um den Königlichen Befehlen zu genügen" und „wir müssen Ordre parieren" – das waren die Parolen eines veralteten Staatsverständnisses, wie sie dem „Ruhe ist die erste Bürgerpflicht" des Grafen von der Schulenburg-Kehnert entsprachen und mit denen der leidenschaftliche Patriot Vincke nichts anfangen konnte.[204]

In Mißmut und Verzweiflung hat Vincke mehr und mehr mit dem Gedanken gespielt, den preußischen Dienst zu verlassen, wenn der König seine westfälische Heimat abtreten wolle; er will „lieber jetzt gleich den Abschied fordern als trauriges Werkzeug zweckloser Quälereien länger zu sein", so notiert er am 25. August 1806 ins Tagebuch, als Blücher ihm bestätigt, er habe Befehl, Westfalen ohne Gegenwehr aufzugeben, sobald der erste Franzose erschiene. Solchen Anwandlungen von Resignation, die wohl auch durch mehrfache, sehr schmerzhafte Anfälle eines seit der Jugend auftretenden Blasenkrampfes verstärkt worden sind, hat er bezeichnenderweise nicht nachgegeben, ohne die Einwilligung des Vaters zu suchen, und der riet ihm ab, den Dienst jetzt zu verlassen: „bevor Blücher den Abschied nicht hat, wünschte ich auch nicht, daß Du ihn nimmst. Ein solcher Schritt ist immer sehr gewagt, besonders im Zivilstande und in Deinen Jahren."[205]

Auch der spätere Schwiegervater Vinckes, Friedrich v. Syberg auf Haus Busch, dem Vincke sehr pessimistisch über Preußens Zukunft und seine eigenen Abschiedspläne geschrieben hatte, warnte vor übereilten Entschlüssen: „Solange noch nicht offenbar alles rein verloren ist, müssen die Guten festhalten, müssen sich aneinander anschließen und nur zusammenstehen oder zusammen den Schauplatz verlassen wollen ..."[206] Die Beziehung zu diesem ganz preußisch gesonnenen märkischen Edelmann und seinem Hause hatte Friedrich Alexander v. Hövel hergestellt, der als Besitzer des Gutes Herbeck nächster Nachbar von Haus Busch und seit 1805 als Kammerpräsident in Minden Vinckes Kollege war – übrigens der einzige Katholik in dieser Stellung in Preußen.[207] Während alle Welt Ludwig Vincke zuredete zu heiraten – das Tagebuch spiegelt dessen Überdruß an solchen Ratschlägen wider – und der Vater ihm gar eine Gräfin in Bückeburg ausgesucht hatte, wußte Hövel den Kollegen, Landsmann und Standesgenossen in der rechten Art anzusprechen: Von der gemeinsamen Sorge ausgehend, wie man sich verhalten solle, wenn Preußen Westfalen aufgäbe und man unter einen anderen Herrn komme, rät er Vincke zu bedenken, „ob es nicht gut wäre, sich einen Hafen zur Ruhe vorzubereiten, wenigstens das Bittere des öffentlichen Mißgeschicks sich etwas zu versüßen ... Westfalen hat ja noch manches gute und schöne Kind, bei dem man das fände. Unter andern muß ich Hochdieselben einmal auf meine Nachbarin aufmerksam machen. Sie ist ein braves

Mädchen, dem es nicht an Geist gebricht, und im übrigen hat man ja, sagen die Krämer, das Besehen umsonst ... Meine Wenigkeit ist sehr dabei interessiert, die gute Nachbarschaft auch für die Zukunft zu sichern."[208] Die Nachbarin, auf die Hövel Vinckes Aufmerksamkeit zu lenken suchte, war die damals kaum 18jährige Eleonore v. Syberg, die eben erst das Erziehungsinstitut der Caroline Rudolphi in Heidelberg verlassen hatte und in das elterliche Haus Busch bei Hagen zurückgekehrt war; sie war als einziges Kind die Erbin eines beträchtlichen Grund- und Kapitalvermögens und Trägerin eines im märkischen Adel sehr angesehenen Namens. Wie bei allem Neuen hat sich Vincke zuerst einmal gegen die vorgeschlagene Verbindung gesträubt, und es hat noch einiger Anstöße des Mindener Kollegen bedurft, bis er sich zum „Besehen" entschloß: Auf einer Dienstreise durch die Grafschaft Mark sprach er am 10. Mai 1806 auf Haus Busch vor und fand Eleonore v. Syberg zwar nicht hübsch und weltläufig, aber natürlich, geistvoll und heiter – es war „der allerentscheidende erste Eindruck auf mich sehr vorteilhaft."[209] Daß dieser ersten Begegnung erst 1810 die Eheschließung gefolgt ist, hat sowohl an dem Wunsch der Eltern gelegen, die ihr Kind nicht so jung und nicht zu weit aus dem Haus geben wollten, wie auch an den politischen Wechselfällen, die Ludwig Vincke in den nächsten vier Jahren in Atem und Bewegung gehalten haben, bis er in den „Hafen zur Ruhe" einfahren konnte.

Als am 14. August 1806 in Münster die Kabinettsorder eintraf, der Vincke die Gewißheit des nahe bevorstehenden Krieges mit Frankreich entnahm und die ihn zur Sicherung der Kassen und zu weiteren Menschen- und Pferdeaushebungen anwies, hat er die Entscheidung begrüßt, da sie der schon so lange währenden Ungewißheit ein Ende machte, wenn es ihm auch sehr mißfiel, daß „Haugwitz und seine Clique" immer noch um den König seien.[210] Als Blücher aus Westfalen abmarschierte, wußte er, mit was für Unannehmlichkeiten er mindestens für kürzere Zeit zu rechnen habe, doch vertraute er auf die Stärke der ruhmvollen preußischen Armee, wenn diese nur recht entschlossen gegen den Höllenhund – so tituliert er Napoleon jetzt manchmal – eingesetzt werde; jedenfalls war ihm durchaus klar, wie eng das Schicksal Deutschlands und Preußens mit seiner eigenen künftigen Existenz verknüpft war und welches Maß individueller Gefährdung auf ihn zukam.[211]

Die Niederlage von Jena und Auerstedt am 14. Oktober 1806 hat über das Ende des glorreichen friderizianischen Staates entschieden; Vincke hatte noch am 18. Oktober eine unbestätigte Zeitungsnachricht von einem Sieg über Napoleon eifrig-voreilig verbreitet, da traf die niederschmetternde Gewißheit, daß für Preußen alles verloren sei, in Münster am 19. Oktober ein und veranlaßte den schleunigen Abtransport alles dessen, was den in Kürze zu erwartenden feindlichen Truppen nicht in die Hände fallen sollte: der Kassen, des Lazaretts, aber auch der Frau des Generals v. Blücher. Drei Tage später erschienen die ersten französischen Einheiten, und mit ihnen begann eine siebenjährige Zwischenherrschaft, die mindestens anfänglich von der Mehrheit der Münsteraner und Paderborner als eine Erlösung vom Joch der protestantischen Preußen lebhaft begrüßt worden ist.[212] Vincke hatte die feindliche Besetzung erwartet, und er scheint nicht den Gedanken gehegt zu haben, mit den preußischen Truppen abzuziehen, von seinem Posten abzutreten oder gar einen bewaffneten Widerstand im Lande zu organisieren: Die Überzeugung, er könne der Heimat und ihren Bewohnern am besten dienen, wenn er die Geschäfte weiterführe, solange die fremden Machthaber ihn arbeiten ließen, verband sich mit der gängigen Anschauung, das Kriegführen sei ausschließlich Sache der Armeen – der Vorstellung von einem Volkskrieg ist auch Vincke erst später nähergetreten.

Während durch einen Besuch des Königs von Holland in Münster und die Einsetzung des niederländischen Generals Hermann Willem Daendels als Generalgouverneur die Meinung geweckt wurde, das Münsterland solle dem benachbarten Holland zugeschlagen werden, erschien schon nach wenigen Wochen der französische General Loison als Gouverneur, der die Behörden den Eid des Gehorsams auf Kaiser Napoleon schwören ließ – auch Vincke hat sich dem nicht entzogen – und sie sehr bald mit außerordentlichen Kontributionsforderungen bekannt machte. Vincke blieb auch unter Loison an der Spitze der Kriegs- und Domänenkammer, die jetzt als Administrationskollegium fungierte und nicht viel mehr als eine Kassenverwaltung für die Franzosen darstellte; in schwierigen Sitzungen mit Vertretern der Stände wurden die Auflagen auf die Bewohner verteilt, und was mit Mühe eingetrieben wurde, ging in französische Hände über, ohne daß sich daraus irgend ein Nutzen für das Land selbst erwarten ließ.

Anscheinend war Vincke der einzige unter den im Dienst stehenden Beamten, der des Französischen mächtig war: Er mußte die Verhandlungen mit dem stets neue Geld- und Sachlieferungen fordernden Intendanten führen und die Kassenetats ins Französische übersetzen; die Anfeindungen der preußenfeindlichen Kreise verleideten ihm zusätzlich das Leben. – Trost brachten in später Nacht nur Schiller und Cervantes, dessen Don Quijote er auf spanisch las.[213]

Schon am 31. Oktober 1806 war Vincke aus dem Schloß ausgezogen, wo er fast zwei Jahre gewohnt hatte, und hatte bei dem befreundeten Kammersekretär und Hofrat Theoderich Kottmeier eine Unterkunft gefunden; damit sicherte er sich den nötigen Abstand von den ins Schloß gezogenen neuen Herren und eine gewisse Freiheit für seine private Lebensführung. Die Dienstgeschäfte des Administrationskollegiums wurden im früheren Dienstgebäude der Kammer, dem ehemals bischöflichen Fürstenhof am Domplatz behandelt.

Noch während der beiden ersten Monate des Jahres 1807 mochte Vincke die Zusammenarbeit mit dem Generalgouverneur Loison, die dem Schutz und der Schonung der Landeseinwohner dienen sollte, erträglich erscheinen; das hörte auf, als General Canuel an die Stelle Loisons trat und dieser mit steigenden persönlichen Ansprüchen – sog. ‚Tafelgelder' dienten der Bereicherung des Gouverneurs und seiner Umgebung – sich mehr und mehr den preußenfeindlichen Kreisen in Münster zuneigte und deren Beschuldigungen Wirkungen zeigten. In einem Brief aus Hamm vom 20.–26. März 1807 an seine Schwester Luise äußerte Vincke seinen Grimm, „daß der Geheimrat von Ketteler in einer Vorstellung an den französischen Gouverneur (worin er zwei unnütze Subjekte zu vakanten Stellen vorschlägt, *weil sie Nationalgardisten sind*) versichert hat, ‚die Regierung und Kammer ne méritaient aucune foi! denn sie beständen fast aus lauter Preußen' – glücklicherweise ist bei der Berichtsanforderung dieses saubere Produkt originaliter mitgeteilt worden."[214] Die Auseinandersetzung über die Besetzung freier Stellen in der Verwaltung hat zu einem heftigen Briefwechsel zwischen Canuel und Vincke geführt, der mit Entlassung des letzteren am 30. März 1807 endete, dem man kurz zuvor – vielleicht zur Warnung – schon den getreuen Diener Heinrich verhaftet hatte.[215] Zu seinen Nachfolgern wurden August Ferdinand Graf v. Merveldt in Münster und der Kammerdirektor v. Rappard in Hamm bestimmt.

Vincke hat seinen Posten nicht gern verlassen, doch war seine Stellung, in der er Werkzeug der französischen Besatzungsbehörde und Zielscheibe der Preußenfeinde in Münster zugleich war, kaum länger erträglich. Am 5. April 1807 ritt er mit kleinem Gepäck von Münster ab;[216] seinem vertrauten und auch in der Not bewährten Freund v. Spiegel, der ihn bis Nottuln begleitet hatte, schrieb er zwei Tage später aus Diersfordt am Rhein, wo er beim Freiherrn v. Wylich Station machte: „Mich beseliget jetzt das Gefühl eines schwerer Fesseln entledigten Gefangenen in dem ersten Augenblick der wiedererlangten Freiheit, und ich muß mich lebendiger überzeugen des großen Glücks, dem vorigen Zustande entronnen zu sein."[217]

II. WANDERUNGEN

1. Zweite Englandreise

Im Augenblick der Entlassung aus dem Dienst stand es für Vincke nicht ohne weiteres fest, wohin er sich nun wenden und was er anfangen solle; am nächsten hätte es für ihn gelegen, nach Berlin zu reisen und dort sich um eine neue Verwendung zu bemühen. „Du bist Dir es zu Deinem künftigen Wirkungskreise im preußischen Staate und uns schuldig", schrieb ihm am 26. April 1807 der Jugendfreund Friedrich August v. Erdmannsdorff, damals Kriegs- und Domänenrat in Hamm; dieser Staat sei ein „moralisches Institut", das die Vorsehung nicht untergehen lasse, sondern durch den Zusammenbruch reinigen und verjüngen werde.[218] Doch mußten jene Erfahrungen bedenklich stimmen, die der Freiherr vom Stein bei seinen Versuchen gemacht hatte, die Führung des Staates in vertrauenswürdige und fähige Hände zu legen: Der in Münster in guter Erinnerung stehende Minister war nach heftigen, unerquicklichen Auseinandersetzungen mit dem König durch dessen erboste Kabinettsorder vom 3. Januar 1807 aus seinem Amt entfernt worden und hielt sich seit Ende März im heimatlichen Nassau auf. Durch Briefe aus Berlin hatte Vincke am 31. Januar und 5. Februar 1807 Steins Entlassung erfahren, „nächst der vom 14. Oktober[219] mir die schrecklichste Nachricht in dieser ganzen Epoche."[220] Zugleich mit einem Bericht über die Zustände in Münster scheint er Stein um Mitteilungen über die in der Öffentlichkeit nicht bekannten Hintergründe gebeten zu haben. Erhalten ist Steins Antwort vom 2. April 1807 aus Nassau, noch ganz voller Erbitterung über die ihm angetane Kränkung und überaus pessimistisch in Preußens Zukunft blickend: „Ich erwarte nur sehr wenig: Unglück kann vorhandene Kräfte aufregen; wo aber diese fehlen, wo an deren Stelle Leerheit, Trägheit und Plattheit vorhanden ist, was läßt sich da erwarten?"[221] Dem Brief legte er eine Abschrift der Kabinettsorder und die eigenen Mitteilungen an die Ministerkollegen vom 4. Januar 1807 bei und lud Vincke ein, ihn zu weiterer Unterrichtung in Nassau zu besuchen. Daraufhin ist dieser von Münster mit der erklärten Absicht abgeritten, sich zuerst einmal mit Stein zu treffen und über ihr Verhalten in der Zukunft zu beraten, und Spiegel war sehr begierig auf Nachrichten darüber, „was für Ansichten über die öffentlichen und speziellen Angelegenheiten Sie mit dem starkmütigen Freiherrn vom Stein gefaßt haben."[222]

Der Weg zu ihm führte über das schon genannte Schloß Diersfordt am Niederrhein, wo er sich beim geschätzten und auch verwandtschaftlich verbundenen Geheimrat v. Wylich aufhielt, dann den Rhein aufwärts durch ein ihm sehr mißfälliges, weil totes, trauriges, enges Köln nach Flamersheim bei Euskirchen, wo sein ältester Bruder Ernst ein ihm durch seine Frau, geborene v. Dalwigk, zugefallenes Gut bewirtschaftete. Ludwig Vincke hat sich ausgiebig über den Zustand der nun schon ganz der französischen Verwaltung eingefügten linksrheinischen Gebiete unterrichtet und weder an den durch die Kontinentalsperre beengten wirtschaftlichen Verhältnissen noch den öffentlichen Einrichtungen oder der französischen Konskription Gefallen gefunden, mit deren Hilfe Napoleon sein durch immer neue Kämpfe um die Hegemonie in Europa dezimiertes Heer aufzufüllen suchte. Nach achttägigem Aufenthalt in Flamersheim ritt er zusammen mit dem Bruder rheinaufwärts, und sie überquerten bei Koblenz den Fluß; seinen Gesamteindruck faßte er in der Tagebuchnotiz zusammen: „Mir hat es in Frankreich nicht gefallen, ich möchte nicht um vieles innerhalb der Douanenlinien da wohnen..."[223] Am 24. April kamen beide „nach Nassau, wo wir die Freude hatten, Minister Stein zu treffen und von ihm und ihr sehr wohl aufgenommen, doch durch manchen Inhalt seiner interessanten Nachrichten betrübt worden"; die Tagebuchaufzeichnungen vom 25. April lassen keinen Zweifel darüber, daß Stein seine Besucher mit Akten über seine Entlassung, einer Quelle das Ärgers und der Trauer für Ludwig Vincke, bekannt gemacht hat.[224] Auffällig sind dann die Worte „mein Entschluß, Hoffnungen" in Vinckes Tagebuchnotiz vom gleichen Tag; sie weisen auf die mit Stein geführten Gespräche, auf Informationen und Überlegungen hin, die nur in Umrissen und im Zusammenhang mit den politischen Ereignissen der Jahre 1806 und 1807 zu erschließen sind.

Erst die katastrophale Niederlage der preußischen, ganz den friderizianischen Traditionen verhafteten Armee am 14. Oktober in der Schlacht von Jena und Auerstedt, die anschließende Auflösung des Heeres und die widerstandslose Übergabe der meisten Festungen an den Feind hatten den Weg geöffnet für den Gedanken einer allgemeinen Volksbewaffnung, wie ihn Scharnhorst schon im April 1806 in seiner Denkschrift über die Errichtung einer Nationalmiliz dargelegt hatte, ohne daß er damals bei den Militärs alter Schule Gehör oder gar Beifall gefunden hätte;[225] fast gleichzeitig mit Scharnhorsts Eingabe am 27. April 1806 richtete der Freiherr vom Stein seine erste große Reformdenkschrift als Immediateingabe an den König, die die Neugestaltung der Staatsverwaltung, insbesondere ihrer obersten Organe zum Inhalt hatte. Wann genau Vincke zuerst mit den Vorstellungen Scharnhorsts und seines Helfers Gneisenau bekannt geworden ist und seit wann ihm Begriffe wie Landmiliz, Landsturm und Insurrektion – letzteres in der Bedeutung von Erhebung, Volksaufstand – vertraut gewesen sind, läßt sich nicht mit Sicherheit ausmachen. Zwei Beispiele spontaner Volksbefreiungsbewegungen waren damals allgemein bekannt: der antirevolutionäre Aufstand in der Vendée 1793–96, wo erst um 1800 Ruhe eingetreten war, und – räumlich wie zeitlich sehr viel näher liegend – die Aufstände hessischer Soldaten, die sich zu Ende des Jahres 1806 bis in den Januar 1807 hinein gegen die französischen Besatzungsbehörden und für ihren geflüchteten Kurfürsten Wilhelm I. von Hessen-Kassel erhoben hatten.[226] Vincke mußte von diesen Ereignissen, die sich in unmittelbarer Nähe seines Amtsbezirks abgespielt hatten, ebenso gehört haben wie der Freiherr vom Stein, der zudem mit Scharnhorsts und Gneisenaus Plänen über Massenerhebungen in Deutschland gegen Napoleon bekannt war.[227] Welchen unmittelbaren Anteil Stein an den Vorhaben des Jahres 1807 genommen hat, bleibt im unklaren, doch kann man davon ausgehen, daß es bei dem Besuch Vinckes in Nassau zu einem Meinungsaustausch und einer klaren Stellungnahme für Insurrektionspläne gekommen ist.[228] Diese Annahme läßt sich noch folgendermaßen stützen: Ludwig Vincke brachte nach Nassau nicht nur Nachrichten über die franzosenfeindliche Haltung weiter Bevölkerungskreise in Nordwestdeutschland, sondern auch die Hoffnung auf eine Landung englischer Truppen auf dem Kontinent, und zwar an der Nordseeküste; diese Erwartung war in Westfalen so allgemein verbreitet, daß Erdmanndorff in seinem Abschiedsbrief an Vincke schon am 26. April 1807 schreiben konnte: „Aber wie lange zögert noch die von Westen über die See gehoffte Hilfe; fast fange ich an, an deren Erscheinen wenigstens zu unseren Gunsten in Westfalen zu verzweifeln!"[229] Die Nachrichtenquelle ist sehr wahrscheinlich der preußische Oberst Philipp Charles d'Ivernois gewesen, bis 1806 in Münster stationiert und mit Vincke in engen freundschaftlichen Beziehungen: sein Bruder Sir Francis d'Ivernois hatte Vincke bei dessen erstem Englandaufenthalt im Jahre 1800 wertvolle Aufschlüsse über englische Wirtschafts- und Verwaltungsverhältnisse vermittelt. Der Oberst d'Ivernois nun hielt sich seit Mitte März 1807 auf Einladung Lord William Grenvilles, 1806/07 als Nachfolger Pitts Premierminister, in London auf, um dort Auskünfte über Ostfriesland, seine Häfen und Hilfsmittel zu geben.[230] Um die englische Hilfe auf den Kontinent zu lenken und dem bedrängten Preußen Entlastung zu verschaffen, waren u. a. auch der russische Gesandte in London, v. Alopaeus, Fürst zu Wittgenstein, der Vertraute des Kurfürsten von Hessen-Kassel, und Hauptmann v. Dörnberg tätig,[231] und fast scheint es, als ob der Freiherr vom Stein, der die preußische Sache trotz seines Zanks mit dem König durchaus noch nicht aufgegeben hatte und der durch seine Frau über verwandtschaftliche Beziehungen zum englischen Hof verfügte, sich in ähnlicher Weise hat einsetzen wollen. Aus einem Brief Barthold Georg Niebuhrs an Friedrich August v. Stägemann von Ende April 1807 geht mit einiger Sicherheit hervor, daß Stein die Absicht gehabt hat, nach England zu reisen, daß diese Reise aber am Widerspruch seiner Frau gescheitert ist.[232] So mochte ihm der unternehmungslustige jüngere Freund, den weder Dienst noch Familie zu Hause banden, gelegen kommen, um ihm seine Vorhaben zu übertragen. Es lag in Vinckes Eigenart, fremden Plänen und Vorschlägen, wenn sie nur bei ihm zündeten, so schnell und so ganz zuzustimmen, daß er sie selbst für die eigenen hielt: Als er nach zweitägigem Aufenthalt in Nassau sich von seinem Bruder trennte und in nördlicher Richtung durch den Westerwald und das Siegener Land ritt, da bedachte er seine Zukunftspläne und notierte ins Tagebuch: „... weitere Ausblicke der mich stets lebhafter beschäftigenden Projekte"; bei der Rückkehr nach Westfalen ist der Plan der „weitesten Reise" – so umschreibt er sein Vorhaben – entwickelt,[233] den er zwar dem Mindener Kammerpräsidenten und Freund v. Hövel, nicht aber dem Vater und den Geschwistern mitgeteilt hat, von denen er eine Abmahnung fürchtete. Am 13. Mai 1807 hat er sich vom französischen Kommandanten in Minden einen Paß für eine Reise nach Berlin in Familienangelegenheiten ausstellen lassen[234] – wohl um eine mögliche französische Überwachung irrezuführen. Am 16. Mai erreichte er Hamburg, wo er seinen Freund Ferdinand Beneke aufsuchte, der ihm ein Quartier in Altona verschaffte, das zum dänisch beherrschten Herzogtum Holstein gehörte und damit außerhalb der französischen Einflußsphäre lag. Nun fühlte er sich sicher und ungestört in seinen Plänen. Von dort aus erstattete Vincke dem König von Preußen drei Berichte, die für ihn inhaltlich wie in der Diktion charakteristisch sind.[235] Im ersten schildert der ehemalige münstersche Kammerpräsident „die Lage der westfälischen Provinzen seit dem 14. Oktober vorigen Jahres": Nach einer schonungslosen Schelte auf das Verhalten des preußischen Generals Lecoq und die schändliche Übergabe der Festung Hameln und nicht minder scharfen Äußerungen über die preußenfeindlichen Gesinnungen und Taten der katholischen Geistlichkeit und des Adels in Münster – niemals dürfe es eine Amnestie für diese Verräter geben, ist Vinckes hitzige Forderung – würdigt er die Tätigkeit der erprobten preußischen Beamtenschaft, die nur das Wohl der Bevölkerung im Auge gehabt und deswegen auch unter der französischen Okkupation im Dienst geblieben sei. Damit rechtfertige sich auch jener von ihnen – auch von Vincke – abgelegte Treueid auf Kaiser Napoleon, den er als „Gehorsamsversicherung" bezeichnet. Schließlich begründet er sein Ausscheiden aus dem Dienst: Eine weitere ehrenhafte Zusammenarbeit mit dem französischen Gouverneur sei nicht mehr möglich gewesen.

Eine zweite Denkschrift beschäftigt sich mit dem Schicksal der preußischen Soldaten in französischer Kriegsgefangenschaft, die auf dem Weg nach und durch Frankreich grausam behandelt und durch völkerrechtswidrige Pressionen zum Eintritt ins französische Heer gezwungen würden; hiergegen müsse man sich durch Vergeltungsmaßnahmen wehren.

Im dritten Bericht vom 16. Mai 1807 schließlich leuchten Vinckes militärische Pläne, seine patriotische Begeisterung und schöpferische Phantasie auf, aber auch seine Neigung, Hoffnungen und Wünsche mit reellen Möglichkeiten gleichzusetzen: Er will gleichzeitig mit der Landung eines englischen Korps an der unteren Ems, Weser oder Elbe in Westfalen – nach seinem Sprachgebrauch mit ganz Nordwestdeutschland gleichzusetzen – eine allgemeine Insurrektion auslösen, zu der er „bereits in größtem Geheim die Einleitung" getroffen habe. Sein Plan sieht vor, die Festungen Hameln und Wesel im Handstreich – „coup de main" – zu überrumpeln, alle französischen Gouverneure der Umgebung auszuheben und in Hameln festzusetzen, alle sich im Lande aufhaltenden ehemaligen Offiziere und gedienten Soldaten einzuberufen, sie notfalls mit Piken zu bewaffnen und in Bataillonen zu formieren, kleine Kavallerie- und Artillerieeinheiten zu bilden, einen allgemeinen Landsturm aufzubieten, für den die Bewohner der altpreußischen Provinzen sofort, aber auch die der neuen und fremden Gebiete zu gewinnen seien, „nachdem man sich der bösen Geister unter ihnen schnell entledigt"; schließlich „Konstituierung meiner selbst ... zum provisorischen Gouverneur von Westfalen", denn für die Einheit und Schnelligkeit aller Maßnahmen sei es nötig, „daß ein Mann sich an die Spitze stellte", und er habe das Glück, bei den Einwohnern, Beamten und Offizieren der verschiedenen Landesteile bekannt und angesehen zu sein. Vincke nennt in seinem Bericht sechs vertraute Offiziere mit Namen, die als seine Helfer die Insurrektion vorbereitet hätten; man würde sie schon 14 Tage zuvor ausgelöst haben, wenn durch die gleichzeitige englische Landung ein Erfolg des Aufstandes und die damit angestrebte Entlastung der preußischen Armee gesichert gewesen seien. Ohne die von den britischen Inseln kommende Hilfe, die besonders aus Geld und Waffen, Kavallerie und Artillerie bestehen müsse, führe jeder Insurrektionsversuch das Land ins Unglück, denn er werde im Entstehen blutig unterdrückt werden. Immerhin habe er alles so weit vorbereitet, daß die ersten beiden Punkte seines Planes – Überrumpelung der Festungen und Gefangennahme der Gouverneure – im Augenblick der englischen Landung auf seine Weisung hin ausgeführt würden. Um über sie Gewißheit zu erlangen, habe er sich nach Hamburg begeben und hier nicht nur erfahren, daß die gegen die untere Weser gerichtete englische Expedition in gutem Zuge sei, sondern daß auch zu ihrer Förderung Fürst Wittgenstein in London weile. Das veranlasse ihn, im Einverständnis mit Wittgenstein auch dorthin zu gehen, um den Engländern die nötigen Informationen über die Lage in Westfalen zu liefern, sie insbesondere darüber aufzuklären, was für eine Menge geübter preußischer und hessischer Soldaten nur auf das Zeichen zum Aufstand wartete. Es komme darauf an, unzeitige, planlose Ausbrüche – Vincke meint damit wohl die spontanen, notwendig erfolglosen Empörungen der hessischen Soldaten im Winter 1806/07 – zu verhindern, die sich wandelnde Stimmung in Norddeutschland auszunutzen und die Hoffnungen aller Gutgesinnten, daß der König von Preußen „die Sache Teutschlands führe", auch jenseits des Rheins und in Holland zu stärken.

Vincke hat wohl von vornherein die Absicht gehegt, von England aus mit dem Landungskorps auf das Festland zurückzukehren, dort das Signal zum allgemeinen Aufstand zu geben und sich an dessen Spitze zu setzen. Bei ihm werden keine grundsätzlichen Gedanken einer Heeresreform sichtbar, vielmehr schwebt ihm lediglich vor, alle verfügbaren Kräfte – das Landungskorps, die gedienten preußischen und hessischen Soldaten und das aus Ungedienten bestehende Landesaufgebot, den Landsturm also – zu dem Hauptzweck zusammenzufassen: Schwächung des Landesfeindes durch eine zweite Front weit im Rücken der Franzosen, Zerstörung ihrer Verbindungslinien, damit Hilfe für den König von Preußen und seine russischen Verbündeten in ihrem Kampf gegen die napoleonische Hauptmacht. Die Ideen und die Gefahren eines revolutionären Volkskrieges werden in seiner Denkschrift so wenig sichtbar wie ein möglicher Gegensatz zwischen allgemeiner Volksbewaffnung und regulärer Armee. Daß sein Plan etwas mit den Insurrektionsplänen Scharnhorsts und Gneisenaus zu tun hat, möchte man annehmen, ohne daß die geistige Verbindung oder ein Gedankenaustausch zwischen den beiden Soldaten und Vincke faßbar wären; am ehesten könnten die Fäden über Stein gelaufen sein.[236] Auch läßt sich nicht erweisen, daß die von Vincke als Helfer genannten und sein Vertrauen genießenden sechs Offiziere eine engere Beziehung zu den Heeresreformern gehabt hätten.

Die drei genannten, von Altona aus an den König gerichteten Denkschriften vom 16. Mai 1807 haben Vincke als Grundlage und Rechtfertigung für seine eigenmächtigen Schritte und für sein weiteres Vorgehen gedient. Nach einem Ausflug nach Itzehoe, wo er den dort im Exil lebenden hessischen Kurfürsten Wilhelm I. aufsuchte, den er als vormaligen Inspekteur der preußischen Truppen in Westfalen kennengelernt hatte, machte er sich am 24. Mai 1807 auf die Seereise nach England. In London, wo er am 30. Mai eintraf, schloß er sich dem Kreis jener z. T. schon genannten Persönlichkeiten an, die die Landung englischer Truppen an der Nordseeküste zu fördern suchten und als deren Mittelpunkt der Fürst Wittgenstein anzusehen ist, der ursprünglich ganz als Vertrauter und Vertreter des Kurfürsten von Hessen nach England gereist war;[237] ihn hat auch Stein 1808 noch für einen echten Patrioten gehalten. Wittgenstein hatte Vinckes Reise nach London gefördert, seine Ankunft dem König von Preußen gemeldet und insbesondere auch den Gedanken begrüßt, jener solle das Landungsunternehmen persönlich begleiten. Als Diplomaten bemühten sich der russische Gesandte v. Alopaeus und der preußische Gesandte v. Jacobi-Kloest um englische Subsidien wie auch Waffenlieferungen, die bei dem elenden Versorgungszustand der in Ostpreußen kämpfenden Truppen dringend nötig waren, aber nur spärlich eingingen.[238]

Am Tage seiner Ankunft in London stellte Vincke – wahrscheinlich zu optimistisch – die völlige Übereinstimmung seiner Ansichten und Pläne mit denen der schon in England wirkenden Patrioten fest, zu denen noch d'Ivernois und der Hauptmann v. Dörnberg zu zählen sind.[239] Bereitwillig fügte er sich in die Gruppe ein, und da er eben erst vom Kontinent kam und die frischesten und genauesten Kenntnisse über die für eine Landung in Frage kommenden Gebiete besaß, konnte er die englische Regierung am ehesten über deren Aussichten und über die zur Verfügung stehenden Hilfsmittel unterrichten. Am 2. Juni 1807 wurde er zusammen mit dem Gesandten v. Jacobi von George Canning empfangen, dem eben zum Außenminister ernannten Anhänger Pitts und erbitterten Gegner Napoleons, „der gewünscht, mich zu sehen – sehr höflich war er, fragte vieles, versprach aber nichts", wie das Tagebuch festhält. Canning hat von Vincke eine schriftliche

Darlegung seiner Mitteilungen und Vorschläge erbeten, an die dieser sich sofort gemacht hat: Das „Mémoire sur les ressources militaires que peut offrir la Westfalie dans le cas d'une descente prochaine, sur différents besoins à pourvoir et sur quelques maximes à adopter d'avance pour en faciliter l'entreprise" liegt im Entwurf von Vinckes Hand vor, außerdem eine sprachlich verbesserte, aber inhaltsgleiche Fassung, die möglicherweise von einem der beiden d'Ivernois stammt.[240] Am 5. Juni hat Vincke seine Denkschrift durch Jacobi, der mit ihr einverstanden war, Canning überreichen lassen. In ihr wird mit der Vincke eigenen schwungvollen Begeisterung ausgeführt, wie sich in kürzester Zeit aus den in Westfalen befindlichen, ehemals preußischen und hessischen Soldaten ein Korps von 40–50 000 Mann formieren lasse, wie die levée en masse, der Landsturm also, deswegen zwar nicht sofort eingesetzt, aber doch aufgeboten werden müsse, damit der Nationalgeist belebt, die Ergänzung der aus alten Soldaten gebildeten Bataillone gesichert und das Aufgebot der waffenfähigen Männer äußerstenfalls zur Verteidigung der heimatlichen Provinzen herangezogen werden könne.[241] Vincke führt weiterhin die im Land befindlichen reichlichen Vorräte an Verpflegungs- und Futtermitteln an, nennt die hauptsächlichen Straßenverbindungen und Transportmittel und zählt die für eine Insurrektion unumgängliche Menge Geld, Waffen und Ausrüstungsgegenstände auf, die von England zu liefern seien. Vincke hat sich von dieser seiner Denkschrift, die er auch dem preußischen König mitgeteilt hat, viel versprochen, nutzte aber auch andere Möglichkeiten, um die deutlich zögernden Engländer vorwärts zu treiben; so besuchte er mehrfach den zum Befehlshaber der Expedition bestimmten Lord Cathcart, „der auch dazu vor vielen passen mag, aber so schwierig, vorsichtig, zweifelhaft ist, daß mir äußerst bange um die Sache wurde."[242] Tatsächlich wurde es in den nächsten Wochen immer deutlicher, was die englische Regierung mit der für ein Landeunternehmen zur Verfügung stehenden, sich vorzüglich aus geflüchteten Hannoveranern zusammensetzenden „Deutschen Legion" plante: Während Vincke und seine Freunde Ende Mai 1807 noch hoffen konnten, die für die Expedition vorgesehenen Kräfte – etwa 17 Tausend Mann – seien zur Gänze für Norddeutschland bestimmt, erfuhr er Mitte Juni von einem verwandten hannoverschen Offizier, daß „Cathcart selbst und die ganze Legion nach Stralsund gehen würden."[243] Dies am 2. Juni beschlossene Ziel entsprach den Wünschen und Vorstellungen der Schweden und mochte den Engländern weniger riskant erscheinen; jedenfalls blieb für die preußischen Patrioten bald keine Hoffnung mehr, daß sie ihr Ziel erreichen könnten.

Am 19. Juni und 1. Juli segelten Teile der Legion nach Rügen ab, wo sie ausgeschifft wurden, aber zu keiner kriegerischen Aktivität mehr kamen,[244] da unterdes der Frieden von Tilsit vom 7. bis 9. Juli 1807 dem Kampf der verbündeten Preußen und Russen gegen Napoleon ein Ende gemacht hatte und damit auch allen Plänen einer Insurrektion im nördlichen Deutschland.[245]

Am 8. Juli 1807 hörte man in London von einem separaten Waffenstillstand des russischen Kaisers mit Napoleon, am 2. August erfuhren Vincke und seine Freunde, daß und was für ein Frieden in Tilsit geschlossen worden war: Ihnen erschien nun der russische Kaiser als Verräter an der gemeinsamen Sache; gegen das militärische und politische Genie Napoleons, den Zerstörer des alten Preußen, hätte nur Entschlossenheit, Tätigkeit und ein gewandeltes Verhältnis zwischen Untertan und Staat helfen können, während man tatsächlich „selbst im Unglück von den Vorurteilen sich nicht losmachen kann, die eben das Unglück herbeigeführt haben."[246] Die Nachrichten über die harten Friedensbedingungen, besonders die Tatsache, daß Preußen alle Gebiete westlich der Elbe hatte abtreten müssen, brachte Vinckes Gemüt in heftige Wallungen: schwärzester Pessimismus über die Zukunft Preußens und Deutschlands, Beschämung über die Demütigung des Königs, aber auch Unsicherheit wegen der eigenen unangenehmen Lage und der Fragwürdigkeit seiner beruflichen Zukunft haben ihn tief bewegt. Sein Verbleiben im Amt nach der Besetzung Münsters durch die Franzosen 1806 ließ sich noch als ein Weiterführen des preußischen Dienstes in der westfälischen Heimat auffassen, jetzt aber mußte Vincke sich entscheiden, wohin er sich wenden und wem er dienen wollte. Zwar beteuert er, sein „Entschluß, dem König zu folgen und das unglückliche Vaterland zu verlassen", stehe unwandelbar fest, doch zeigt sein Verhalten in den nächsten drei Jahren, wie schwierig ihm die Entscheidung geworden ist und wie sehr Heimatgefühl und familiäre Bindungen seine Anhänglichkeit an König und Staat in Frage stellten, ja, gefährdeten.

In seinem umfassenden Überblick „Deutschland um 1800 – Krise und Neugestaltung 1789–1815"[247] zitiert Kurt v. Raumer eine Tagebuchbemerkung Ludwig Vinckes vom 22. Januar 1803 aus Neuchâtel – damals zur preußischen Krone gehörig –, er sei nach der langen Spanienreise glücklich, unter seinen Mitbürgern „im entferntesten, kleinen, aber so schönen Winkel seines Vaterlandes zu weilen". Raumer bemerkt hierzu: „Mit der Bezeichnung Vaterland meinte er nicht im späteren Sinn das Wort Deutschland, auch nicht im damaligen Wortsinn seine engere Heimat Westfalen, sondern er meinte den preußischen Staat ..." Dieses Urteil ist, wie die Notiz vom 11. August 1807 zeigt, so nicht haltbar: das ‚unglückliche Vaterland', das er um des Königs willen verlassen will, kann ja nur Westfalen sein! Vincke hat die Begriffe Vaterland und Heimat nicht in gleichmäßiger Folgerichtigkeit gebraucht; weder ist für ihn Vaterland identisch mit Preußen noch Heimat mit Westfalen. Zwar schlägt sein Herz höher, wenn er nach einer längeren Österreichreise das eben Preußen angegliederte Ansbach-Bayreuth erreicht oder auch das eidgenössische Neuenburg, doch schiebt sich in seinem Denken nicht selten vor die Wahlheimat Preußen das engere Vaterland Westfalen, dem er sich durch Geburt und Sitte verbunden fühlt, in dem allein er sich wohlfühlen kann und dem er in erster Linie zu dienen habe. Beim jüngeren Vincke sind beide Begriffe außerdem noch eingebettet in ein ‚Teutschland' –

Bewußtsein, das sich in den kriegerischen Auseinandersetzungen mit Frankreich entzündet hat. Der ältere Oberpräsident in Münster gebraucht die Worte deutsch und Deutschland in seinen Tagebüchern so gut wie gar nicht mehr, für ein Reichsgefühl scheint nach 1813 bei ihm kein Platz mehr zu sein. Dagegen sind in ihm bis zu seinem Tode die engere Heimat und das nähere Vaterland Westfalen so lebendig, daß in seinem Denken und Handeln die Interessen des Gesamtstaates nicht selten mit denen der Provinz zusammengestoßen sind, ja, ihnen gelegentlich unterlagen.

Die hochgesteckten Ziele, mit denen Ludwig Vincke am 29. Mai 1807 so hoffnungsvoll englischen Boden betreten hatte, erwiesen sich kaum zwei Monate später als unerreichbar, die frohgemute Absicht, an der Spitze einer Insurrektionsbewegung die Heimat für den König wiederzugewinnen, war in Nichts zerronnen, doch ist für ihn persönlich dieser Aufenthalt nicht ohne Nutzen und von erheblicher Wirkung gewesen, da er die Zeit des Wartens auf Nachrichten und Entscheidungen fleißig gebraucht hat, um das bewunderte London, „den großen Zentralpunkt der Welt",[248] und das geliebte England mit seinen Einrichtungen genauer kennenzulernen: Wieder hatten es ihm die Verfassung und Verwaltung angetan, über die er viel las und nähere Nachrichten einzog, und die Gerichtshöfe, deren Sitzungen er besuchte; das, was Englands Größe ausmache und am wenigsten bekannt sei, interessiere ihn am meisten,[249] und er meint damit die Selbstverwaltungseinrichtungen im Lande und das Zurücktreten der Staatsgewalt gegenüber den Initiativen verantwortungsbewußter und moralisch denkender Staatsbürger. Auch unter dem Einfluß des Finanzschriftstellers Sir Francis d'Ivernois und des Unterhausabgeordneten George Henry Rose hat sich ihm ein sehr positives Bild der englischen Zustände eingeprägt; seine Erinnerungen daran und die Notizen hierüber bildeten die Grundlage für den 1808 niedergeschriebenen „Versuch einer Darstellung der inneren Verwaltung in Großbritannien", aus der sieben Jahre später die „Darstellung der inneren Verwaltung in Großbritannien" erwachsen ist, die Barthold Georg Niebuhr 1815 zum Druck gebracht hat.[250] Wie sehr Vinckes politisches Denken vom englischen Vorbild geprägt worden ist, wird noch an jenen Vorschlägen zu erläutern sein, die er 1808 als Helfer des Freiherrn vom Stein zur Reform der preußischen Staatsverwaltung beigetragen hat.[251]

Das Interesse Vinckes für Anbaumethoden und landwirtschaftliche Geräte, für gewerbliche Unternehmen und Verkehrswege hat nicht nachgelassen; so besieht er „in Wandsworth den Iron rail road, der wirklich von – jedoch besonders eingerichteten – Frachtwagen befahren wird."[252] Eine Reise durch Südengland führt ihn in den Kriegshafen Portsmouth, wo er seinem Kindertraum huldigt und ein großes Linienschiff besichtigt. Daneben studiert er die Erzeugung des Steinkohlengases und dessen Verwendung als künstliche Lichtquelle. Seine unausgeführten Pläne, im ehemaligen Kloster Marienfeld eine Provinzialirrenanstalt einzurichten, haben ihn zur Inspektion gleichartiger Einrichtungen in England veranlaßt; so besichtigt er das St. Lukas Hospital for lunatics in London und findet es vortrefflich, „aber es bleibt doch weit unter meinem Ideal von Vortrefflichkeit für Marienfeld, an psychologischer Kur, an Individualisierung der Kranken wird nicht gedacht, überhaupt alles zu sehr über einen Kamm geschoren – Beschäftigung als Heilmittel auch gar nicht angewendet."[253] Nicht selten tauchen in den Tagebuchnotizen des zweiten Englandaufenthaltes englische Redensarten und Einzelbegriffe auf, die man als Zeichen dafür werten kann, wie wohl sich Vincke in England hätte fühlen können, wenn die seelischen Bedrängnisse wegen Preußens Schicksal ihn nicht zur Rückkehr auf den Kontinent getrieben hätte.[254] Doch auch die leibliche Gesundheit des noch nicht 33jährigen ist in diesen Monaten nicht unangefochten geblieben: Wieder „litt ich aufs schrecklichste und fürchterlicher als vor 2 Jahren an Blasenkrampf", der ihn acht Stunden lang quält.[255] Auch dieser Anfall mag ihn in seiner Selbstsicherheit erschüttert haben. Zwar wußte er sich nach wie vor dem königlichen Dienst und der Person des Monarchen verpflichtet, doch ertrug er nur schwer die Unsicherheit seines Schicksals; er fühlte sich aus den Angeln gerissen, dachte sogar gelegentlich an eine Auswanderung in die Vereinigten Staaten von Amerika und war doch durch dienstliche und freundschaftliche Bindungen an die Heimat gefesselt. Am 11. August 1807 reiste er von London ab und kehrte über die Niederlande nach Westfalen zurück.

2. Mitarbeit an der Reform 1807 bis 1809

Die Jahre nach dem Tilsiter Frieden 1807 waren für Ludwig Vincke eine Zeit unruhiger Wanderungen, wechselnder Tätigkeiten und einer ungesicherten dienstlichen wie persönlichen Existenz geworden. Dem tiefempfundenen Widerspruch zwischen privaten Sehnsüchten und der Lage des preußischen Staates, zwischen Neigungen und Pflichtbewußtsein entspricht das Auf und Ab der Stimmungen, wie es sich in den Tagebuchnotizen dieser Zeit niedergeschlagen hat: Äußerungen der Mutlosigkeit und einer fiebrig-optimistischen Aktivität wechseln in schneller Folge, ohne daß immer ein konkreter Grund für die Hoch- und Tiefpunkte der Stimmungen zu erkennen wäre. Auch seine Briefe lassen oft das Bild eines Mannes ahnen, der zunehmend seine innere Sicherheit einbüßt, gerade wo er sich ganz gefestigt gibt, in dem die Sehnsucht nach Ruhe und Geborgenheit wächst, auch wenn die Tatenlust immer wieder durchbricht.

Schon die ersten Begegnungen auf dem Festland nach der Rückkehr von England im August und September 1807 brachten ihm manches Betrübliche, denn von zahlreichen ostfriesischen und westfälischen Bekannten mußte er nun erfahren, als wie wenig dauerhaft sich ihr einst so laut geäußerter preußischer Patriotismus erwies, wie er sich als Vorgesetzter und Freund in so manchem Manne getäuscht hatte.[256] Das hat ihn aber nicht von jener Gutgläubigkeit und Vertrauensseligkeit heilen können, die ihn in seinem Verhältnis zu Mitmenschen bis an sein Lebensende begleitet hat. Aufgerichtet hat ihn dagegen am 3. September 1807 ein „Brief des edlen Stein", den dieser ihm am 23. August noch aus Nassau geschrieben hatte. Wohl auf einen Bericht Vinckes über den Verlauf seiner Mission in England teilte ihm Stein mit: „Mich hat der König durch H in Dienst zurückberufen ..."[257] Er werde trotz seines schlechten Gesundheitszustandes dem Rufe der Pflicht folgen und über Berlin reisen: „Kommen Sie dort zu mir oder an immer einen Ort, wo Sie mich zu erreichen im Stande sind, wir werden dann weitersehen, wozu uns beide die Vorsehung bestimmt." Solch fast kameradschaftlichen Zuspruch und moralische Ermunterung hat Vincke angesichts des für einen treuen Preußen schwer erträglichen Zustands in der engeren Heimat dringend nötig gehabt: Dort traf er nämlich seinen Vater weder in Minden noch in Ostenwalde an, denn der Domdechant Ernst Idel Jobst Vincke hielt sich mit einer mehr als 30köpfigen ständischen Deputation aus allen Landesteilen des neugebildeten Königreiches Westphalen in Paris auf, um Napoleons jüngstem Bruder Jérôme Bonaparte als neuem Herrscher zu huldigen.[258] Es scheint, daß Ludwig Vinckes Vater sich in Paris schnell und gern mit den neuen Machtverhältnissen abgefunden hat. Als er nach Minden zurückkehrte, zeigte er deutliche Enttäuschung darüber, daß der Sohn im preußischen Dienst bleiben wollte und dadurch „seine Wünsche und Hoffnungen, mich hier zu behalten und in den Dienst des neuen Herrschers eintreten zu sehen, vereitelt zu finden."[259] Eben noch, am 3. August, hatte Vincke in London den Geburtstag des preußischen Königs voll patriotischer Trauer begangen, nun feierte man in der Heimat in Minden am 30. September 1807 den Namenstag des neuen Herrschers, den Hieronymus-Tag; dessen Höhepunkt war ein Ball im Elternhaus, in der Domdechanei also, auf dem mit Rücksicht auf den Vater auch der Sohn Ludwig voller Widerwillen erschien.[260] Er entzog sich dieser unerfreulichen Lage durch eine schnelle Abreise über Bremen nach Hamburg, wo er sich am 9. Oktober mit dem Freunde Beneke traf, der ihn wieder – wie fünf Monate zuvor – über die Grenze ins holsteinische Altona geleitete. Den Zweck dieser Reise kann man den für diese Zeit recht zurückhaltenden Tagebuchnotizen nur andeutungsweise entnehmen; einige andere Quellen ergänzen das Bild: Nach einem Treffen mit Fürst Wilhelm zu Sayn-Wittgenstein, der ebenfalls im August 1807 von England aufs Festland zurückgekehrt war und sich im Oktober dieses Jahres wieder in der Nähe des Kurfürsten Wilhelm I. von Hessen-Kassel aufhielt,[261] verhandelte Vincke etwa vom 10. bis 15. Oktober in Altona mit dem holsteinischen Kaufmann und Fabrikanten Johann Daniel Lawaetz wegen einer Anleihe für Preußen. In seinem Tagebuch vermerkte Vincke nur: „... und auch mühsam zu Lawaetz und mit diesem das Geschäft, welches mich eigentlich hergeführt, am 15. glücklich zustande gebracht."[262] Daß dies „Geschäft" wahrscheinlich in der Anknüpfung von Verbindungen zu Lawaetz bestand, durch den man an den Hamburger Kapitalmarkt und/oder an das Vermögen des hessischen Kurfürsten heranzukommen hoffte,[263] geht aus zwei Schreiben Steins an Vincke aus Memel hervor. In dem ersten vom 4. November 1807,[264] das den

Charakter eines Privatbriefes hat und wohl die Antwort auf einen Bericht Vinckes aus Hamburg darstellt, lobt Stein dessen Dienstbereitschaft, teilt ihm mit, er werde ihn dem König zum Präsidenten in Glogau vorschlagen, „um in dieses schöne Land etwas liberalere Ideen zu bringen". Doch zuvor müsse jener mit dem von Stein hochgeschätzten Barthold Georg Niebuhr zu Anleiheverhandlungen nach Hamburg, Altona, Amsterdam, vielleicht auch nach Paris gehen: Niebuhr brauche einen Freund, der ihm im Getümmel und Gedränge des praktischen Lebens zur Stütze diene.[265] Und zum Schluß noch – ganz nach Steinscher Art – der moralische Aufruf: „Verzweifeln Sie nicht an der guten Sache und lassen Sie uns daran festhalten, es ist doch etwas Schönes um ein reines Gewissen."

Das zweite Schreiben Steins in dieser Sache an Vincke ist ein amtliches Reskript vom 16. November 1807,[266] in dem dieser ausdrücklich „wegen der von ihm eingeleiteten Unterhandlungen mit dem Etatsrat Lawaetz über eine Anleihe von einer bis zwei Millionen Reichstaler Hamburger Banquo" belobigt wird. Aus ihm läßt sich erschließen, daß der Auftrag hierzu – Vincke kann ohne Vollmacht ein solches Geschäft nicht eingeleitet haben! – von der Immediatkommission gekommen sein muß, die in Berlin unter dem Vorsitz des Geheimen Oberfinanzrates Sack mit dem französischen Generalintendanten Daru über die an Frankreich zu zahlenden Kriegskontributionen verhandelte. Erträgliche Zahlungsmodalitäten so schnell wie möglich zu ergreifen, die erforderlichen Mittel irgendwie und -wo aufzutreiben und dadurch den Abzug der französischen Truppen aus dem Rest-Preußen und dort die Wiederherstellung der staatlichen Souveränität zu erreichen – das war das erklärte Ziel der preußischen Politik auch unter Stein: Erst wenn die Souveränität wieder hergestellt war, ließen sich die nötigen Staatsreformen durchführen.[267] Stein hat darum Vincke, der sich durch seine Unterhandlungen mit Lawaetz bewährt zu haben schien, nun amtlich mit der Aufgabe betraut, „bei anderweitigen Anleihe-Eröffnungen", zu denen Niebuhr über Berlin nach Hamburg kommen werde, mitzuwirken.

Vincke hatte sich unterdes von Hamburg aus am 22. Oktober 1807 nach Berlin begeben, wo er eigentlich erst die so ganz veränderte, elende Lage seines Staates, der durch den Frieden von Tilsit auf die Hälfte seines früheren Besitzstandes zurückgeworfen war, erfaßte, und die verbreitete defätistische Stimmung in weiten Kreisen der Berliner Gesellschaft kennenlernte. Damals erfuhr er auch Näheres über die ihn betrübende Entlassung seines Schwagers von der Reck aus dem Ministeramt.[268] Nach Gesprächen mit den Freunden Sack, Kunth, Bassewitz u. a. zögerte Vincke, dem Ruf Steins zu folgen: „Das schreckliche Bild der öffentlichen Lage ließ mich besorgen, ich möchte bei meiner Ankunft in Memel ganz unbeschäftigt bleiben müssen – daher entschloß ich mich, erst an Stein zu schreiben, ob ich dahin kommen sollte, und die Antwort bei Itzenplitzens abzuwarten."[269] Dieses Zweifeln und Zaudern, denen entgegen Vincke sich mit patriotischen Argumenten Mut zuzusprechen suchte, mag auch durch den Einfluß einiger Familienangehöriger und durch die erhoffte Verbindung mit Eleonore v. Syberg verstärkt worden sein. Schon als er nach der Rückkehr von England seinen älteren durchaus hannoversch gesonnenen Bruder Ernst um Rat für die Zukunft gebeten hatte, teilte der ihm seine Meinung über Preußens unsichere Zukunft, über den an allem Unglück schuldigen, weil unfähigen König und die unsicheren Aussichten im Staatsdienst unverhohlen mit und empfahl: „... ein Weib zu nehmen, die Dich glücklich macht, irgendwo auf dem Lande einen Ort zu suchen, welcher Dich beschäftigen kann und da ruhig den künftigen Schicksalen der Erde zuzusehen und abzuwarten, um nach den Umständen vielleicht dermaleinst eine gemeinnützliche Laufbahn wieder zu betreten."[270] Ludwig Vincke ist diesem Rat zwar nicht sogleich gefolgt, aber Ernst Vinckes Empfehlung scheint nachgewirkt und ihn unsicher gemacht zu haben: Wochenlang zögerte der sonst so entschlußschnelle Vincke seine Reise nach Memel hinaus, hielt sich auf Gütern seiner Freunde auf, besuchte den alten Freund Blücher und bewunderte den populären Major Schill. Erst als er die schon zitierten Briefe Steins erhielt, die ihn zum Begleiter Niebuhrs bestimmten, raffte er sich zur Weiterreise nach Memel auf, hauptsächlich um diesen ihm ärgerlichen Auftrag abzuwenden.[271] In Memel traf er am 30. November 1807 ein, wo er Stein „im vollen Umfange der gewünschten Wirksamkeit und noch voll Mut fand."[272] An ihm, an seiner Spannkraft und Standfestigkeit hat sich Vinckes Mut wiederaufgerichtet, und die Anhänglichkeit an Preußen und seinen Herrscher erneuerte sich durch mehrere Audienzen bei König Friedrich Wilhelm III. und Königin Luise, die auf den leicht beeinflußbaren, auf Freundlichkeit und Anerkennung begierigen Vincke außerordentlich bewegend gewirkt haben. Sein sonst so sprödes Tagebuch gewinnt geradezu patriotische Wärme, als er die erste Begegnung mit dem so tief gestürzten Monarchenpaar schildert: „Dienstag 1. Dez. Mittags zum König eingeladen, den ich vorher sprach und der mich so gnädig aufnahm, auch die Königin, deren erstes Wiedersehen nach allem, was beide gelitten und noch leiden, was wir erlebt und noch gegenwärtig erdulden, eine unaussprechliche Rührung und Wehmut, doch auch mit Dank und Hoffnung gemischt, in mir erregten – ich werde nie diesen Tag vergessen, das Gemisch von Freude und Schmerz, wie ich mich geehrt und belohnt fand durch den Dank dessen, für den ich so gern mich ganz aufgeopfert, und gestärkt durch beider Fassung und körperliches Wohlsein – ich saß an der einfachen, dadurch mir so viel köstlicheren Tafel beiden Majestäten gegenüber, in steter lebhafter Unterhaltung, welche mir oft die Kenntnisse, das richtige, treffende Urteil des Königs zu bewundern Gelegenheit gaben."[273]

Solch ein Erlebnis und mehr noch das Zusammensein mit Stein und seinen Helfern in der Reformimmediatkommission, mit Schön, Altenstein, Klewitz, Stägemann u. a., wie auch die Mitteilung und Diskussion der Reformpläne haben Vincke zeitweilig sehr ermutigt: Der Aufgabe, einem erneuerten, gereinigten und damit gestärkten Preußen weiter zu dienen, wollte und konnte er sich nicht entziehen. Steins finanzpolitischen Berater Barthold Georg Niebuhr hatte er auf der Reise nach Memel in Königsberg kennen und schätzen gelernt; aus nicht erkennbaren Gründen hat es Vincke aber abgelehnt, jenen zu Anleiheverhandlungen nach Amsterdam zu begleiten.[274] Am liebsten hätte er, wenn er schon nicht zu den Reformarbeiten in der Zentrale herangezogen wurde, das ihm in Aussicht gestellte Präsidentenamt bei einer der neugeschaffenen Regierungen eingenommen, und Stein hat in ihm die Hoffnungen auf einen solchen Posten wachgehalten, doch hat er ihn vorweg für eine wenig angenehme Aufgabe ausgewählt: Die anscheinend erfolgreich verlaufenden Gespräche mit dem holsteinischen Etatsrat Lawaetz im Oktober 1807 legten den Gedanken nahe, die Verwaltungserfahrungen und das Verhandlungsgeschick Vinckes zur Geldbeschaffung für den verarmten, von Napoleon systematisch und unaufhörlich ausgepreßten Staat einzusetzen. Hierfür den beträchtlichen preußischen Domänenbesitz heranzuziehen, entsprach der augenblicklichen Notlage, aber auch liberalem Wirtschaftsdenken: Nur indem man die Staatsgüter ganz oder doch zum großen Teil zum Verkauf stellte oder als Pfänder für Anleihen anbot, konnte man die Mittel zur Befriedigung des französischen Geldhungers gewinnen und baute damit gleichzeitig ein beträchtliches Stück erstarrter staatlicher Verwaltung ab, erhoffte eine Mobilisierung des Gütermarktes und eine Belebung privater Initiativen in der Landeskultur.[275] Daß Vincke solche Hoffnungen gehegt hat, ergibt sich aus zahlreichen Eintragungen in seinen Tagebüchern während der Referendar- und Assessorzeit an der Kurmärkischen Kammer in Berlin 1795 bis 1798.

Am 4. Dezember 1807 forderte Stein ihn auf, sich gutachtlich darüber zu äußern, in welchem Umfang und auf welche Art man Domänen verkaufen solle und wie man deren Wert ermitteln könne.[276] Vincke legte zwei Tage später seine Ausarbeitung vor, in der er grundsätzlich den Übergang von Staatsbesitz in Privathand befürwortete, weil dann höhere Produktivität und damit höhere Abgaben zu erwarten seien, doch weist er auch darauf hin, wie ungünstig die Zeitumstände für den geplanten Verkauf seien: Der Gütermarkt sei überladen und es bestehe die Gefahr, daß der Nationalbesitz verschleudert werde – das Beispiel der französischen Revolution stand ihm vor Augen! Von klaren, unverletzlichen und gesetzlichen Regelungen und dem Zutrauen der potentiellen Käuferschaft in die weitere politische Existenz Preußens hänge der Erfolg eines öffentlichen Angebots ab. Außerdem müsse man „sich überall den Wünschen und Kräften der Kauflustigen akkomodieren", um möglichst schnell größere Zahlungen zu erreichen, die allein dem Staat helfen könnten.

Bereits bevor dieses Gutachten in Steins Händen war, hatte dieser dem in Berlin weilenden Außenminister Graf von der Goltz am 2. Dezember 1807 die beabsichtigten Domänenverkäufe mitgeteilt[277] und dabei geäußert: „Man hat die Absicht, den Herrn Kurfürsten von Hessen zu bestimmen: a) entweder zu einer Anleihe von sechs bis acht Millionen Taler gegen Verpfandbriefung von Domänen, b) oder zu einem Ankauf von Domänen." Da Niebuhr wegen seiner holländischen Mission unabkömmlich war, sollte Fürst Wittgenstein die Anleihe- bzw. Verkaufsverhandlungen betreiben. Vincke war ausersehen, sich nach Schleswig zu begeben, wo sich der Kurfürst aufhielt, und ihm eine Übersicht über die zum Verkauf stehenden preußischen Domänen, deren Größe und Wert vorlegen, damit er unter den Objekten auswählen könne. Ähnlich formulierte es Stein in den wohl für den König bestimmten Aufzeichnungen, etwa vom 9. Dezember 1807; danach sollte Vincke zusammen mit Wittgenstein nach Schleswig gehen, doch solle er sofort mit den Verhandlungen beginnen, auch wenn Wittgenstein verhindert sei.[278]. In diesem Sinne wurden die Provinzialbehörden über die Veräußerungspläne unterrichtet,[279] und Vincke selbst erhielt am 9. Dezember die Weisungen für seine Verhandlungen mit dem Kurfürsten von Hessen, die auch darauf abzielten, diesen nach größeren Domänenkäufen zur Übersiedlung nach Preußen zu bewegen, wo ihm eine den schlesischen Standesherren vergleichbare Stellung zuerkannt werden solle.[280]

In der Hochstimmung der zwölf Memeler Tage, während derer Stein ihm „alle seine trefflichen Ideen zur neuen Schöpfung der Dinge"[281] mitteilte, hat sich Vincke auch noch einmal der Vergangenheit zugewandt und eine ausführliche Darstellung seiner Amtsführung in Münster unter der französischen Besatzung niedergeschrieben, die noch ausführlicher als der Bericht vom 18. Mai 1807 aus Altona die Vorgänge in Westfalen nach dem 14. Oktober 1806 beschrieb, die eigene Haltung rechtfertigte, das Verhalten der katholischen Münsteraner, besonders des Adels und der Geistlichkeit anprangerte und die patriotische Haltung der altpreußischen evangelischen Westfalen lobend hervorhob.[282] In einer von Stein entworfenen Kabinettsorder vom 15. Dezember 1807 hat daraufhin der König Vinckes Verhalten ausdrücklich anerkannt, doch enthielt er sich jeder Zusicherung, ob und wo jener im Restpreußen wiederverwendet werden sollte.[283] Der preußischen Führung kam es zuerst einmal darauf an, durch Anleiheverhandlungen mit dem Kurfürsten von Hessen Geld in die Hand zu bekommen und dadurch außenpolitisch Spielraum zu gewinnen; dafür war Vincke vorgesehen, und so reiste dieser am 12. Dezember 1807 von Memel ab – „länger wollte mich der immer noch etwas zu unruhige Geist von Minister Stein nicht dulden."[284]

Der Freiherr vom Stein hat damals die politische und finanzielle Lage Preußens nicht ohne Optimismus eingeschätzt, und Vincke hat sich dieser Auffassung gern angeschlossen,[285] doch hat er sich in der Beurteilung des Kurfürsten von Hessen wie des Fürsten Wittgenstein arg getäuscht. Den ersteren beherrschten Geiz, Mißtrauen und gekränktes Ehrgefühl, weil sich Preußen bei den Friedensverhandlungen in Tilsit 1807 nicht für Hessen-Kassel eingesetzt habe; zudem konnte er über seine Kapitalien wohl nicht frei verfügen, da sie zu einem erheblichen Teil in England oder englischen Papieren angelegt waren. Bei Wittgenstein überwog die ängstlich-intrigantenhafte Neigung, sich die Freundschaft mit dem Kurfürsten, mit dem ihn wohl auch private finanzielle Interessen verbanden, nicht durch einen zu starken Druck zu verscherzen; auch sollte niemand anders als er allein Zugang zur Person und zu den Schätzen des hessischen Fürsten haben.[286]

Als Vincke am 25. Dezember 1807 nach beschwerlicher Reise, die ihn über Neustrelitz und zum Vater der verehrten Königin Luise geführt hatte, in Hamburg ankam, übergab ihm der dortige preußische Gesandte v. Grote zwei eilige Mitteilungen Wittgensteins, der Anleiheverhandlungen mit dem Kurfürsten als zur Zeit zwecklos erklärte und jedem Annäherungsversuch als der Sache schädlich widerriet.[287] Zwar hatte Vincke die königliche Vollmacht, notfalls allein in die Verhandlungen einzutreten, doch hielt er es bei Wittgensteins massiver Abmahnung für besser, die Ausführung seiner Aufträge aufzuschieben, dem König zu berichten und weitere Weisungen abzuwarten. Die Zeit bis zu deren Eintreffen benutzte er zu einer Reise ins heimatliche Westfalen.[288] Deren Hauptzweck war, soweit das Tagebuch erkennen läßt, der einer persönlichen Initiative Vinckes entspringende Versuch, in der Grafschaft Mark, wo treue und vermögende Anhänger der preußischen Sache ansässig waren, eine Anleihe zu Gunsten Preußens zustande zu bringen. Am 9. Januar 1808 traf er sich deswegen in Hamm mit Harkort, ohne mit seinem Plan Erfolg zu haben.[289] Danach hat sich Vincke nach Minden begeben, wo er sich vom 15. Januar bis 2. März 1808 im Elternhaus aufhielt, um die in Aussicht gestellten Weisungen zu den Anleiheverhandlungen abzuwarten. Er hätte mit gutem Gewissen den Aufenthalt im Kreise der Familie genießen können, wenn ihn nicht die Unsicherheit seiner mit dem Schicksal der Heimat verbundenen Existenz wie auch der seinen Vater, den Mindener Domdechanten, stark berührende Wandel aller sozialen und wirtschaftlichen Verhältnisse – bedingt durch die Einführung des Code civil im Königreich Westphalen – stark beunruhigt hätten. Für Ludwig Vincke ging es um das Verbleiben im preußischen Dienst, das zu einem persönlichen Risiko zu werden drohte. Schon am 10. September 1807 hatte ihm der ältere Bruder Ernst seine Überlegungen mitgeteilt, daß das neue „Königreich Westphalen unstreitig zum Rheinbund gehören wird, dessen Bewohner – wenn sie Vermögen innerhalb seiner Grenzen besitzen oder dermaleinst erben wollen – nicht in fremde Dienste gehen dürfen."[290] Nun enthält zwar die Rheinbundakte kein solches Verbot, doch hat König Jérôme am 9. Januar 1808 ein Dekret erlassen, worin allen Westphalen unter Androhung des Verlustes der Güter und Einkünfte verboten wird, in den Militär- oder Zivildienst einer fremden Macht zu treten.[291] Vincke war als Einwohner Mindens von diesem Verbot betroffen; zudem lag der größte Teil des Vinckeschen Familienbesitzes im Königreich Westphalen. Er hat darum die Erlaubnis zur Übernahme eines Amtes in der preußischen Verwaltung erbeten, was in ihm umsomehr Widerstreben und Unlust auslöste, als der Antrag auf Französisch gestellt werden mußte: „Ich hasse die Sprache wie die Menschen und habe es mir zum Gesetz gemacht, nie mit einem Teutschen es (das Französische) zu sprechen, wo es nicht wegen Bedienten Gegenwart geschehen muß."[292] Der Minister-Staatssekretär Graf Fürstenstein hat ihm die erbetene Erlaubnis erteilt.[293]

In Minden hat ihn auch jener Gesinnungswandel beirrt, den er bei alten Freunden und Amtskollegen festzustellen glaubte, die in westphälische Dienste getreten waren. Selbst an Friedrich Alexander v. Hövel, bis 1807 Kammerpräsident in Minden, 1808 Präfekt des Leine-Departements, wurde er unsicher.[294] Erkennbar wird hinter diesen Klagen der Druck, dem Ludwig Vincke im Elternhaus ausgesetzt war: Der Vater verlangte, er sollte sich anpassen und in die napoleonische Ordnung einfügen, wie es soviele Verwandte und Freunde getan hatten, um ihren Aufstieg zu fördern, und hierzu hat sich Vincke nie bereitgefunden. So war es ihm eine Erlösung aus Untätigkeit und Ärger, als ihn Steins Brief vom 17. Februar 1808 am 2. März erreichte; durch ihn wurde er nach Berlin gerufen, wohin der Minister vielleicht auch kommen werde. Wieder waren es Anleiheverhandlungen, zu denen Vincke gebraucht werden sollte, wieder als Begleiter Wittgensteins, ja, zu dessen Überwachung, wie Stein andeutete.[295] Schon am 6. März kam Vincke in Berlin an, wo er in den nächsten Monaten bei seinem Jugendfreund und Begleiter auf der Spanienreise Julius Hecht wohnte; der bis dahin übliche Aufenthalt im Hause des Schwagers von der Reck verbot sich, da dieser sich nach seinem Ausscheiden aus dem Ministeramt hatte kleiner setzen müssen.

Über die Monate März, April und Mai 1808 hat Vincke in seinem Tagebuch nicht von Tag zu Tag, sondern nur summarisch und nachträglich berichtet; immerhin wird aus den Notizen deutlich genug, wie verbreitet in der Berliner Gesellschaft Zynismus und Defätismus waren: Über Preußen und seine Zukunft zu lästern, gehörte in den Salons zum guten Ton. Umso wichtiger war es für Vincke, daß er in Berlin den Freiherrn vom Stein vorfand, der sich seit dem 4. März 1808 zu Kontributionsverhandlungen mit dem französischen Generalintendanten Daru in der Hauptstadt aufhielt, und daß er von dem Minister zu enger, freundschaftlicher Zusammenarbeit herangezogen wurde. Mit dem verehrten Staatsmann durchleidet er alle Enttäuschungen und Erniedrigungen des Aufenthaltes in der vom Sieger besetzten Stadt, mit ihm teilt er alle Hoffnungen auf einen baldigen und günstigen Abschluß der Verhandlungen und einen schnellen Abzug der Franzosen, mit ihm schließlich bedenkt er die zukünftige Gestaltung des preußischen Staates: „Eifrig war dieser und unermüdet beschäftigt mit Vorarbeiten zur künftigen Ordnung der Dinge, allen ein Muster der Tätigkeit, selbst äußerer Gelassenheit, der sich selbst verleugnenden Beharrlichkeit..." Bis zum 26. Mai 1808, als Stein ohne endgültige, von Napoleon gebilligte Abmachungen erzielt zu haben, nach Königsberg abreiste, hat Vincke „ihn oft und ungezwungen gesehen und noch lieber gewonnen; ich war auch mittags oft bei ihm."[296]

Dies Zusammensein hat Vincke ganz mit den Fragen der Erneuerung des preußischen Staates und mit den Vorstellungen des Freiherrn vom Stein, wie sie in der Nassauer Denkschrift ausgesprochen waren, vertraut gemacht[297]: Alles, was der jüngere Beamte zu Fragen der Behördenorganisation, der ständischen Vertretungen und der städtischen Selbstverwaltung gedacht und geäußert hat, ist aus der grundsätzlichen Übereinstimmung mit den Vorstellungen des älteren Staatsmannes über ein erneuertes Preußen erwachsen; allerdings sind Vinckes Anschauungen durch seine Erfahrungen aus der Verwaltungspraxis, durch westfälische Traditionen und durch die nachwirkenden Eindrücke der beiden Englandaufenthalte geprägt und unterscheiden sich von denen Steins in zahlreichen Einzelheiten. Stein hat Vincke anfangs – so lassen die Tagebücher erkennen – mit Arbeiten beschäftigt, die wieder mit der Verpachtung und Veräußerung von Domänen zusammenhängen; daneben hat er ihm Reformpläne verschiedener Herkunft zur Kritik übergeben, und aus diesen entwickelt Vincke in mehreren Gutachten seine Vorstellungen über die Organisation der Verwaltung. Im Tagebuch führt er diese seine „Beschäftigungen" auf, numeriert und datiert sie zum Teil: 1. Bemerkungen über den größeren Organisationsplan,[298] am 22. März vollendet; 2. über einige Mängel bei Anstellung, Entlassung, Pensionierung der Beamten, 3. April;[299] 3. über die ostfriesische ständische Repräsentation;[300] 4. über die kollegialische Form der Geschäftsverwaltung, 9. April;[301] 5. über das englische Gemeinheitsteilungsverfahren;[302] 6. über die Organisation der Unterbehörden für die Polizeiverwaltung;[303] 7. über die britische Verwaltung des Inneren.[304]

Nach Steins Abreise von Berlin, mit der Vinckes unmittelbare Zusammenarbeit mit dem Minister abgeschlossen war, hat dieser – immer noch für die hessischen Anleiheverhandlungen zusammen mit Fürst Wittgenstein vorgesehen[305] – auf bestimmte Aufträge wartend sich auf den Gütern Kunersdorf und Bollersdorf des Ehepaares v. Itzenplitz aufgehalten und dort weitere Gutachten zur Reform der Staatsverwaltung verfaßt: Am 14. Juni über die Finanzverwaltung,[306] am 18. Juni über die Grundsteuerverfassung im preußischen Staat,[307], am 8. Juli über die Militärverwaltung,[308] am 11. Juli über die Schaffung eines Zivilverdienstordens,[309] am 13. Juli über die Kommunalverwaltung,[310] am 8. August den zusammenfassenden Bericht über Zwecke und Mittel der preußischen Staatsverwaltung,[311] am 20. September über die Organisation der ständischen Repräsentation,[312] am 30. September über die Einführung eines allgemeinen Konskriptionssystems.[313]

Zu fragen ist einmal, was diese eifrige, manchmal ein wenig hektisch wirkende schriftstellerische Tätigkeit für Vincke selbst bedeutet hat und was sie über ihn aussagt; zu erörtern ist aber auch, was für ein Gewicht seine Ausarbeitungen für die Reform Preußens gewonnen haben, wieviel aus ihnen in das Gesetzgebungswerk, das sich mit dem Namen Steins verbindet, eingegangen sein mag.

Vincke hat seine Randposition im Kreis der Reformer durchaus erkannt und sich im Tagebuch selbstkritisch darüber geäußert: „Überhaupt genommen sind meine Ansprüche sehr beschränkt und bescheiden, daß vieles von dem, was *mir* das beste scheint, von der höheren entscheidenden Behörde dafür anerkannt und angewendet werde, weil meine Ansichten von den gewöhnlichen allzusehr abweichen, aber nützlich bleibt es schon immerhin, verschiedene Ansichten darzustellen und dadurch eine reifere Prüfung zu veranlassen, und es gewährt mir das süßeste Vergnügen, meine dem tätigen Geschäftsleben jetzt noch entzogene Zeit also nützlich zu verwenden für den Staat, dessen Wiederbegründung der Inbegriff aller meiner Wünsche ist, dessen Wiederherstellung das teutsche Vaterland und die ganze Menschheit so wesentlich interessiert."[314]

Als Außenseiter also und wesentlich durch seine besonderen Beziehungen zu Stein angeregt, beschäftigt er sich vornehmlich mit Fragen der Verwaltung, deren Verbesserung er nach seinen in Westfalen gemachten Erfahrungen wie nach seinen englischen Eindrücken wünschen muß. So glaubt er auf die tatsächlichen und ihm auch bekannten Verhältnisse im ostelbischen Preußen keine Rücksicht nehmen zu müssen, ihm kommt es auf eine ungetrübte, ja, idealisierte Darstellung seiner eigenen Vorstellungen von Verwaltung an. Mit jenem gehörigen Schuß an Selbstironie, über den Vincke bis zu seinem Lebensende verfügt hat, berichtete er am 19. Juli 1808 seiner jüngeren Schwester Lotte über sein Leben auf dem Gut Bollersdorf: „... übrigens beschäftige ich meine Muße fleißig mit Arbeiten für die Zukunft. Für diese, so wie ich sie mir denke und wünsche, habe ich eine eigene, sehr tätige Projektenfabrik etabliert und bearbeite nacheinander alle Verwaltungszweige, welche ich näher kenne und beurteilen konnte – freilich fehlen mir häufig hier die Materialien, auch bin ich mit Bedarf und Geschmack der Konsumenten nicht genau genug bekannt, doch vieles wird durch englische Muster, welche ich auch hierin immer mehr als die vollkommensten bewundere, annehmlicher,[315] und ich denke und darf selbst nach der guten Aufnahme der ersten Arbeiten von Herrn v. Stein hoffen, so recht nützlich zu arbeiten. Wenigstens ist die Abziehung von der Gegenwart zur besseren Zukunft der beste Weg, über die bösen Zeiten wegzukommen ..."[316] Damit wird ein ganzes Bündel von Motiven für seine Gutachtertätigkeit sichtbar: Patriotische Hoffnungen für die Zukunft, Ablenkung und Flucht aus der trüben Gegenwart, Lust am Projektieren und Organisieren, Befriedigung bei der Verarbeitung eigener Erfahrungen und nicht zuletzt die eingewurzelte Liebe zu allem Englischen, das fast ausnahmslos als vollkommen erscheint und auf die Verhältnisse in Preußen übertragen werden soll, ohne daß eine kritische Prüfung auch nur erwogen wird. Indem Vincke seine Idealvorstellung einer guten, d. h. fortschrittlichen, weil bürgernahen Verwaltung entwickelt, zieht er die Summe seiner Einsichten und zeigt, wozu er fähig ist und wo seine Grenzen liegen. Letztere läßt Vincke selbst deutlich werden durch eine Tagebuchbemerkung über Steins Freund Friedrich Wilhelm Graf v. Reden, den ehemaligen Bergbauminister, den er während des Berlinaufenthalts von März bis Mai 1808 schätzen gelernt und häufig gesehen hat: „so unverständlich er auch wird, wenn er sich in philosophischem Räsonnement vertieft, so vergißt man doch diese Langeweile im Genuß der reichen Schätze seiner Welt- und Geschäftskunde."[317] Damit bestätigt er, wenn auch ungewollt, das Urteil des zu sarkastischer Schärfe neigenden Theodor von Schön, des Schülers von Kant und Kraus, damals Finanzrat in der Immediatkommission: „... er (Vincke) ist ein überaus vollkommener Mann, aber das Höhere ist ihm fremd."[318] Beide Zitate werden durch seine bis in kleinste Einzelheiten ausgearbeiteten Gutachten bestätigt, die einen überaus fleißigen, patriotischen und erfahrenen Verwaltungsbeamten erkennen lassen, dem aber staatsmännischer Überblick und kritische Distanz zu Erlebnissen, Wünschen und Illusionen oft abgehen.

Geht man nun über die Bedeutung der Ausarbeitungen Vinckes für dessen eigene Entwicklung hinaus und fragt nach deren politisch-geschichtlicher Wirkung im Rahmen der inneren Erneuerung Preußens, die sich vereinfachend mit dem Namen Steins verbunden hat, so stellt sich einer eindeutigen Antwort die Tatsache entgegen, daß es sich bei keinem der Reformgesetze um das Werk eines einzelnen, des Freiherrn vom Stein oder eines seiner Helfer, gehandelt hat: Als dieser in den ersten Tagen des Oktobers 1807 zur Übernahme des leitenden Ministeramtes nach Memel kam, traf er dort auf eine bereits von Hardenberg zur Vorbereitung notwendiger Reformen berufene Immediatkommission, der jüngere Finanzräte wie Schön, Altenstein, Stägemann und Niebuhr angehörten, zu denen der etwas ältere Geheimrat v. Klewitz als Vorsitzender trat. Diese in sich durchaus nicht einheitlich gesonnene Gruppe zu Neuerungen mehr oder weniger geneigter Beamter unterschiedlicher Herkunft und Geisteslage, zu der von Fall zu Fall noch Sack und Kunth, Rehdiger, Frey und andere traten, hatte schon das Edikt vom 9. Oktober 1807, die sogenannte Bauernbefreiung, in den verschiedensten Entwürfen vorbereitet und diskutiert.[319] Als nun Stein als von allen ersehnter Staatsmann an die Spitze der Geschäfte trat, hat er mit den genannten, aber auch mit anderen Männern in lebhafter, andauernder Diskussion die Reorganisation der Verwaltung des Staates wie die der städtischen und ländlichen Verhältnisse beraten, wobei schriftliche Beiträge und mündliche Erörterungen eng miteinander verflochten waren, und so läßt sich der Anteil der einzelnen Mitarbeiter an den Reformgesetzen meist nur schwer ausmachen. Zu dem engeren, sozusagen amtlich bestellten Kreis der Reformer in Memel und Königsberg hat Vincke zweifellos nicht gehört, wenn er auch zu den meisten von ihnen in überwiegend freundschaftlichen Beziehungen gestanden hat. Seine dienstliche Verbindung in Sachen Reform läuft 1808 ausschließlich über den Freiherrn vom Stein, dem er von allen persönlich am nächsten gestanden hat.[320] Die von beiden in England gewonnenen Einsichten und die gemeinsamen westfälischen Erfahrungen, die Ähnlichkeit sowohl der moralischen Grundeinstellung wie auch mancher Züge des Temperaments schufen zeitweise wenigstens eine innigere, persönlichere Übereinstimmung des Denkens und Fühlens, als sie zwischen Stein und dem durch die Schule Kants und Kraus' gegangenen Ostpreußen Schön entstehen konnte. Aus den Gutachten Vinckes wehte Stein ein vertrauter Geist entgegen, und er hat diese meist zustimmend, mindestens anerkennend entgegengenommen; als berücksichtigenswert hat er sie seinem ersten Helfer in den Fragen der Verwaltungsreform, dem Oberfinanzrat v. Altenstein, aber auch anderen Mitarbeitern und Freunden weitergegeben, und gerade Altenstein hat sich mit vielen Vorschlägen ohne Einschränkungen einverstanden erklärt, sie gelegentlich „ganz vorzüglich und lebendig" genannt.³²¹. Den umfänglichen Begleitbericht zu Vinckes Gutachten über die Organisation der Unterbehörden, jenes Gutachten über Zwecke und Mittel der preußischen Staatsverwaltung vom 8. August 1808, hat er schon am 23. August dem König vorgelegt,³²² doch wohl weil er dem Monarchen in einer leicht verständlichen Darstellung die eigenen Grundgedanken nahebringen wollte, ohne daß die instinktive Furcht Friedrich Wilhelms III. vor Liberalismus, Demokratie und Revolution aufgeregt wurde. Steins und Vinckes gemeinsame Grundanschauungen kann man auf die vereinfachende Formel bringen, daß im preußischen Staat an die Stelle bürokratischer Vielregiererei und absolutistischer Gängelei eine einfache, in den Kompetenzen übersichtliche Verwaltung zu treten habe, in die möglichst viele Elemente der Selbstverwaltung einzubringen seien; das habe sowohl für die Kommunal- wie die Kreis- und Bezirksverwaltung zu gelten, für die Steuer- wie für die Militärverwaltung. Provinzial- und Reichsstände sollten den sich für das öffentliche Leben verantwortlich fühlenden Staatsbürger – und damit meinten Stein wie Vincke nur den Grundeigentümer und die Bezieher fester Einkommen von bestimmter Höhe an – am Leben ihrer Provinz und ihres Staates mindestens beratend beteiligen, doch sollte der monarchischen Spitze die Entscheidungsgewalt nicht genommen werden. Es ging beiden um die Überwindung des seelenlosen Staatsapparates mit seinen unendlich schwerfälligen Formen in Anreden und Anschriften; französische und englische Vorbilder der Vereinfachung böten sich an und seien leicht zu verwirklichen, „wenn die Kanzellisten etwas mehr als bloße Schreibmaschinen wären."³²³ Doch ist nicht der allgewaltige französische Präfekt ihr Ideal, sondern eine kollegiale Behördenorganisation, deren Mitglieder klare, überschaubare Wirkungskreise erhalten sollten und in der die Geschäfte zu verhandeln seien ähnlich „in den Formen dem Verfahren des englischen Parlaments, dessen musterhafte Vollkommenheit in so mancher Hinsicht die Erfahrung von Jahrhunderten bewährt."³²⁴ Es sind „das englische Muster" und „das vollkommene Vorbild der Briten", die vielen Vorschlägen Vinckes als letzte Begründung dienen, und was dem englischen Vorbild nicht entspricht, hält er für schlecht.

Fast ebenso stark wirkt bei Vincke wie auch bei Stein das idealisierte Bild westfälischer Zustände nach; das läßt sich deutlich in ihren Auffassungen über die Finanzverwaltung im allgemeinen wie die Grundsteuer im besonderen erkennen.³²⁵ Neben der dringend notwendigen Beseitigung aller ständischen Ungleichheiten und aller Steuerprivilegien wie der unterschiedlichen Behandlung von Stadt und Land wird die Gewährung unbeschränkter Gewerbefreiheit für alle Staatsbürger gefordert. Während die notwendige Abstimmung von direkten und indirekten Steuern von der Zentrale kommen muß, sollen nach Vinckes Meinung die Besteuerten selbst bei der Aufbringung und Verwaltung der Steuerlast mitwirken, und bei Überlegungen hierüber gehen er wie Stein auf die sogenannten Erbentage westfälischer Landesteile als das historische und moralische Vorbild zurück. In Westfalen – so stellt es Vincke dar – „bestimmten die Kammern und die Stände jährlich den Bedarf zur Aufbringung der unveränderlichen landesherrlichen Steuerquote und der jedesmaligen allgemeinen Provinzialbedürfnisse; der Hundertzettel, das ist die Beitragsrolle jedes Landesbezirks zur Erhebung von 100 Talern, ergab, was jeder Bezirk, jedes Kirchspiel oder Amt zur allgemeinen Bedarfssumme beitragen mußte. In jedem Bezirk traten darauf die Grundeigentümer – Beerbten – unter Direktion des Landrats auf dem Erbentag zusammen, fügten den Bedarf für ihre Lokalbedürfnisse hinzu, und der wieder für jeden Bezirk vorhandene Hundertzettel bestimmte den Beitrag, welchen jeder einzelne zu leisten hatte ..." – Vincke ist also der Meinung, es sollten die Grundeigentümer die Höhe ihrer eigenen Abgaben innerhalb der von außen festgelegten Steuersumme unabhängig und selbständig bestimmen, deren Erhebung und Verwaltung überwachen und örtliche Bedürfnisse durch Steuerzuschläge befriedigen. Dies westfälische System solle auf die ganze Monarchie übertragen werden, in der sich nun – nach dem Edikt vom 9. Oktober 1807, der sog. Bauernbefreiung – ein „Mittelstand von Grundeigentümern" bilden werde; nach englischem Vorbild sollen Friedensrichter mit dem Titel Landrat auf den Erbentagen präsidieren und die Verhandlungen leiten.[326] Als notwendige Grundlage für eine gerechte Steuerbemessung sollte nach französischem Muster auf die Dauer für den gesamten bewirtschafteten Boden ein Kataster samt Bonitierung aufgestellt werden.[327]

Während Vinckes Vorschläge zur kollegialischen Form der Verwaltung nicht ohne Wirkung geblieben sein mögen – kollegialisch organisierte Behörden haben sich bis ins 20. Jahrhundert erhalten und sind bis heute noch an einigen Stellen der inneren Verwaltung zu spüren –[328], ist die Übertragung des westfälischen Modells in der Grundsteuerverwaltung nicht zur Ausführung gekommen, und auch die von Stein wie Vincke gewünschte Durchsetzung der Kreisverwaltung mit ehrenamtlichen Friedensrichtern oder Landräten ist nicht verwirklicht worden, vielmehr sind nach Steins Abgang die Kreisverwaltungen ganz bürokratisch geordnet worden. An ihrer Spitze standen zwar Landräte, doch waren diese viel mehr Kreisdirektoren und damit weisungsgebundene Beamte und nicht Sprecher der Grundeigentümer des Kreisgebiets.

Die nur in Umrissen angegebene Übereinstimmung zwischen Stein und Vincke hat aber auch ihre Grenzen gehabt, und zwar dort, wo Steins persönliche Urteile, Erfahrungen und wohl auch Voreingenommenheiten den Überzeugungen und Einsichten des liberaler denkenden und im Detail praktischer vorgehenden Vincke widersprachen. Das betrifft ganz allgemein die Anschauungen der beiden über die Stellung des Adels in Staat und Gesellschaft: Während der fast besitzlose Vincke, wie schon ausgeführt, sich in erster Linie als fortschrittlicher, allen Bürgern gleichverpflichteter Beamter fühlt und für den Adel in einem erneuerten Preußen keinen angemessenen Platz weiß, denkt Stein damals und bis an sein Lebensende in den Kategorien des reichsunmittelbaren, grundbesitzenden Adels und möchte seinem Stand eine erhebliche Rolle im Staat erhalten wissen, wenn er auch gegen den ostelbischen Adel erhebliche Vorbehalte äußert. Über diese durch Alter und Herkunft mitbedingte Unterschiedlichkeit im gesellschaftlichen Denken hinaus hat es auch einige konkrete Fälle gegensätzlicher Auffassungen gegeben: Der eine betrifft das Amt des Oberpräsidenten. Stein war 1796 zum Oberkammerpräsidenten, d. h. zum Kammerpräsidenten aller preußischen Besitzungen in Westfalen und am Rhein mit dem Dienstsitz in Minden ernannt worden, übrigens nicht als erster Inhaber eines solchen Amtes. „Indem so die zersplitterten Territorien des preußischen Westens in der Hand eines Mannes zusammengefaßt wurden, erhielt der Prozeß der Vereinheitlichung und Vereinfachung des Verwaltungsapparates ... einen neuen mächtigen Antrieb", urteilt Gerhard Ritter.[329] Stein hat Aufgabe und Amt, die seinem Tätigkeitsdrang wie seiner Leistungsfähigkeit einen weiten Rahmen zumaßen, schätzen gelernt und die Stelle des Oberpräsidenten wohl auch deswegen 1807/08 für notwendig gehalten, weil in der neuen Verwaltungsorganisation kein Platz mehr für die alten Provinzialminister war.

So übernahm er gern den von Altenstein eingebrachten Vorschlag, einen Oberpräsidenten als Verbindungsglied mehrerer Kammern und zu deren Überwachung einzusetzen. Vincke dagegen hat das Oberpräsidentenamt sowohl als Institution wie für sich selbst persönlich abgelehnt; er hielt den Posten für überflüssig und schädlich, weil er den Geschäftsgang kompliziere, die Handlungsfähigkeit der Regierungspräsidenten einschränke und eine weitere überflüssige Mittelinstanz darstelle.[330]

Ein weiterer nicht unerheblicher Meinungsunterschied zwischen Stein und Vincke ergab sich aus dem Plan des Ministers, in die Regierung als Mittelinstanz und in das Ministerium des Innern unbesoldete, von den Ständen gewählte Sprecher der Bezirke und Provinzen als ständige, mit Stimmrecht ausgestattete Mitarbeiter einzufügen. Damit sollten in den staatlichen Verwaltungsapparat ehrenamtliche Regierungsräte eintreten, die nicht nur die Aufgabe der Kontrolle und der Beratung wahrnahmen, sondern wie ihre Kollegen aus dem Berufsbeamtentum mitverwalteten. Diese eigenartige Vermischung von ständischer Kontrolle mit bürokratischer Exekutive, deren Wurzel wohl weniger in Familientraditionen und literarisch-politischen Studien des Freiherrn vom Stein als in Vorbildern in den westlichen Besitzungen Preußens zu suchen ist,[331] hat den Widerspruch einiger enger Mitarbeiter und Freunde wie Kunth und Vincke hervorgerufen, die als Verwaltungspraktiker hierin eine andauernde Quelle von Kompetenzkonflikten und Reibungsverlusten befürchteten.[332] Vincke betonte, daß Steins ständische Repräsentanten in der Verwaltung geradezu den Sinn und die Möglichkeiten der angestrebten Volksvertretungen stören, ja, aufheben müßten, denn nur diese hätten die Aufgabe, die Verwaltung zu kontrollieren, und müßten dazu periodisch zusammentreten.[333]

Trotz solcher nicht unerheblicher Meinungsverschiedenheiten und obwohl ihm im Laufe des Jahres 1808 nicht die erhoffte und auch zugesagte feste amtliche Tätigkeit zugewiesen wurde, hat Vincke keinen Augenblick daran gezweifelt, daß Stein, und nur Stein, Preußens Erneuerung zuwege bringen könne, „nur etwas mehr Zurückhaltung seiner offenen Äußerungen über schlechte Menschen hätte ich gewünscht ..."[334] Ihm schickte er von den Itzenplitzschen Gütern Kunersdorf, Bollersdorf und Groß-Behnitz, die ihm als Aufenthaltsorte dienen, alle seine Gutachten; die letzten Arbeiten hat er Ende Juli/Anfang August 1808 abgeschlossen und am 9. August an Stein in Königsberg abgeschickt.[335] Sie fanden ihre Krönung in dem schon genannten Gutachten über Zwecke und Mittel der preußischen Staatsverwaltung, das nach Diktion und Inhalt über den zum Teil sich in Einzelfragen verlierenden anderen Ausarbeitungen steht; hier wird etwas von dem neuen Geist des erbitterten Widerstandes gegen den Landesfeind sichtbar. Er ist im Sommer 1808 bei Vincke – ähnlich wie bei Stein – an die Stelle des Strebens nach einem erträglichen Ausgleich mit Napoleon getreten. Zugleich wird voll Pathos ein Sendungsbewußtsein formuliert, das zugleich preußischen, deutschen und religiös-protestantischen Charakter trägt. So lauten Vinckes Schlußsätze: „Ganz Deutschland, bis auf Preußen und Österreich, befindet sich jetzt im Stande der Knechtschaft und tiefster Unterdrückung, gehorchend teils fremden, teils undeutsch gewordenen Fürsten, die ... ihre kümmerliche abhängige Existenz nur unter der Bedingung erbetteln, der Deutschheit gänzlich zu entsagen: Alles, was deutsch redet, denkt und empfindet, sehnt sich nach Rettung und Sicherstellung der deutschen Nationalität, und alle gebildeten Menschen hoffen diese vornehmlich von Preußen, eingedenk dessen, was diesem Staat die Wissenschaft, die Kultur, der Protestantismus verdankt. Das Unglück hat alles Unrecht getilgt und versöhnt, Preußen hat durch den unglücklichen Frieden in der öffentlichen Meinung gewonnen, die grausame Härte Napoleons *nach* demselben hat die allgemeine Teilnahme vermehrt, aller Augen sind jetzt und alle Hoffnungen der bessern Deutschen sind auf Preußen und die neue Organisation seiner Verwaltung gerichtet. Je mehr diese von allem französischen Wesen sich frei zu erhalten vermag, desto fester wird die allgemeine Achtung sich begründen, wer es möglich machen kann, eilen, eine Freistätte dort zu finden, und wenn der glückliche Moment erscheint, das fremde Joch abschütteln zu können, Preußen, überall als Erretter und Befreier erscheinend, aus dem Rechte der Nationalität seine Grenzen erweiternd, in kurzer Zeit wieder groß und mächtig emporstreben können. Es ist tröstlich in dem gegenwärtigen Druck, durch solche Blicke in die Zukunft den Mut zu beleben! 8. August 1808."[336]

Diese national-partiotische Tonart Vinckes weist Anklänge zu jenen Entwürfen Scharnhorsts und Gneisenaus auf, die in enger Verbindung zum Freiherrn vom Stein ein Volksheer zu schaffen suchten, das in Geist und Formen dem erneuerten Preußen entsprach. Auch die Gedanken an Landwehr und Landsturm, mit denen Vincke schon 1807 so emsig umgegangen war, belebten sich angesichts des aufrüttelnden spanischen Guerilla-Krieges.[337] So sehr nun Vincke dem Gedanken einer Nationalarmee zustimmte, so wenig mochte er sich mit einer allgemeinen Wehrpflicht nach Art der französischen Konskription mit dem demoralisierenden Losentscheid und der Möglichkeit des Stellvertreter-Kaufs befreunden.[338] Sein Herz gehörte einer Volksmiliz, von der niemand freizustellen sei und die nach seinen Vorstellungen in drei- bis vierwöchentlicher Ausbildungszeit felddienstfähig gemacht werden könne.[339]

In den Plänen Steins, Scharnhorsts und Gneisenaus über eine allgemeine Insurrektion gegen Napoleon scheint Vincke eine gewisse Rolle gespielt zu haben, doch hält er sich in seinem Tagebuch mit Angaben hierüber sehr zurück. Vielleicht steht eine Reise, die er im Oktober 1808 in seine westfälische Heimat unternommen hat, mit solchen Plänen im Zusammenhang; er erkundet – nach seinen Tagebuchnotizen – die Stimmung in Westfalen, in Hessen und Nassau und beredet mögliche Aktionen mit mehreren Verbindungsmännern, darunter dem späteren Freikorpsführer von Lützow.[340] Seine und vieler Deutscher Hoffnung ist damals, „die edlen Spanier werden unsere Erlösung vollenden",[341] und mit dieser Bemerkung bezeichnet er deutlich genug, worauf seine Bemühungen abzielen. Ob diese Reise auf Weisung Steins unternommen wurde, erscheint ungewiß;[342] immerhin hatte dieser in seinem folgenschweren Brief vom 15. August 1808 an Fürst Wittgenstein von der Erbitterung des Volkes im nördlichen Deutschland, von der Notwendigkeit, sie zu nähren und die Verbindung unter den Gutgesinnten in Westfalen und Hessen aufrechtzuerhalten, ausdrücklich gesprochen und die Richtung der Aktivitäten Vinckes damit angegeben.[343] Der unverschlüsselte Brief Steins war durch Leichtsinn oder Ungeschick des Überbringers, des späteren Mindener Regierungsrates Karl Wilhelm Koppe, in die Hände der französischen Polizei geraten und damit zur Kenntnis Napoleons gelangt, der ihn im September 1808 als Druckmittel gegen die in Paris über die Kriegskontributionen verhandelnde preußische Delegation verwandte[344] und im Moniteur mit bissigem Kommentar veröffentlichen ließ. Vincke hat hierüber am 16. September 1808 eine erste Nachricht erhalten und war erschüttert. Die Ursache dafür war weniger jener verfängliche Satz in Steins Brief an Wittgenstein: „Le comte de Vinck viendra me voir et restera quelque temps avec nous...», da jener Name sich nicht auf ihn bezog, wie Ludwig Vincke zur Beruhigung der Familie in einem Brief an die Schwester Luise am 18. September 1808 betonte;[345] mehr verstörte es ihn, daß sich die Beziehungen zu Frankreich verschlechterten und daß insbesondere Steins Stellung als leitender Minister, ja, seine persönliche Sicherheit gefährdet erschien. Damit verflüchtigte sich auch die Hoffnung auf die eigene Wiederanstellung, die er in den letzten Monaten nur mühsam aufrecht erhalten hatte: „Könnte doch dieser Zustand einst enden, in welchem ich mich nun schon 1½ Jahre ohne feste Bestimmung, ohne bestimmten Wirkungskreis, ohne bleibende Stätte herumtreibe, immer zwischen Kollisionen von allen Seiten mich durchwindend..."[346]

Der König mußte unter französischem Druck den Reichsfreiherrn vom Stein entlassen, diesmal zwar in allen Ehren, doch sein Werk war und blieb unvollendet, und die gegen ihn auflebende Opposition aus den verschiedensten Elementen hat die Fortsetzung seiner Politik weitgehend blockiert.[347] Vincke erfuhr davon am 2. Dezember 1808 in Berlin, als er sich im Haus seines Schwagers von der Reck aufhielt: „Welche schrecklichen Nachrichten von vielen neuen Schreckensereignissen und den allerunglücklichsten, mir ganz die Fassung raubenden von Minister Steins Abgange – mochte er seine Fehler haben, die alle in dem unglücklichen Briefe offenliegen, er war doch ein edler, trefflicher Mensch, als Minister unersetzlich in der Periode gänzlicher – notwendiger – Umformung der Staatsverwaltung, und ich verliere in ihm einen Freund in dem Augenblicke, wo auf ihn meine ganze Hoffnung künftiger Wirksamkeit sich stützte ..."[348] Daß diese seine Person betreffende Seite der Entlassung Steins Vincke so stark erregte, kann nicht verwundern, denn eben erst hatte er jenen von Theodor von Schön im Auftrage Steins am 10. November 1808 in Königsberg geschriebenen Brief erhalten, der in leichter Verschlüsselung Vincke aufforderte, schnellstens in die derzeitige Residenzstadt zu kommen, und die Ernennung zum Präsidenten in Schlesien in bestimmte Aussicht stellte.[349] In arger Verwirrung, Unsicherheit und Hoffnungslosigkeit trat er nach einigem Zögern doch die Weiterreise nach Königsberg an und traf in Hochzeit an der Grenze zwischen der Neumark und Westpreußen bei einem unfreiwilligen Zwischenaufenthalt den nach Berlin reisenden Stein, der ihn in einer kurzen Stunde auch über die seine Entlassung befördernden Intrigen reaktionärer Hofkreise informierte. Vincke hat dem verehrten Minister, dem bald darauf geächteten Gegner Napoleons, von der Reise nach Berlin aus Sicherheitsgründen abgeraten, doch ohne Erfolg, da Stein sich selbst noch nicht die ihm drohende Gefahr klargemacht hatte. Dann trennte man sich: „Wann werde ich ihn wiedersehen? Wie? Wo?"[350]

Solange Stein – ob in der Nähe weilend oder ferner – sein Leitstern war und ihm Halt bot, vermochte Vincke trotz seiner unsicheren persönlichen Existenz an seiner Grundeinstellung festzuhalten: „Meine erste Verpflichtung gehört dem Staate, dem teuren Vaterlande ... und erst nachher kann ich an mich denken, an die feste Begründung des großen Glücks." Man wird dieses harte, pathetisch klingende Bekenntnis nicht als in dem ausschließenden Sinne gemeint auszulegen haben, daß neben dem Dienst für den Staat zeitlich nicht auch privates Glück und Vergnügen Platz gehabt hätten, sondern als ein sittliches Gebot, an das sich Vincke halten möchte. Der übergeordnete Gesichtspunkt soll der Dienst für die Gemeinschaft sein, neben und nach dem die persönlichen Interessen durchaus ihren Platz haben, ja Gemeinnütziges und Privates können sich bei ihm so durchdringen, daß sie kaum zu scheiden sind. Auch in der tätigsten Zeit seiner „Projektenfabrik" lebt er sein zwar karges, bescheidenes, aber unabhängiges Junggesellenleben, bricht spontan zu kurzen Reisen durch die Uckermark, durch Sachsen und Thüringen und nach Westfalen auf, plant Fahrten in die Schweiz und pflegt den Kontakt mit Freunden und Bekannten in der näheren und weiteren Umgebung.

Ein Fest so recht nach dem Herzen Vinckes war die Gründungsversammlung des Landwirtschaftlichen Vereins in Möglin im Juni 1808, die Albrecht Thaer angeregt hatte und die ihm Gelegenheit gab, die auf seinem Mustergut erreichten Fortschritte vorzuweisen. Sie wurde von 45 Landwirten und Interessenten adliger und bürgerlicher Herkunft, Geistlichen und Juristen, Militärs und Medizinern besucht.[351] Der Herzog Friedrich zu Holstein-Beck und v. Itzenplitz, auch der erstere ein angesehener, fortschrittlicher Landwirt und alter Freund Thaers, standen an der Spitze der Teilnehmer. Vincke übernahm die Aufgaben eines Sekretärs: „Ich konnte mich ganz in ein englisches agricultur meeting versetzen und ließ es mir auch eifrig angelegen sein, diesen guten englischen Sinn zu befestigen zu einem guten, dauernden Gebäude des Gemeingeistes. Ich erbot mich zum Sekretär und erhielt dadurch freie Hand, der Sache die Form zu geben, welche mir die zweckmäßigste erschien, weil ich ihren hohen Wert in dem glücklichen Lande kennengelernt und nun bloß auf hiesige Umstände und Sitten zu modifizieren blieb." In dem Protokoll findet sich übrigens die Schlußbemerkung, daß Thaers Beispiel mehr Nachahmung finden möge, daß auch Landwirte „praktisch Philosophie" betreiben – eine Redewendung, die auf Vincke als Autor hinweist,[352] denn praktisch nützlichen Gedankengängen hat sich bei ihm alles unterzuordnen.

In den Vordergrund drängen sich bei Vincke immer wieder recht utilitaristische Gedankengänge und sehr westfälische Vorbilder und Maßstäbe: Im romantischen Selketal im Harz bemerkt er abfällig, „in der Grafschaft Mark würde das Gefälle ganz anders genutzt sein", und der Aufstieg auf den Granitfelsen der Roßtrappe in der Bodeschlucht befriedigt ihn nicht, da sie „das Felsenmeer bei Sundwig nicht erreicht."[353] Noch charakteristischer sind seine Betrachtungen im Eichsfeld, das er mit dem Jugendfreund v. Motz im August 1808 durchstreift und wo ihm die Zersplitterung des bäuerlichen Grundbesitzes in schmale Streifen, hervorgerufen durch Realteilung, auffällt: „Wer sich für den schönen theoretischen Satz totschlagen läßt, daß der Staat alles sich selbst überlassen soll, der kann hier Belehrung finden – bei einem Gesetze, welches das Minimum eines Ackergutes bestimmte, was ungeteilt zusammen bleiben muß, würde die Kultur ganz anders vorgeschritten sein."[354] Hier klingt bereits jenes Gutachten Vinckes betr. „Beschränkung der Parzellierungen bäuerlicher Nahrung" aus dem Jahr 1839 an, in dem er sich energisch gegen die Zerstückelung der Bauerngüter und die damit verbundene Gefährdung des Bauernstandes einsetzt.[355] Seinen Adam Smith hat Vincke zwar einst mit Begeisterung gelesen,[356] doch ist er viel zu sehr auf das Normal-Nützliche aus, als daß er das theoretische Gedankengebäude des frühen Liberalismus, wie es in Wilhelm v. Humboldts „Ideen zu einem Versuch, die Grenzen der Wirksamkeit des Staates zu bestimmen" seit dem Jahr 1792 zur Verfügung stand, kritiklos übernommen hätte.[357] Ihn zog es mit fortschreitendem Alter immer stärker zu einem hausväterlichen Denken.

Vom 3. bis 6. September 1808 weilte Vincke in Weimar, wo er dem Herzog Karl August seine Aufwartung macht, sich bei dem Verleger, Schriftsteller und

Industriellen Bertuch, dem Hofmarschall v. Egloffstein und dem Kammerherrn v. Spiegel aufhält und in großer Gesellschaft den 75. Geburtstag des von ihm hoch verehrten Christoph Martin Wieland feiert, dessen Bildungs- und Erziehungsroman Agathon nicht ohne Einfluß auf Vincke geblieben ist: Kopf und Herz in Einklang zu setzen und dem Leitbild einer ganz irdisch aufgefaßten Tugend zu folgen, ist zeitlebens seine Leitlinie geblieben.[358] Daß er Goethe nicht gesehen hat, mag an dessen Aufenthalt in Karlsbad gelegen haben.[359]

Mehr als solche Gespräche und Reisen hat Ludwig Vincke in den Jahren 1808/09 sein Verhältnis zu Eleonore v. Syberg bewegt.[360] Sowohl der künftige Schwiegervater Friedrich v. Syberg wie der Vater Ernst Idel Jobst Vincke haben den Plan einer Verbindung zwischen beiden Familien begrüßt: Jenem war der überaus aktive, preußisch-spartanisch gesonnene Kammerpräsident, an dem sich Freundlichkeit, Geselligkeit und praktischer Verstand unschwer erkennen ließen, ganz der rechte Mann für die einzige Tochter, auch wenn ein beträchtlicher Altersunterschied bestand – Eleonore Syberg war 14 Jahre jünger als Ludwig Vincke. Der Name Vinckes als Verwaltungsfachmann wie als preußischer Patriot paßte ganz in die Vorstellung Sybergs, wenn auch die Vermögensverhältnisse des Bewerbers eher bescheiden zu nennen waren. Er bezog ein gutes Gehalt und konnte auf Zuschüsse des Vaters aus dem Familienvermögen hoffen. Dieser war mit der Wahl seines Sohnes diesmal sehr einverstanden, weil mit ihr nun endlich die Gefahr beseitigt schien, Ludwig könne eine nicht standesgemäße Verbindung eingehen, wie sie zum größten Ärger des Vaters schon mehrfach gedroht hatte.[361] Die Beziehungen Ludwig Vinckes zum Hause Busch haben sich – bei aller gebotenen Zurückhaltung gegenüber der jungen Erbin – schnell recht freundschaftlich angelassen. Im Jahre 1806 tauschten Vincke und Friedrich v. Syberg zuerst von Mann zu Mann ihre Sorgen um das Schicksal der preußischen Besitzungen im Westen aus; als im August dieses Jahres Vincke dem Herrn v. Syberg und seiner Familie für den Kriegsfall einen Zufluchtsort in seiner Wohnung im Schloß zu Münster anbot, erklärte jener, er wolle in der märkischen Heimat bleiben und Freud und Leid mit den Nachbarn teilen.[362]

Syberg war es auch, der Vinckes schnell zu Verzweiflung über Preußens Lage neigendes Gemüt aufrichtete und vor einem vorschnellem Abschied aus dem Dienst warnte: „Der Vorsatz, daß auch Sie uns in dieser traurigen Lage verlassen und abtreten wollen, hat mich nicht wenig erschreckt und Dank Ihrem Herrn Vater, der Sie davon zurück gebracht hat! Die Verwirrung, die daraus ... entstehen würde, müßte ja die allertraurigsten Folgen haben, und würde bei uns die Niedergeschlagenheit aller Treuen aufs Höchste spannen. Nein, so etwas ... würde das Übel nur vergrößern. Die nicht zu erschütternde Standhaftigkeit und Festigkeit der Guten allein läßt mich hoffen ..."[363]

Im Jahre 1807 sind Vincke und Syberg in brieflicher Verbindung geblieben, während es zu einem Besuch in Busch nicht gekommen ist.[364] Man hoffte beiderseits vorerst auf bessere Zeiten, für eine familiäre Bindung schien noch nicht der rechte Augenblick gekommen zu sein. Auch in den ersten

Monaten des Jahres 1808 ist Vincke noch nicht bereit, sich zu entschließen: Die Arbeit an den Reformgutachten und der Geist Steins haben ihn zu sehr ausgefüllt. Doch wird um die Mitte des Jahres der Druck auf ihn seitens des Vaters immer stärker. Am 11. Juni 1808 befindet sich Vincke auf dem Itzenplitzschen Gut Bollersdorf und vertraut den Zwiespalt zwischen Pflicht und Neigung seinem Tagebuch an: „Ich hatte nun Zeit gehabt, recht reichlich dem wichtigsten Gegenstande meines Lebens nachzudenken, aber das Resultat blieb immer, meine Persönlichkeit der Pflichterfüllung nachzusetzen, ja, was mir noch weit schwerer wurde, dieser die größte Lebensfreude, den einzigen bleibenden Lieblingswunsch meines teuren, ehrwürdigen und 70jährigen Vaters aufzuopfern – aber ich mußte, ich konnte nicht anders, ich konnte nicht mir selbst untreu werden, die Achtung meiner selbst nicht verschmerzen ..."[365] Dagegen richtet der Vater an den Sohn die unverhüllte Aufforderung zur Verbindung mit Eleonore v. Syberg: Er solle sich mit Herrn von Syberg über die finanzielle Ausstattung verständigen, das Entscheidende sei, „wenn Vater, Mutter und Tochter darauf bestehen, daß Du Dein Vaterland Westfalen nicht verläßt, so mußt Du doch ihrem Wunsch nachgeben, auch auf diesen Fall dem meinigen. Du hast an Dankbarkeit und Treue Deinem bisherigen Monarchen Beweise genug gegeben, und endlich muß man doch auch anderen Pflichten Gehör geben ..."[366] Daß eine Verbindung mit Eleonore v. Syberg ohne das Ausscheiden aus dem Dienst des auf die Gebiete östlich der Elbe beschränkten preußischen Staates nicht denkbar sei, hatte Vincke schon aus Friedrich v. Sybergs Brief vom 30. Mai 1808 erfahren, der sehr achtungsvoll gehalten war und dem Bewerber Mut machte: „Ohne Ausschweife will ich Ihnen gestehen, daß Sie mir unter allen Männern meiner Bekanntschaft als Eidam der liebste gewesen wären ...", doch seien er und seine Frau entschlossen, „das Ja oder Nein ihrer (d. h. Eleonores) eigenen freien Wahl zu überlassen", das Haupthindernis sei die weite Entfernung Vinckes; auch die Sorge um das einzige Kind samt der Ängstlichkeit der Mutter ließen eine Trennung nicht zu.[367] Vincke hat nun zwar in Tagebucheintragungen und Briefen an die Eltern und Geschwister die innere, ja, religiöse Bindung an den Staat und seinen König immer wieder betont,[368] doch vermochte er auch nicht die Konsequenz zu ziehen und die Verbindung zum Hause Busch abzubrechen, im Gegenteil: Im Oktober 1808 hat Vincke bei einer schon erwähnten Reise nach Westfalen, die vielleicht der Vorbereitung einer Insurrektion diente,[369] die Bekanntschaft mit Eleonore v. Syberg erneuert und vertieft: „Alles fand ich in ihr vereinigt, was der vernünftige Mann von der Gefährtin seines Lebens sich wünschen kann ..."[370] Schon im September 1808 hat Vincke ein Abschiedsgesuch aufgesetzt und ins Reine geschrieben, aber nicht abgeschickt,[371] noch fühlt er sich an seinen Staat gebunden und mag sich seinen Verpflichtungen nicht entziehen. Einen entscheidenden Schritt tat er am 19. Dezember 1808 von Königsberg aus: Er schreibt seinen ersten Brief an Eleonore v. Syberg in wohlgesetzten, ein wenig hölzernen Worten, die seine Wünsche und Hoffnungen einschließen sollen, aber auch die Besorgnis über die eigene Lage und die Bindungen an Preußen und seinen König nicht verhehlen.[372] Daß Eleonore seine Gefühle geteilt hat, geht aus ihrem Antwortbrief hervor, doch schließt sie jede Trennung von den Eltern aus; sie betont den Zwiespalt zwischen privatem Glück und kindlichen Pflichten. „Wissen Sie aber, mein Freund, die Erfüllung unserer Wünsche und meine Pflicht zu vereinigen, so brauche ich Ihnen wohl nicht erst zu sagen, wie glücklich dies mich machen würde."[373] Ein immer intensiverer, freundschaftlicher, vertraulicher Briefwechsel hat sich nun zwischen den beiden entwickelt, und man geht wohl nicht fehl in der Annahme, daß Vincke nach dem „Ja" seiner Braut im Grunde nur nach möglichen, gangbaren Wegen zum Ausstieg aus dem Staatsdienst gesucht hat, ohne daß er sich dieser eigenen Entscheidung ganz klar gewesen wäre: Die Monate zwischen dem 1. Februar 1809, dem Tag, an dem er Eleonores Zusage in Händen hält, und dem 31. März 1810, dem Tag des Ausscheidens, sind eine Zeit der Unsicherheiten und Verlegenheiten, auch wohl eines wachsenden Schuldgefühls gegenüber dem Staat, das auf seinen Gesundheitszustand nicht ohne Einfluß geblieben zu sein scheint.

Als Vincke am 13. Dezember 1808 in Königsberg ankam und vom Freund Theodor v. Schön in Empfang genommen wurde, versuchten eben die Minister Graf Dohna und v. Altenstein, als Nachfolger Steins in der Leitung der Geschäfte, das Staatssteuer in die Hand zu nehmen, was nicht ohne deutliche Zeichen der Schwäche abging, und Vincke selbst hat beanstandet, wie unruhig und ziellos-hart es in den Sitzungen des Finanzministeriums zuging,[374] – es fehlten der alles überragende Geist und der Wille des Freiherrn vom Stein. Vincke wurde angewiesen, vorläufig an der Seite des Oberfinanzrates Stägemann in dem Altenstein unterstehenden Finanzministerium tätig zu sein und zwar vorwiegend bei der Konsolidierung und Tilgung der Staatsschulden und im Grundsteuerwesen, wozu er in der Folge Gutachten anderer bearbeitete und eigene entwarf. Die für die damalige Lage des Staates wie auch für Vinckes politisches Denken aufschlußreichsten Ausarbeitungen sind seine Gutachten „Betreffend das Staatsschuldenwesen" vom 31. Januar 1809 und sein Gutachten „Betreffend die Bildung des Staatsschuldenzinsen- und -tilgungsfonds" vom 16. Februar 1809.[375] In dem ersteren legt Vincke dar, daß eine preußische Staatsschuld überhaupt erst durch den Krieg gegen Frankreich seit 1792 und den Truppeneinsatz in Polen im Zusammenhang mit der zweiten polnischen Teilung 1793 entstanden sei: Damals habe man den noch durch Friedrich II. angesammelten Staatsschatz – es waren über 51 Millionen Taler – verbraucht, zur Deckung der hohen Ausgaben für das Heer innere und äußere Anleihen aufgenommen, insgesamt zwischen 1793 und 1806 rund 50 Millionen Taler. Vincke kritisiert scharf die bequeme Anleihewirtschaft, mit der man sich der Neuordnung des gänzlich verwirrten Abgabesystems und den notwendigen Steuererhöhungen entziehen wollte. Immerhin seien die Staatsschulden aus einem besonderen, durch Akzisen- und Salzeinnahmen gespeisten Tilgungsfonds bis 1806 auf die Hälfte vermindert worden. Mit dem preußisch-französischen Krieg aber hätten Zins- und Tilgungszahlungen aufgehört, doch müsse Preußen seinen Verpflichtunen nachkommen, um den Staatskredit zu erhalten. Von einem Staatsbankrott dürfe nicht die Rede sein, da Preußen ein Grundeigentum in Domänen und Forsten von 120 Millionen Taler Kapitalwert besitze, das die Staatsschuld zweifach decke. Der Staat müsse den Gläubigern die volle, wenn auch aufgeschobene Zahlung von Zinsen und Kapital zusichern, und die Tilgungsmittel sollen – das führt Vincke in dem Gutachten vom 16. Februar 1809 aus – durch Erhebung neuer Abgaben aufgebracht werden. Dabei handelt es sich um ausgesprochene Luxussteuern, die gleichzeitig als Erziehungsmittel gedacht sind, mit deren Hilfe die Verwendung der Individualeinkommen in eine ‚bessere', d. h. dem Gemeinwohl dienliche Richtung gebracht werden soll. Viel Aufschluß über Vinckes politische Vorstellungen gibt seine Forderung, daß diese Staatsschuldenkasse nicht durch Beamte, „sondern durch verständige Männer aus dem Volke" und ohne Vermischung mit anderen Einnahmen verwaltet werden sollte; das aber setzte die Organisation einer neuen Verwaltung auf dem Lande und die Konstituierung von Reichs- und Provinzialständen voraus, ein Verlangen, das er immer wieder geäußert hat.[376]

Eine Kabinettsorder vom 24. Dezember 1808 sorgte für die Nachzahlung des seit langem rückständigen Gehalts, was ihn gleich zu Spekulationen in Obligationen der Staatsbank, der sog. Seehandlung, veranlaßte, und versicherte ihn seiner Weiterbeschäftigung im Staatsdienst.[377]

In den ersten drei Monaten des Jahres 1809 hat Vincke als hoher Ministerialbeamter, vergleichbar etwa einem Ministerialdirektor, gearbeitet, und es sind aus dieser Zeit neben den schon genannten Ausarbeitungen auch seine Gutachten über die Organisation der Bergwerksbehörden vom 9. Februar 1809 bekannt, in denen er Ressortfragen und Organisationsprobleme zu klären versucht, insbesondere aber die Privatisierung von Staatsbetrieben vorschlägt.[378] Sehr eingehend hat er sich mit Vorschlägen Friedrich Leopold v. Schrötters und Theodor v. Schöns über die Polizeiverwaltung auf dem Lande und über die Gemeindeordnung auseinandergesetzt.[379] Vincke steht einmal mehr mit seinen englischen Leitbildern gegen die Vorschläge seiner ostpreußischen Kollegen, bedauert die Rückständigkeit des ostelbischen Bauerntums, lehnt jede Einmischung der Justiz in die Verwaltung ab und hält daran fest, daß die individuellen Interessen dem allgemeinen Nutzen unterzuordnen seien.[380] Auch mit diesen Stellungnahmen hat Vincke keinen genauer erkennbaren Erfolg gehabt, und die Tätigkeit in der Zentralbehörde hat ihm wenig Freude gemacht. Doch hat ihm der Aufenthalt in Königsberg einige bemerkenswerte Bekanntschaften eingebracht: So den Kriegs- und Steuerrat Johann George Scheffner, einen geistvollen Freund und Gutsbesitzer,[381] außerdem den aus England stammenden Danziger Kaufmann, Reeder und Kunstfreund Eduard Solly, dessen sehr umfängliche Sammlung 1821 der preußische König für die neubegründete Berliner Staatsgalerie angekauft hat.[382]

Am 2. März 1809 hat der für die Verbesserung der Volksschule so aufgeschlossene Vincke mit zahlreichen Bekannten zusammen die Tiepoltsche Armenschule in Königsberg besucht, „wo der tätige Kirchenrat Busolt die Pestalozzische Lehrmethode im November einführte, nachdem er sich selbst die Lehrer zugezogen – der Erfolg war bewunderungswürdig, interessant die Geschäftigkeit und Gelehrigkeit der Kinder."[383]

Auch die Begegnungen mit dem König und der Königin sind nicht selten, wenn sie auch nicht mehr die persönliche Wärme des vorjährigen Treffens im kleinen Memel erreichen; jedenfalls hat Vincke von seinem Monarchen damals noch mit höchster Achtung gesprochen und bekannt: „Man kann den König nach einer Unterhaltung nicht verlassen, ohne von der höchsten Achtung eingenommen zu sein, ohne seine Anhänglichkeit neu und inniger zu fühlen."[384]

Die ihm im Dezember 1808 mit der Nachzahlung des Gehalts zugesicherte Weiterbeschäftigung[377] – seit Ende Januar 1809 ist er in der Zentrale als Geheimer Staatsrat und im Vorstand des Kassendepartements im Altensteinschen Finanzministerium – war ihm ganz zuwider: Er will nicht dem undurchsichtigen Intrigenspiel an der Staatsspitze ausgesetzt sein, sondern glaubt, in einem überschaubaren, ihm gehörigen Wirkungskreis als Präsident einer Kammer oder Regierung glücklich werden zu können.[385] Man glaubt ihm die Aufrichtigkeit eines solchen Wunsches gern, doch haben ihn wohl die Eigenarten und mangelnden dienstlichen Qualitäten der beiden Minister Dohna und Altenstein von einem Verbleiben in der Zentrale abgehalten. Stein ist Vinckes Leitbild geblieben, und eben das, was ihn auszeichnet, das kraftvolle und schnelle Denken und Handeln, das fehlt Dohna so sehr wie Altenstein, und Vincke hat diesen erheblichen Mangel unschwer erkannt. Er rügte es ärgerlich, wie in einer Konferenz im Finanzministerium, die Altenstein leitete, alles durcheinander schwätzt, nicht ordentlich debattiert wird und kein Resultat am Ende steht: „... es fehlt sehr an einem alles lenkenden und regierenden Geist von angeborener Autorität, und wir werden so nicht viel weiter gelangen."[386] Fast noch schärfer verurteilt er den Innenminister: „... abends bei Dohna nur leeres Stroh gedroschen; er ist ein so guter, reiner Mann, wie schade, daß es ihm an Entschluß und Selbständigkeit fehlt, man bleibt immer auf demselben Fleck mit ihm ..."[387] Solche Minister, mit denen Vincke aber die freundlichsten persönlichen Beziehungen unterhält, waren gewiß nicht befähigt, der wachsenden inneren Unsicherheit des Westfalen entgegenzutreten; vielleicht hat ihre Unfähigkeit seiner wachsenden Unlust am Dienst einen willkommenen, wenn auch unbewußten Vorwand geboten.

Vorderhand ist jedoch von einem Ausscheiden aus dem Dienst nicht ernsthaft die Rede, vielmehr schwankt Vincke zwischen dem Präsidentenamt in Breslau und dem der Kurmark in Berlin oder lieber noch in Potsdam. Beide Ämter waren durch den Rücktritt ihrer Inhaber freigeworden und mußten neu besetzt werden: die Kurmärkische Kammer unter ihrem Präsidenten Karl Friedrich Leopold v. Gerlach „hat sich auf eine fanatische Weise im

Insurrektionszustande gegen die Einführung der Städteordnung erklärt", wie der Innenminister Alexander Graf zu Dohna am 19. Januar 1809 an Vincke schrieb.[388] Gerlach, ein erbitterter Gegner der Steinschen Reformen und gekränkt durch Unterstellung unter den Oberpräsidenten Sack, erbat am 28. Januar seine Entlassung und erhielt sie am 18. Februar 1809.[389] Schon am 17. Februar schlägt sich Vinckes zögernder Entschluß in seinem Tagebuch nieder: „Das Resultat aller Überlegungen neigte sich endlich dahin, die Kurmark vorzuziehen,"[390] wobei die Bekanntschaft mit Land und Leuten, die Nähe zur Schwester Lisette in Berlin und die geringere Entfernung zu Weser und Lenne die Hauptrolle gespielt haben.[391] Auf den Vorschlag der Minister Dohna und Altenstein vom 26. Februar wurde Vincke am 3. März 1809 durch eine Kabinettsorder zum Präsidenten der nun als Kurmärkische Regierung fungierenden Kammer mit einem Gehalt von 5100 Talern jährlich ernannt und der Sitz der Behörde von Berlin nach Potsdam verlegt, worauf Vincke großen Wert gelegt hatte.[392] Am 17. März dankte Vincke den Ministern für die Ernennung, die er selbst wie auch seine Bekannten als durchaus ehrenvoll empfunden haben.[393] Hinzu kam, daß ihm ein überraschend großer Einfluß auf die Zusammensetzung des Regierungskollegiums zugebilligt wurde.[394] Zugleich mit v. Gerlach wurden einige der leitenden Beamten, die sich zum Teil wohl kompromittiert hatten, ausgewechselt, und Vincke nahm die Gelegenheit wahr, einige Freunde und frühere Mitarbeiter – auch aus Westfalen – in seine Nähe zu ziehen, so als Regierungsdirektoren Magnus Graf v. Bassewitz und Karl Georg Maaßen, die Konsistorialräte Ludwig Natorp und Friedrich Wilhelm Offelsmeyer, die Regierungsräte Hecht, Beuth, Wilckens und andere. Weder die Art, wie er sich nach der Amtseinführung am 15. April 1809 in Potsdam auch mit seiner privaten Haushaltsführung einzurichten begann, noch die für die Freunde in Alt-Westfalen bestimmte Mitteilung über seine Ernennung zum Regierungspräsidenten in Potsdam im „Westfälischen Anzeiger",[395] lassen darauf schließen, daß er von vornherein einen baldigen Rückzug aus dem Dienst beabsichtigt hätte, vielmehr hat er sich für zwei Jahre als Regierungspräsident verpflichtet.

Am 11. Mai 1809 deutet Vincke seiner Braut Eleonore brieflich zwar an, daß er unter gewissen, nicht näher bezeichneten Umständen um seine Entlassung einkommen wolle, doch „sonst gefalle ich mich in meinen Geschäften sehr wohl, ich fühle es, daß ich zum Präsidenten recht eigentlich geboren bin, es ist gewiß einer der nützlichsten und angenehmsten Wirkungskreise. Es würde mir Freude machen, hier, wo so vieles im argen liegt, eine Zeitlang zu wirken und an der Wiederbelebung dieser ganz unglücklichen, erschöpften und verarmten, aber nicht hilflosen, ausgedehnten Provinz zu arbeiten ..."[396]

Das weite Feld seiner Tätigkeiten war Vincke aus Aurich, Münster und Hamm durchaus bekannt.

ZEITTAFEL ZUR ZWEITEN LEBENSHÄLFTE DES OBERPRÄSIDENTEN LUDWIG FREIHERRN VINCKE

30. März 1810	Entlassung aus dem Dienst auf mehrmalige Bitte hin
20. Mai 1810	Eheschließung mit Eleonore v. Syberg auf Haus Busch bei Hagen
11. November 1810	Übernahme des Gutes Ickern (Castrop-Rauxel)
12. März 1813 bis 23. Juli 1813	Verhaftung durch französische Behörden und anschließend Internierung auf linksrheinischem Gebiet beim Bruder Ernst in Flamersheim
13. November 1813	Übernahme des Zivilgouvernements zwischen Weser und Rhein
25. Mai 1815	Ernennung zum Oberpräsidenten der Provinz Westfalen
13. Mai 1826	Tod der ersten Frau
22. September 1827	Eheschließung mit Luise v. Hohnhorst
2. Dezember 1844	Tod in Münster

ABKÜRZUNGEN
für Archivalien und Literatur,
die in den Anmerkungen häufiger genannt werden:

a) Archivalien im Staatsarchiv Münster (zit. StAM)

Tagebuch
  Nachlaß Vincke A I, die 24 Tagebücher Vinckes

Nachlaß
  Der übrige Nachlaß Vincke A II–V, B–Q

KDK
  Kriegs- und Domänenkammer

b) Literatur

Bodelschwingh, Vincke
  Ernst von Bodelschwingh, Leben des Oberpräsidenten Freiherrn von Vincke. Erster Teil. Das bewegte Leben (1774–1816). Berlin 1853.

Gerhard/Norvin, Die Briefe Niebuhrs
  Dietrich Gerhard/William Norvin (Hrsg.), Die Briefe Barthold Georg Niebuhrs. Berlin 1926.

Hassel, Preußische Politik
  Paul Hassel, Geschichte der Preußischen Politik 1807–1815. Leipzig 1881.

Hüffer, Lebenserinnerungen
  Johann Hermann Hüffer, Lebenserinnerungen, Briefe und Aktenstücke. Hrsg. v. Wilhelm Steffens, Münster 1952.

Klopp, Geschichte Ostfrieslands
  Onno Klopp, Geschichte Ostfrieslands unter preußischer Regierung von 1744 bis 1815. Hannover 1858.

Kochendörffer, Vincke I
  Heinrich Kochendörffer, Vincke. Erster Teil (1774–1807). Soest 1932.

Kochendörffer, Vincke II
  Heinrich Kochendörffer, Vincke. Zweiter Teil (1807–1816). Soest 1933.

Kochendörffer, Briefwechsel
  Heinrich Kochendörffer, Briefwechsel zwischen Stein und Vincke. Münster 1930.

Lahrkamp, Münster in napoleonischer Zeit
  Monika Lahrkamp, Münster in napoleonischer Zeit 1800–1815. Admini-

stration, Wirtschaft und Gesellschaft im Zeichen von Säkularisation und französischer Herrschaft. (Quellen und Forschungen zur Geschichte der Stadt Münster, NF 7/8) Münster 1976.

Lehmann, Stein
Max Lehmann, Freiherr vom Stein, 3 Bde., Leipzig 1902–1905.

Lionnet, Erhebungspläne
Albert Lionnet, Die Erhebungspläne preußischer Patrioten Ende 1806 und Frühjahr 1807. Berlin 1913.

Lipgens, Spiegel
Walter Lipgens, Ferdinand August Graf Spiegel und das Verhältnis von Kirche und Staat 1789–1835. Die Wende vom Staatskirchentum zur Kirchenfreiheit. Münster 1965.

Losch, Geschichte Hessens
Philipp Losch, Geschichte des Kurfürstentums Hessen 1803–1866. Marburg 1922.

Losch, Kurfürst Wilhelm
Philipp Losch, Kurfürst Wilhelm I. Landgraf von Hessen. Marburg 1923.

Menne, Mitarbeit Vinckes
Dieter Menne, Die Mitarbeit des Freiherrn von Vincke an den preußischen Reformbestrebungen 1806–1809. Bochum 1967. (Unveröffentlichtes Maschinoskript einer Staatsarbeit im StAM).

Ritter, Stein
Gerhard Ritter, Stein. Eine politische Biographie. Neuausgabe der „neu gestalteten Auflage" von 1958. Stuttgart 1981.

Schulze-Marmeling, Englische Einflüsse auf Vincke
Wilhelm Schulze-Marmeling, Englische Einflüsse auf die Ansichten Ludwig Vinckes über Wirtschaft und Politik. In: Westfälische Zeitschrift 103/104, Münster 1954, S. 164–193.

Simons, Thaer
Walter Simons, Albrecht Thaer. Berlin 1929.

Stein
Karl Freiherr vom Stein, Briefe und amtliche Schriften. Bearb. v. Erich Botzenhart, neu hrsg. v. Walther Hubatsch, Bde. I–X, Stuttgart 1957–1974.

Wegmann, Die leitenden Verwaltungsbeamten
Dietrich Wegmann, Die leitenden Verwaltungsbeamten der Provinz Westfalen 1815–1918. Münster 1969.

WZ
Westfälische Zeitschrift (Obertitel seit 1929), Zeitschrift für Vaterländi-

sche Geschichte und Altertumskunde. Hrsg. v. Verein für Geschichte und Altertumskunde Westfalens.

Westfalen
Westfalen, Hefte für Geschichte, Kunst und Volkskunde. Mitteilungen des Vereins für Geschichte und Altertumskunde Westfalens.

Westphalen, Tagebücher
Ludger Graf von Westphalen, Die Tagebücher des Oberpräsidenten Ludwig Freiherrn Vincke 1813–1818. Münster 1980.

Westphalen, Stein und Vincke
Ludger Graf von Westphalen, Stein und Vincke. (Eine Veröffentlichung der Freiherr-vom-Stein-Gesellschaft e.V.) Köln 1977.

Westphalen, Preußen zwischen Wunsch und Wirklichkeit
Ludger Graf von Westphalen, Preußen zwischen Wunsch und Wirklichkeit. Aus den Briefen und Tagebüchern des Oberpräsidenten Ludwig Freiherrn Vincke. In: Festschrift für Hans Tümmler zu seinem 70. Geburtstag. Köln 1977, S. 207–228.

Wiarda, Ostfriesische Geschichte
Tilemann Dothias Wiarda, Ostfriesische Geschichte. Leer 1817. Nachdruck 1968.

ANMERKUNGEN

[1] Tagebuch Bd. 18, 8. Juni 1816; gedr. bei Westphalen, Tagebücher, S. 261.
[2] Wiarda, Ostfriesische Geschichte. 10. Bd., S. 312.
[3] Ein Exemplar des Sonderdruckes „Der Sprecher" befindet sich im Nachlaß E 12.
[4] Ernst v. Bodelschwingh, Leben des Oberpräsidenten Freiherrn v. Vincke. I. Teil: Das bewegte Leben (1774–1816). Berlin 1853.
[5] Die Briefe der Söhne Georg und Giesbert Vincke an Ernst v. Bodelschwingh aus den Jahren 1850 bis 1853, in denen es sich um die Sammlung und Bereitstellung des Materials für die geplante und in Arbeit befindliche Vincke-Biographie handelt, im Nachlaß N 1. Die im Nachlaß Vincke A I vorhandenen 24 Tagebücher enthalten Notizen von 1789 bis 1844: Vincke begann als 15jähriger Schüler mit dem Schreiben des Tagebuches und hat drei Wochen vor seinem Tode aufgehört zu schreiben.
[6] Friedrich Arnold Steinmann, Westfalens Oberpräsident Ludwig Freiherr v. Vincke, sein Leben und seine Zeit. 1774–1844. Lemgo 1858.
[7] Julius Disselhoff, Lebensgeschichte des Oberpräsidenten Ludwig v. Vincke. 3. Auflage, Kaiserswerth 1894.
[8] Willibald Alexis, Oberpräsident Vincke. Berlin 1855. – Giesbert Freiherr Vincke, Lebenserinnerungen, niedergeschrieben für meine Kinder. 3 Bde. als Handschrift gedr. Freiburg 1888. – Karl Spannagel, Ludwig Freiherr Vincke. In: Westfälisches Adelsblatt 2. Jahrg., 1925, S. 141–155. – Heinrich Luhmann, Fink im Baum. Geschichten um den „Alten Vincke". Münster 1955.
[9] Heinrich Kochendörffer, Vincke 1. Teil (1774–1807). Soest 1932. 2. Teil (1807–1816). Soest 1933. – Ders., Briefwechsel zwischen Stein und Vincke. Münster 1930.
[10] Wilhelm Schulte, Volk und Staat. Westfalen im Vormärz und in der Revolution 1848/49. Münster 1954.
[11] Dietrich Wegmann, Die leitenden staatlichen Verwaltungsbeamten der Provinz Westfalen 1815–1918. Münster 1969.
[12] Ludger Graf v. Westphalen, Die Tagebücher des Oberpräsidenten Ludwig Freiherrn Vincke 1813–1818. Münster 1980. – Ders., Stein und Vincke. Köln 1977. – Ders., Preußen zwischen Wunsch und Wirklichkeit. Aus den Briefen und Tagebüchern des Oberpräsidenten Ludwig Freiherrn Vincke. In: Festschrift für Hans Tümmler zu seinem 70. Geburtstag. Köln 1977.
[13] Da der Name Vincke auf einen Übernamen – Vincke ≙ Fink ≙ fröhlich-unbeschwerter Mensch – zurückgeht, wurde das „von", das nur bei Herkunfts- und Wohnortsnamen sinnvoll ist, in der Familie erst gebräuchlich, als es zu einem allgemeinen Adelsprädikat zu werden begann. In seinen jungen Jahren hat Ludwig Vincke oft mit „Louis von V.", in einem französischen Paß auch „Louis de Vincke" unterschrieben, während der Oberpräsident durchgängig mit „LVincke" oder „Ludwig Vincke" unterzeichnet hat. – 1837 hat er für seine Familie im Hinblick auf die Heirat seiner Tochter Wilhelmine mit dem Grafen Konstantin zur Lippe-Biesterfeld beim König die Erlaubnis zur Führung des Freiherrntitels erwirkt, hierin einer Neigung des deutschen Uradels folgend, der zu Beginn des 19. Jahrhunderts sich so vom jüngeren Briefadel abzusetzen strebte.
[14] Zu den Vorfahren Ludwig Vinckes ausführlich: Friedrich v. Klocke, Die Ahnentafel des westfälischen Oberpräsidenten Ludwig Freiherrn Vincke. In: Westfälisches Adelsblatt 2. Jahrg., 1925, S. 156–180. – Das Wappen der nun im Mannesstamme ausgestorbenen Familie zeigt eine rote Pflugschar im silbernen Feld.
[15] Zur Verwaltung des Fürstentums Minden vgl. Karl Spannagel, Minden und Ravensberg unter brandenburgisch-preußischer Herrschaft von 1648–1719. Hannover und Leipzig 1894. – Über den umfangreichen Güterbesitz des Mindener Domkapitels vgl. Wilfried Dammeyer, Der

Grundbesitz des Mindener Domkapitels. In: Mindener Beiträge zur Geschichte, Landes- und Volkskunde des ehemaligen Fürstentums Minden. Heft 6, Minden 1957. – Das Mindener Domkapitel bestand in seinen letzten Jahrzehnten aus elf katholischen und sieben evangelischen Kapitularen; die Dignität des stets katholischen, vom Landesherrn ernannten Dompropstes, dem die Leitung der kirchlichen und geistlichen Befugnisse zustand, erwarb 1779 der damals neunjährige Caspar Max Freiherr Droste zu Vischering, der spätere Bischof von Münster, während der Domdechant, stets evangelisch und vom Kapitel gewählt, Ernst Idel Jobst Vincke, 1759 mit 21 Jahren an seine Pfründe gekommen war; der letztere war „Führer des Kapitels in allen politischen Angelegenheiten und als solcher Vorsitzender auf den Landtagen der Stände", zitiert aus Spannagel, S. 75.

[16] Die Vinckesche Kurie am großen Domhof, an dem eine Gedenktafel auf den Geburtsort Ludwig Vinckes hinwies, hat 1885 dem Neubau eines Postamtes weichen müssen, vgl. Wilhelm Schröder, Führer durch die Stadt Minden und deren nächste Umgebung. Minden 1890, S. 24 und 30. – Am heutigen Postgebäude befindet sich wieder eine Gedenktafel für Ludwig Vincke.

[17] Bodelschwingh, Vincke, S. 14ff. – Tagebuch Bd. 2, 23. Dezember 1791.

[18] Nachlaß B 28: Briefe Lehzens an den Vater.

[19] Hier und im folgenden wurde die von Vincke bevorzugt verwendete Namensform Reck gewählt; heute hat sich die Schreibung Recke durchgesetzt.

[20] Nachlaß A IV, 2.

[21] Der Nachlaß Vincke A I besteht aus seinen 24 Tagebüchern.

[22] Das geschilderte System der lückenlosen Überwachung und dauernden Prämierung erinnert an die in Jesuitengymnasien bis in dieses Jahrhundert hinein üblichen Erziehungsmethoden, während die Schüler etwa in Salzmanns Schule in Schnepfenthal bei Gotha freier heranwuchsen und weniger intensiv zur Arbeit herangezogen wurden. Niemeyer hat seine pädagogischen Anschauungen mitgeteilt und 1796 die „Grundsätze der Erziehung und des Unterrichts für Eltern, Lehrer und Erzieher" in Halle erscheinen lassen, neu hrsg. v. Hans Hermann Grotthoff und Ulrich Hermann, Nachdruck Paderborn 1970. In ihnen empfiehlt er einen sehr vorsichtigen Umgang mit Belohnungen des Kindes: „Man sei überhaupt haushälterisch mit seinem mündlichen und schriftlichen Lobe, besonders in Gegenwart der Kinder ... Alle Zeichen der äußeren Ehre, wodurch das Verdienst zu sehr zur Schau getragen wird, ... schließe man gänzlich aus", ebd. S. 178, Anm. 2. – Die Praxis des Internatsbetriebs und eine gewisse Gefälligkeit gegenüber den Eltern haben Niemeyer nicht ohne das System der häufigen, ehrenvollen Prädikate auskommen lassen.

[23] Nachlaß B 32: Briefe Niemeyers an den Vater.

[24] Das ist nachzuweisen im Brief Niemeyers an Christoph Martin Wieland vom 17. März 1797, mit dem er ihm sein Buch „Grundsätze der Erziehung und des Unterrichts ..." widmet, gedruckt als Vorspann des Nachdruckes von 1970 (siehe Anm. 22). August Hermann Niemeyer spricht in diesem Widmungsbrief von „dem erblichen Stolz, der erblichen Unwissenheit und dem erblichen Aberglauben ... auch in den Häusern der Vornehmen" und meint den Standesdünkel des Adels, den er bekämpfen will: Ludwig Vincke ist nach Ausweis seiner Selbstzeugnisse und seines Lebens gerade in diesem Punkt von Niemeyer geformt worden.

[25] Vgl. Westphalen, Tagebücher, S. 8–28.

[26] Zur Aufnahme der französischen Revolution in Deutschland vgl. Max Braubach, Handbuch der Deutschen Geschichte. Stuttgart 1960, Bd. 3, S. 1–6. Kurt v. Raumer, Handbuch der Deutschen Geschichte. Neu hrsg. v. Leo Just, Wiesbaden 1980, Bd. 3/Ia, S. 24–69. Fritz Valjavec, Die Entstehung der politischen Strömungen in Deutschland 1770–1815. München 1951. Über ähnliche Stimmungen im Bürgertum Münsters vgl. Hüffer, Lebenserinnerungen, S. 41f. Über die Gesinnung Ferdinand August Spiegels vgl. Lipgens, Spiegel, S. 53f. Über die Auseinandersetzung des Freiherrn vom Stein mit der französischen Revolution vgl. Ritter, Stein, S. 74ff. – Selbst den Revolutionen wie den vulkanischen Eruptionen gleichermaßen abholde Goethe ließ im 6. Gesang des 1796 niedergeschriebenen Epos Hermann und Dorothea den alten Richter die übereinstimmende Hoffnung auf das Morgenlicht der Freiheit ausdrükken, die also auch dem Weimarer Dichter nicht so fern gelegen haben kann.

[27] Tagebuch Bd. 1, 23. Dezember 1789.
[28] Tagebuch Bd. 1, 31. Januar 1790.
[29] Karl Menne, August Hermann Niemeyer. Sein Leben und Wirken. Halle 1928, übergeht die Frage nach Niemeyers Einstellung zur französischen Revolution ganz, arbeitet dagegen in Einzelheiten die Anfechtungen heraus, denen dieser milde, fromme Rationalist durch Wöllners bigottes Kirchenregiment ausgesetzt war: vgl. S. 30ff. Der dort geschilderte Studententumult von 1794 an der Halleschen Universität war zwar eine „Explosion der Denkfreiheit" – S. 32 –, an der man auch Niemeyer Schuld gab, hatte aber nicht eigentlich politische Gründe, sondern richtete sich gegen den äußerst unbeliebten preußischen Minister Wöllner und gegen die zur Visitation nach Halle entsandten Kommissare.
[30] Tagebuch Bd. 1, 14. Juli 1790.
[31] Tagebuch Bd. 2, 22. November 1791.
[32] Tagebuch Bd. 2, 14. Oktober 1791. – In den Tagebüchern wie in Vinckes Briefen gehen die Bezeichnungen Westfale, Westfäler, Westfälinger regellos durcheinander, während in den zeitgenössischen Universitätsmatrikeln der aus dem niederrheinisch-westfälischen Reichskreis stammende Student Ludwig Vincke durchweg als „Westfalus" bezeichnet wird.
[33] Grundlegendes über die Entwicklung des Selbstbewußtseins der Westfalen bringt das Werk „Der Raum Westfalen", und zwar in Bd. I, 1931, Hermann Aubin, Die geschichtliche Entwicklung. S. 18ff. und in Bd. II, 2. Teil, 1934, Paul Casser, Das Westfalenbewußtsein im Wandel der Geschichte. S. 242–262. – Ferner Walter Huge, Dort drüben in Westfalen. Zur Literaturgeschichte einer Landschaft. In: WZ 128. Bd., 1978, S. 105–118.
[34] Ludwig Vincke nennt nirgends in seinem Tagebuch ein Werk Mösers als Lektüre, doch darf man daraus nicht schließen, er habe nichts von ihm gelesen. Vincke notiert die Neuerscheinungen, sobald sie ihm unter die Hände kommen; mit den seit 1766 erschienenen Beiträgen Mösers in den Osnabrückischen Intelligenzblättern, später zu den Patriotischen Phantasien zusammengefaßt, ist der junge Vincke wahrscheinlich schon bekannt geworden wie mit Mösers Osnabrückischer Geschichte. Das liegt umso näher, als Justus Möser ein vertrauter Freund des Domdechanten Vincke und dessen Mitstreiter in ständischen Belangen gewesen ist, wie aus der handgeschriebenen „Lebensgeschichte des Domdechanten Ernst Idel Jobst Vincke", verfaßt von Luise Vincke, geb. v. Biel, 1852, hervorgeht, die im Nachlaß B 56 vorliegt. – Im Nachlaß B 30 findet sich ein Brief Justus Mösers an den Mindener Domdechanten vom 16. Februar 1780 über die Anschauungen des Londoner Hofes zur Koadjutorwahl in Münster: Möser wünscht, daß Vincke den Inhalt des ‚ostensiblen' Briefes im preußischen Minden verbreite – ein Beleg für die engen Beziehungen zwischen den beiden. Auch Mösers einzige Tochter Jenny, verh. v. Voigts, hatte mit den Vinckes in Ostenwalde persönlichen Umgang.
[35] Tagebuch Bd. 1, 24. Dezember 1789 und 23. Januar 1790.
[36] Tagebuch Bd. 2, 20. November 1792.
[37] Tagebuch Bd. 1, 27. Juni 1790.
[38] Belege hierfür an zahlreichen Stellen des Tagebuches Bd. 1 und 2; vgl. Bodelschwingh, Vincke, S. 18f.
[39] Nachlaß B 1: Brief an die Eltern vom 5. September 1791.
[40] Der Aufsatz wie das Abschlußzeugnis befinden sich abschriftlich im Nachlaß A IV, 2.
[41] Bezeichnend für diese Bewertung ist die Schilderung Goethes, der 1772 in Wetzlar praktiziert hatte, im 12. Buch von Dichtung und Wahrheit. – Auch der Reichsfreiherr vom Stein, der 1777 als Praktikant unter Aufsicht eines erfahrenen Advokaten am Reichskammergericht arbeitete, hat wenig Lust empfunden, sich diesem Reichsdienst zu widmen; vgl. Ritter, Stein, S. 33.
[42] Nachlaß B 1.
[43] Johann Heinrich Jung-Stilling, Lebensgeschichte. Hrsg. v. Gustav Adolf Benrath, Darmstadt 1976, S. 477.
[44] Ernst Brandes, Über einige bisherige Folgen der französischen Revolution mit Rücksicht auf Deutschland. Hannover 1792. – Ob Vincke auch das frühere Werk von Brandes, Politische Betrachtungen über die französische Revolution. Jena 1790, gelesen hat, konnte dem Tagebuch nicht entnommen werden. – Über den Einfluß der Hannoveraner Brandes und Rehberg auf die Anschauungen des Freiherrn vom Stein über die französische Revolution vgl. Ritter, Stein, S. 99–120.

Anmerkungen

[45] Nachlaß B 1: Briefe an die Eltern vom 17. Juni 1792 und aus dem Juli 1792.
[46] Tagebuch Bd. 2, 20. Oktober 1792.
[47] Nachlaß J 1: Brief an die Schwester Luise vom 4.–7. November 1792.
[48] Vgl. Ritter, Stein, S. 76ff.
[49] Vgl. Westphalen, Stein und Vincke.
[50] Tagebuch Bd. 3, 15. Februar 1793.
[51] Tagebuch Bd. 2, 2. Januar 1793.
[52] Nachlaß A II, 78 und 79.
[53] Vgl. Hermann v. Petersdorff, Friedrich v. Motz. Eine Biographie. 1. Bd., Berlin 1913, S. 14.
[54] Nachlaß A II, 77: Brief Weerths vom 24. März 1794.
[55] Tagebuch Bd. 3, 1.–5. Juli 1793. Diese Reisenotizen werden bestätigt durch den Nachruf auf Gehrken in WZ 9, 1846, S. 350f.
[56] Wie sehr die Belagerung von Mainz als erregendes Ereignis damals empfunden worden ist, belegt ein Brief des Lehrers Christian Krause aus Halle an Vincke in Marburg vom 1. September 1793: „Über den Anblick des bombardierten Mainz beneide ich Sie geradezu. Ach! mein Gott! Ich fühle die Einschränkung hier immer mehr, und meine Kräfte verwelken darüber", im Nachlaß A II, 47.
[57] Tagebuch Bd. 3, 2. Juli 1793.
[58] Nachlaß J 1: Brief an die Schwester Luise vom 7. Juli 1793.
[59] Der Paß wurde ihm während seiner Internierung auf dem linken Rheinufer ausgestellt und fand sich im Stadtarchiv Kamen unter Nachlaßpapieren Ernst v. Bodelschwinghs, unter die er durch dessen Arbeit an der Biographie Ludwig Vinckes 1851–1854 geraten sein muß.
[60] Tagebuch Bd. 4, 20. August 1793. Hier notiert Vincke, daß er einen Umweg mache, „bloß der einzigen Ursache wegen, weil Cronenbergs hier hinaussehen könnten, obgleich ich mit meinen schwachen Augen nie bis an ihre Fenster zu reichen vermag, um zu erkennen, ob und wer daran steht." – Diese Sehschwäche mag zu Vinckes Ablehnung der Jagd beigetragen haben.
[61] Am 20. Oktober 1793 beantwortet der Vater den Reisebericht des Sohnes liebevoll-fürsorglich: „Deine letzten Briefe über Deine Reise haben uns viel Vergnügen gemacht. Sie verdienten gedruckt zu werden. Ach, liebster Sohn, mache doch dergleichen Fußreisen nicht wieder allein, nicht wieder in der Nacht!" Dann aber kommen genaue Anweisungen, in welchen Fächern der Sohn sich vervollkommnen, daß er einen Tanz- und einen Fechtmeister wie auch einen Lehrer für Französisch und Englisch nehmen, wie er sein Auftreten und sein Aussehen verbessern solle. Nicht ohne Besorgnis wegen der Gesundheit des Sohnes, besonders wegen der Augen, schließt der Vater: „Gott erhalte Dir! Ich bin ewig der Deinige und Dein bester Freund und Vater, E. Vincke" im Nachlaß A II, 3.
[62] Tagebuch Bd. 4, 3. Januar 1794.
[63] Nachlaß B 1: Brief an die Eltern vom 28. Oktober 1793.
[64] Tagebuch Bd. 4, 3. Januar 1794.
[65] Nachlaß B 1: Brief an die Eltern vom 28. März 1794.
[66] Vgl. Westphalen, Tagebücher, S. 273, Anm. 688.
[67] Tagebuch Bd. 4; gedr. bei Bodelschwingh, Vincke, S. 3f., mit einigen Lesefehlern.
[68] Unter Polizeieinrichtung versteht Vincke – noch ganz dem Sprachgebrauch des 18. Jahrhunderts folgend – die Gesamtorganisation der inneren Verwaltung, ohne daß schon die Tätigkeit der Staatsorgane zur Aufrechterhaltung der öffentlichen Ruhe und Sicherheit in den Vordergrund gerückt wäre.
[69] Tagebuch Bd. 4, 1. Januar 1794.
[70] Tagebuch Bd. 4, 2. Januar 1794.
[71] Vgl. Westphalen, Preußen zwischen Wunsch und Wirklichkeit, S. 207–227.
[72] Nachlaß A II, 19: Brief Borsches vom 16. November 1794.
[73] Nachlaß J 1: Brief an die Schwester Luise vom 21. Mai 1794.
[74] Nachlaß B 1: Brief an die Eltern vom 19. Mai 1794.
[75] Vgl. Wilhelm Fabricius, Die Studenten-Orden des 18. Jahrhunderts und ihr Verhältnis zu den gleichzeitigen Landsmannschaften. Erlangen 1891. – Hans Joachim Schoeps, Zur Geschichte der studentischen Orden. In: Zeitschrift für Religions- und Geistesgeschichte. 2. Bd., Erlangen 1949/50, S. 264–271. – Gustav Krüger, Die Rosenkreuzer. Berlin 1932.

[76] Das Original der Stiftungsurkunde und zugehörige Aufzeichnungen in der Stadt- und Landesbibliothek Dortmund, Hds. 264; Photo davon im Nachlaß A IV, 11.

[77] Daß „ein Mann von Stand" die für das Jurastudium vorgeschriebene Dreijahresfrist durchhielt und seine Studien zum Abschluß brachte, war zu Ende des 18. Jahrhunderts noch nicht selbstverständlich. Ludwig Vinckes älterer Bruder Ernst schrieb dem Vater 1794 nach Minden: „Der Präsident vom Stein hat mir neulich gesagt, daß Sie ihm doch den Louis übergeben möchten, weil er glaubt, daß er nun nicht mehr auf Universitäten gehen müsse, da ihm Dienstgeschäfte, Erfahrung und Reisen mehr helfen würden, er auch sonst zu weit zurück in der Karriere kommen würde. Er wünscht, daß Sie mit ihm über den Ort und die Art, auf welche Louis am besten seine Karriere anfangen könnte, korrespondierten, indem er sich seiner aus allen Kräften annehmen wolle ...", im Nachlaß B 2. – Stein selbst hatte 1777 die Universität Göttingen ohne Abschluß verlassen; vgl. Ritter, Stein, S. 31.

[78] Tagebuch Bd. 6, 1. Januar 1795.

[79] Nachlaß A II, 3: Brief des Vaters vom 25. Dezember 1794.

[80] Die Personalpapiere Vinckes aus seiner Ausbildungszeit befinden sich zum Teil im Nachlaß A IV, 1; die bei Kochendörffer, Vincke I, S. 57 zitierten Personalunterlagen Vinckes im Geh. Staatsarchiv Berlin befinden sich heute im Zentralen Staatsarchiv Merseburg: Generaldirektorium, Kurmark, Behörden- und Bestallungssachen, Kurmärkische Kammer, VI. Varia Nr. 19 Bd. 6, und im Staatsarchiv Potsdam: Kurmärkische Kriegs- und Domänenkammer, Domänenregistratur, allgemeine Sachen, Kammersachen und Referendarien Nr. 13.

[81] Nachlaß A IV, 1: Schreiben Struensees vom 12. Oktober 1798.

[82] Zur inneren Verwaltung und zum geistigen Zustand Preußens um 1800 vgl. Magnus Friedrich Graf v. Bassewitz, Die Kurmark Brandenburg. Ihr Zustand und ihre Verwaltung unmittelbar vor dem Ausbruch des französischen Krieges im Oktober 1806. Leipzig 1847. – Friedrich Beck/Lieselott Enders/Heinz Braun (Bearb.), Übersicht über die Bestände des Brandenburgischen Landeshauptarchivs Potsdam. Teil 1: Behörden und Institutionen in den Territorien Kurmark, Neumark, Niederlausitz bis 1808/16. Veröffentlichungen des Brandenburgischen Landeshauptarchivs Bd. 4. Weimar 1964. – Wilhelm Fix, Territorialgeschichte des preußischen Staates. 3. Aufl., Berlin 1884. – Ludwig Geiger, Berlin 1688–1840. Geschichte des geistigen Lebens der preußischen Hauptstadt. Bd. I/II, Berlin 1893–1895. – Martin Philippson, Geschichte des preußischen Staatswesens vom Tode Friedrichs des Großen bis zu den Freiheitskriegen. Bd. I/II, Leipzig 1880–1882.

[83] Nachlaß B 5: Brief der Schwester Elisabeth von der Reck an die Eltern vom 2. April 1796.

[84] Tagebuch Bd. 3, 7. August 1793.

[85] Über das Wirken Thaers und auch über seine Beziehungen zu Vincke vgl. Simons, Thaer. Thaers erster Brief an Vincke gedr. bei Bodelschwingh, Vincke, S. 129. – Hinweise und Literaturangaben zu den Besitzungen und zum Wirken der Frau v. Friedland und des Ehepaares v. Itzenplitz in: Handbuch der historischen Stätten Deutschlands. 10. Bd.: Berlin und Brandenburg. Stuttgart 1973, S. 2, 205f., 248. – Theodor Fontane schildert in seinen Wanderungen durch die Mark Brandenburg (Sämtliche Werke, München 1960, X. Bd., Das Oderland, S. 103–124 und 154–172) kenntnisreich und anschaulich den Freundeskreis um Albrecht Thaer, Frau v. Friedland und das Ehepaar v. Itzenplitz; die Humboldts, Savigny, Ranke und andere, „vor allem der alte Oberpräsident v. Vincke waren Freunde und Gäste des Hauses". – Chamisso schrieb in Kunersdorf 1813 seinen ‚Peter Schlemihl'.

[86] Tagebuch Bd. 6, 22. September 1795.

[87] Tagebuch Bd. 6, 14. Januar 1798. – Eine Tagebuchbemerkung vom 11. Februar 1798 deutet an, daß der Umgang mit Damen der Halbwelt ihm schon viele Unannehmlichkeiten verursacht hat. Ein zeitgenössischer Bericht über das Berliner Dirnenwesen aus Andreas Georg Friedrich Rebmanns Kosmopolitische Wanderungen durch einen Teil Deutschlands, 2 Bde., 1793 und 1795, findet sich in: Peter Lahnstein, Report einer ‚guten alten Zeit'. Zeugnisse und Berichte 1750–1805. Stuttgart 1971, S. 373 ff.

[88] Tagebuch Bd. 6, 8. Februar 1798.

[89] Tagebuch Bd. 6, 6. Februar 1798.

[90] Tagebuch Bd. 6, 13. und 21. Januar 1798.

Anmerkungen

⁹¹ Tagebuch Bd. 6, 26. August 1795. Offenbar liest Vincke in dem 1776 erschienenen Hauptwerk der klassischen Nationalökonomie ‚An Inquiry into the Nature and Causes of the Wealth of Nations', von dem schon 1776–1778 eine deutsche Übersetzung in Berlin herausgekommen war; die zweite Übersetzung, die Vincke zum Studium zur Verfügung stand – seine Englischkenntnisse werden damals kaum zur Lektüre in der Originalsprache ausgereicht haben –, stammt von dem Breslauer Popularphilosophen Christian Garve, der sie in drei Bänden 1794–1796 in Wien veröffentlichte. – Seit 1796 war Vincke mit dem Ostpreußen Theodor v. Schön bekannt und befreundet, der durch Kant und Kraus ganz dem englischen Liberalismus und Smith zugewandt war. Gerhard Stavenhagen behauptet in seiner Geschichte der Wirtschaftstheorie, Göttingen 1964, S. 102: „Erst nach der Jahrhundertwende (1800) gewann die Lehre Smith' allmählich Anhänger (in Deutschland)"; nach den geschilderten Zusammenhängen wird man die Rezeption der Gedankengänge von Adam Smith in Deutschland wohl schon erheblich früher ansetzen müssen. Vgl. hierzu Wilhelm Treue, Adam Smith in Deutschland. Zum Problem des „Politischen Professors" zwischen 1776 und 1810. In: Deutschland und Europa. Historische Studien zur Völker- und Staatenordnung des Abendlandes. Festschrift für Hans Rothfels, hrsg. v. Werner Conze, Düsseldorf 1951, S. 101–133.

⁹² Tagebuch Bd. 6, 27. April 1796.
⁹³ Nachlaß B 1: Brief an den Vater vom 8. Oktober 1796.
⁹⁴ Nachlaß A II, 3: Brief des Vaters vom 16. März 1797.
⁹⁵ Nachlaß A IV, 1: Personalpapiere aus der Ausbildungszeit 1795–1798.
⁹⁶ Nachlaß A IV, 3: Johanniter-Ritterorden.
⁹⁷ Wie intensiv sich Vincke mit den gewerblichen Verhältnissen Schlesiens und später auch Sachsens beschäftigt hat, beweisen neben seinen Tagebüchern ausführliche Reiseberichte und andere Darstellungen im Nachlaß A IV, 21–31.
⁹⁸ Nachlaß B 5.
⁹⁹ Das Datum 22. Juli 1798 ergibt sich eindeutig aus dem Schreiben des Domkapitels an Ludwig Vincke vom gleichen Tag im Nachlaß A IV, 1. – Bodelschwingh nennt es nicht, Kochendörffer, Vincke I, S. 77, und ihm folgend Wegmann, Die leitenden Verwaltungsbeamten, S. 342, geben den 21. Juni 1798 als Wahltag an, doch wird man wohl der Mitteilung des Kapitels folgen müssen.
¹⁰⁰ Über die Entstehung und den Inhalt des Landratsamtes in Preußen vgl. Conrad Bornhak, Geschichte des preußischen Verwaltungsrechts. 3 Bde., Berlin 1884–1886, insbes. Bd. 2. – Franz Gelpke, Die geschichtliche Entwicklung des Landratsamtes der preußischen Monarchie unter besonderer Berücksichtigung der Provinzen Brandenburg, Pommern und Sachsen. Berlin 1902. – Wegmann, Die leitenden Verwaltungsbeamten, S. 25–30.
¹⁰¹ Vincke hat seine Pflichten und Plagen in den Tagebüchern und in Briefen in lebhafter Folge und mit vielen Unmutsäußerungen aufgeführt. Genauer umrissen hat sie Kochendörffer, Vincke I, S. 78, dem die Instruktion vorlag, die Vincke zugleich mit seiner Bestallung erhalten hat.
¹⁰² Nachlaß J 1.
¹⁰³ Nachlaß M 6, Bd. 1.
¹⁰⁴ Vgl. Kochendörffer, Briefwechsel, Nr. 1–9. – Westphalen, Stein und Vincke, S. 13–16.
¹⁰⁵ Eylerts Nachruf auf Vincke in der Vossischen Zeitung vom 9. Dezember 1844; er befindet sich auch als Vorwort zum Aufsatz „Die Provinz Westfalen und der Oberpräsident Freiherr von Vincke. Eine Skizze." In: Der Sprecher. Wesel 1845, vgl. Anm. 3. – Eylert könnte diese abfällige Bemerkung des Königs, von der Vincke selbst nichts weiß, samt der Antwort Steins von diesem selbst gehört haben; unglaubwürdig dagegen wirkt die anekdotenhafte Zuspitzung, in der sie Steins erster Biograph Georg Heinrich Pertz im ersten Band seines Werkes „Das Leben des Ministers Freiherrn vom Stein". Berlin 1850, S. 190, festgehalten hat: „Ja, Ew. Majestät, ein Jüngling an Jahren, aber ein Greis an Weisheit." In dieser Form ist die Geschichte immer wieder unkritisch weitererzählt worden; sie entsprach wohl am stärksten dem Bedürfnis, in der historischen Persönlichkeit schon frühzeitig die künftige Bedeutung und Bestimmung deutlich werden zu lassen. Kochendörffer, Vincke I, S. 87, nennt die Anekdote „apokryph" im Sinne von unecht, zweifelhaft, unterschoben, doch wird er damit der Entstehungsgeschichte wohl nicht ganz gerecht.

[106] So etwa die vielzitierte Bemerkung der Frau eines Wegewärters, als der Oberpräsident auf einer Fahrt schnellstens den Schlagbaum gehoben haben will: „Wat dat Jüngsken sich krus mäket." – Vincke-Anekdoten dieser Art waren in den westfälischen Lesebüchern des 19. Jahrhunderts vielfach enthalten. Eine neue Sammlung veröffentlichte Heinrich Luhmann, siehe Anm. 8.

[107] Wie sehr man auch in Westfalen zunehmend in der zweiten Hälfte des 18. Jahrhunderts sich der Zustände im „niederen Schulwesen" schämte, beweisen zahlreiche Eingaben und Verbesserungsvorschläge, die vorwiegend von evangelischen Geistlichen an die Kriegs- und Domänenkammer in Minden gerichtet worden sind: StAM, KDK Minden XI, 34, Bd. 1–3. – Vgl. Manfred Heinemann/Wilhelm Rüter, Landschulreform als Gesellschaftsinitiative. In: Studien zum Wandel von Gesellschaft und Bildung im 19. Jahrhundert. Bd. 11, Göttingen 1975. Der dort genannte Theodor von der Reck war ein Bruder von Vinckes Schwager Eberhard Friedrich Christoph von der Reck.

[108] StAM, KDK Minden XI, 34, Bd. 2, Bl. 139–153.

[109] StAM, KDK Minden XI, 34, Bd. 2, Bl. 141.

[110] Nachlaß A II, 40: Brief des Landrats Peter Alexander v. Itzenplitz vom 10.–12. Februar 1800.

[111] Peter Florenz Weddigen, Westphälisches historisch-geographisches Jahrbuch zum Nutzen und Vergnügen auf das Jahr 1805. Kleinbremen im Fürstentum Minden 1805, S. 125–169.

[112] StAM, Minden-Ravensberg, Landräte Nr. 1 „Die Anlage einer Irrenanstalt betreffend 1799".

[113] Der mehrseitige handschriftliche Entwurf Vinckes zu seinem Bericht über die Errichtung einer Irrenanstalt für Minden-Ravensberg von Ende November 1799 befindet sich auch in der Akte StAM, Minden-Ravensberg, Landräte Nr. 1.

[114] Tagebuch Bd. 18, 17. Mai und 26. August 1817. – Westphalen, Tagebücher, S. 331, 361, Anm. 823.

[115] Tagebuch Bd. 8, 23. April 1801. – Der Bericht des Mindener Medizinalrates Dr. Borges hierüber z. T. gedr. in: Mindener Heimatblätter, 10. Jahrgang 1932. – Westphalen, Tagebücher, S. 29, Anm. 2.

[116] StAM, Minden-Ravensberg, Landräte Nr. 17: Acta generalia betreffend „Wegebesserungen und Reparaturen der Brücken, so auf königliche Kosten geschehen müssen."

[117] Edikt des Königs Friedrich Wilhelm I. „Die Wegebesserung in dem Fürstentum Minden und den Grafschaften Ravensberg, Tecklenburg und Lingen betreffend. 10. September 1735." StAM, Mscr. VII, Nr. 2042, 3 S. 87–90.

[118] Seine Beschwerden an die KDK Minden vom 27. November 1798 und vom 21. April 1799 in der in Anm. 116 angeführten Akte.

[119] Vgl. Kochendörffer, Briefwechsel, Nr. 5–9.

[120] Vincke versteht – dem Sprachgebrauch seiner Zeit folgend – unter Chaussee eine Kunststraße, deren Untergrund in gleicher Höhe aufgeschüttet und mit Steinschotter bedeckt ist und deren Böschungen befestigt sind. Bäume und Meilensteine markieren das Bild der Chaussee, die im Gegensatz zum herkömmlichen Wegenetz die Landschaft nach rationalen, vielfach auch militärischen Gesichtspunkten durchschneidet und die zu jeder Jahreszeit befahrbar sein soll.

[121] Einzelheiten hierzu und über die Wirkungen dieses Aufsatzes vgl. Westphalen, Tagebücher, S. 227, Anm. 568.

[122] Nachlaß E 12: Nachrichten betr. Krankheit und Tod des Oberpräsidenten Ludwig Vincke 1844/45.

[123] Tagebuch Bde. 6 und 7.

[124] Nachlaß J 1: In einem Brief an die Schwester Luise macht Ludwig Vincke am 20. September 1799 diese Bemerkung und zeigt damit, daß er die Brüchigkeit des Ebenbürtigkeitsbegriffes durchschaut hat.

[125] Nachlaß A II, 40: Briefe der Henriette v. Itzenplitz und ihres Mannes vom 10. Februar und 22. Juli 1800.

[126] Diese Absichten wurden von den Engländern, die mancherlei Erkundungsfahrten von Kontinentaleuropäern erlebt hatten, mit großem Argwohn verfolgt, und Stein geriet in den Verdacht, er betätige sich im Auftrage der preußischen Regierung als Industriespion; vgl. Ritter, Stein, S. 44 ff.

Anmerkungen

[127] Bereits vor der Reise hatte Vincke durch Vermittlung des Herrn v. Itzenplitz in England drei Pflüge bestellt, weil die dort hergestellten als besonders fortschrittlich galten; er wollte sie interessierten Landwirten in der Umgebung Mindens weitergeben, u. a. der Gräfin zu Schaumburg-Lippe, die selbst ein Vorwerk bewirtschaftete. Einzelne Angaben hierüber in Ludwig Vinckes Briefen an das Ehepaar v. Itzenplitz aus den Jahren 1799/1800 im Nachlaß M 6, Bd. 1, z. B. Brief vom 4. November 1799. – Über die technischen Entwicklungen der Pflugformen und die Überlegenheit der englischen, flandrischen und Brabanter Pflüge schrieb Helmut Sperber im Katalog der Ausstellung „Krone und Verfassung. König Max I. Josef und der neue Staat". München 1980, S. 369, Nr. 696: Brabanter Pflug.

[128] Über diese Pläne und Aufträge vgl. die ausführlichen Angaben bei Bodelschwingh, Vincke, S. 130, und Kochendörffer, Vincke I, S. 96 ff.

[129] Das Tagebuch über die Englandreise, Bd. 8, bricht mit dem 5. Juli 1800 ab. – Nachlaß B 1: Briefe an die Eltern. – Sehr aufschlußreich und zum größten Teil erhalten ist der Reisebericht, den Vincke am 8. August 1800 an Stein richtet und aus dem bei Kochendörffer, Briefwechsel, Nr. 10, zitiert wird.

[130] Vgl. Schulze-Marmeling, Englische Einflüsse auf Vincke, S. 164 ff. – Westphalen, Stein und Vincke, S. 28 ff. – Ders., Preußen zwischen Wunsch und Wirklichkeit, S. 207–227.

[131] Vgl. Bodelschwingh, Vincke, S. 146 ff., und Kochendörffer, Vincke I, S. 101 ff.

[132] Diese Begegnung wie der gesamte Ablauf der Spanienreise sind in den Bänden 10, 11 und 12 des Tagebuches – nicht ganz lückenlos, aber sehr detailliert – geschildert; die Briefe an Eltern und Geschwister wiederholen vielfach die Tagebucheintragungen.

[133] Bodelschwingh, Vincke, S. 157 ff., bringt eine ausführliche, auf dem Tagebuch und Briefen aufgebaute Schilderung der Erlebnisse Vinckes auf der Spanienreise.

[134] Dieser Brief in Abschrift im Nachlaß M 6, Bd. 2.

[135] Das geht aus Vinckes Brief an die Eltern – Nachlaß B 1 – aus Ansbach vom 10. Februar 1803 hervor. Selbstironisch erzählt er in ihm auch: „... unglücklicherweise verschnitt man mir das Haar so kurz, daß es ganz unmöglich ist, ein Zöpfchen anzubinden." Vielleicht hat er seit dieser Zeit seine für ihn so charakteristische Haartracht getragen: das ungescheitelte, ein wenig strubbelig-wirre, in die Stirn reichende Haar. So trägt er sich jedenfalls auf seinem ältesten, 1804 in Aurich angefertigten Porträt, womit er sich der zeitgenössischen Mode weitgehend angepaßt hat. (Anm. 161)

[136] Ausführlich hierüber und auch über den Einfluß Steins bei der Berufung Vinckes zum Kammerpräsidenten bei Bodelschwingh, Vincke, S. 218 ff., bei Kochendörffer, Vincke I, S. 110 ff.

[137] Zitiert nach einem Nachruf auf Friedrich Josef Gehrken aus dem Jahre 1846, in: WZ 9, S. 355, in dem Vinckes Brief teilweise mitgeteilt wird.

[138] Zur Vorgeschichte und zum Ablauf der Säkularisation vgl. Karl Otmar Frhr. v. Aretin, Heiliges Römisches Reich 1776–1806. Reichsverfassung und Staatssouveränität. 2 Bde., Wiesbaden 1967. – Zur Übernahme der Preußen zugesprochenen Länder vgl. Fanz Körholz, Die Säkularisation und Organisation in den preußischen Entschädigungsländern Essen, Werden und Elten 1802–1806. (Münstersche Beiträge zur Geschichtsforschung, NF 14) Münster 1907. – Lahrkamp, Münster in napoleonischer Zeit. – Wilhelm Richter, Der Übergang des Hochstifts Paderborn an Preußen. In: WZ 62, 1904, II S. 163–235, WZ 63, 1905, II S. 1–62, WZ 64, 1906, II S. 1–65, WZ 65, 1907, II S. 1–112. – Hans Müller, Säkularisation und Öffentlichkeit am Beispiel Westfalen, Münster 1971.

[139] Zitiert nach Bodelschwingh, Vincke, S. 222. Man kann annehmen, daß der ehemalige Staatsminister Ernst v. Bodelschwingh bei der Abfassung der Biographie die sich auf Vinckes Ernennungen beziehenden Anträge samt den Randbemerkungen des Königs hat einsehen können.

[140] Nachlaß J 1, Bd. 2: Brief an die Schwester Luise vom 17. Dezember 1803. – Über Vinckes Tätigkeit in Ostfriesland vgl. Ludger Graf v. Westphalen, Der westfälische Oberpräsident Ludwig Freiherr Vincke in Ostfriesland. In: Emder Jahrbuch, 61. Bd., 1981, S. 97–114.

[141] Über die Sonderrechte Ostfrieslands, deren Gefährdung und allmählichen Abbau vgl. Wiarda, Ostfriesische Geschichte, Bd. 8, S. 201 ff.; Klopp, Geschichte Ostfrieslands, S. 194, 198 ff.; Heinrich Schmidt, Politische Geschichte Ostfrieslands. Leer 1975, bes. S. 363 ff.

[142] Vgl. Conrad Bornhak, Geschichte des preußischen Verwaltungsrechts (Anm. 100). 2. Bd., S. 48 ff.; Gustav Schmoller/Reinhold Koser (Hrsg.), Acta Borussica, Denkmäler der preußischen Staatsverwaltung im 18. Jahrhundert, Bd. VI, 1. Berlin 1901; Wegmann, Die leitenden Verwaltungsbeamten, S. 20 f.

[143] Nachlaß M 6, Bd. 2.

[144] Nachlaß C 1, Bd. 1: Brief an die Braut Eleonore v. Syberg vom 10. Oktober 1809 aus Potsdam.

[145] Diese Angaben nach Bodelschwingh, Vincke, S. 223, und Kochendörffer, Vincke I, S. 118; die von beiden angegebenen Bezüge unterscheiden sich nur geringfügig.

[146] Der Band 9 des Tagebuches enthält für die Auricher Zeit ausführliche und aufschlußreiche Notizen über die täglichen Dienstgeschäfte, seinen Umgang, seine Lektüre, seine Wünsche und Träume.

[147] Weder aus dem Tagebuch noch aus Vinckes Briefen geht etwas darüber hervor, ob er in Ostfriesland sprachliche Schwierigkeiten gehabt hat, ob er im Verkehr mit der Landbevölkerung sich etwa mit westfälischem Platt hat helfen können und müssen. Wieweit er dies gebrauchte und beherrschte, bleibt auch für sein weiteres Leben unklar.

[148] Nachlaß M 6, Bd. 2.

[149] Klopp, Geschichte Ostfrieslands, S. 129.

[150] Tagebuch Bd. 9, 7. Februar 1804.

[151] Bei beiden handelt es sich um genossenschaftliche Vertretungen der Anlieger; sie haben den Zustand der Deiche und Schleusen zu beobachten und sich um ihre Unterhaltung und Instandsetzung zu kümmern.

[152] Johann Nikolaus Franzius (1761–1825) bearbeitete als preußischer Beamter in Aurich Moorregulierungen, Kanal- und Schleusenbauten; nach 1815 war er hannoverscher Domänen- und Wasserbaudirektor von Ostfriesland.

[153] Hierüber die aufschlußreiche Akte im Nachlaß A V, 7: „Projekt eines Kanalbaus von Aurich nach Wittmund" mit einem Kostenvoranschlag des Kammerrates Freese vom 9. Juni 1805, dem „Entwurf eines Reglements wegen des Kanalbaus von Aurich nach Wittmund, über die Einrichtung einer Kanalbaukommission und ihre Aufgaben" (ohne Datum) und Vinckes Handakte „betr. den Entwurf eines Reglements über die Canal-Anlage von Aurich nach Wittmund" mit Vinckes handschriftlichem Entwurf und den von ihm eingeforderten Gutachten zahlreicher Fachleute aus der Zeit zwischen dem 4. November 1804 und dem 14. März 1805. Beigeheftet ist der Akte das gedruckte „Chaussee-Reglement für die Grafschaft Mark" vom 31. Mai 1796 und die „Deklaration wegen Überlassung des Grund und Bodens an die bergbautreibenden Gewerke" vom 27. Oktober 1804. Die Akte ist Vincke auf seinen Wunsch nach Münster nachgesandt worden, von wo er wohl das Kanalprojekt weiterbetreiben wollte. – Über andere Initiativen Vinckes in Ostfriesland vgl. Bodelschwingh, Vincke, S. 237 ff., und Kochendörffer, Vincke I, S. 118 ff.

[154] Klopp, Geschichte Ostfrieslands, S. 250 f.

[155] Bezeichnend für Vinckes Bemühungen um „vollständige Ordnung, Solidität und Pünktlichkeit" in seiner Behörde ist die von ihm verfaßte „Dienstanweisung in Etats- und Rechnungsangelegenheiten an die Beamten der Kriegs- und Domänenkammer Aurich" vom 26. August 1804; Abschrift im Nachlaß A V, 5.

[156] Das wird durch das „Handbuch über den Königlichen Preußischen Hof und Staat für das Jahr 1803" belegt, das keinen bürgerlichen Präsidenten aufführt.

[157] Vgl. S. 12, 18 f. und Westphalen, Tagebücher, S. 273, Anm. 688.

[158] Tagebuch Bd. 9, 26. Dezember 1803. – 1 Last ≙ 40 Zentner ≙ 2 Tonnen. Nach diesem Segler, über dessen weiteres Schicksal nichts ermittelt wurde, hat später noch ein Rheinschiff den Namen Präsident Vincke getragen.

[159] Nach einer Tagebucheintragung im Bd. 9 vom 10. März 1804 wurde beim Geburtstagsfest für Königin Luise zum ersten Mal in Ostfriesland das der englischen Königshymne nachgebildete und auf seine Melodie gesungene „Heil Dir im Siegerkranz, Herrscher des Vaterlands" angestimmt, das 1793 unter dem Titel „Berliner Volksgesang" erschienen war; man stand bei dem Gesang nach dem Vorbild des Kammerpräsidenten auf, ließ die Gläser klingen und leerte sie auf das Wohl des Monarchen, für Vincke ein herzerhebender Ausdruck patriotischer Gefühle.

Anmerkungen 107

[160] Tagebuch Bd. 9, 26. August 1804.
[161] Das Bild ist im Familienbesitz; eine Reproduktion nach Kochendörffer, Vincke I, als Titelbild dieses Buches (Anm. 135).
[162] Tagebuch Bd. 9, 18. Oktober 1804.
[163] Nachlaß A V, 9; gedr. bei Kochendörffer, Briefwechsel, Nr. 15.
[164] Aus Blüchers Brief an v. Angern vom 3. November 1804, zitiert nach Bodelschwingh, Vincke, S. 244.
[165] Nachlaß A V, 9. Dort auch Vinckes Briefwechsel mit v. Angern über seine Bedenken gegen die neue Stellung, die Eingabe an den König gegen Vinckes Versetzung und die ablehnende Antwort Friedrich Wilhelms III.
[166] Über Vinckes Aufgaben und Tätigkeiten als Kammerpräsident in Münster und Hamm vgl. Bodelschwingh, Vincke, S. 250 ff.; Kochendörffer, Vincke I, S. 125 ff.; ders., Territorialentwicklung und Behördenverfassung von Westfalen 1802–1813. In: WZ 86, 1929, S. 97–218. – Zu den besonderen Schwierigkeiten der Preußischen Verwaltung in den ehemals geistlichen Territorien vgl. Lipgens, Spiegel, S. 89 ff.; Franz Ludwig Knemeyer, Regierungs- und Verwaltungsreformen in Deutschland zu Beginn des 19. Jahrhunderts. Köln, Berlin 1970; Lahrkamp, Münster in napoleonischer Zeit, S. 30 ff., 48 ff., 158 ff.
[167] Bezeichnend für dieses Bestreben ist etwa der Auftrag des Provinzialministers v. Angern vom 20. September 1803 an den Kriegs- und Zollrat Liebrecht in Sundern, er solle als erfahrener Kenner der Verhältnisse eine für die dortigen alten und die neuen preußischen Besitzungen passende „Zolleinrichtung" entwerfen, durch die ein „Zollverein" ohne Binnenzölle und mit einheitlichen Grenzzöllen geschaffen werde; vom Stein solle zu Liebrechts Plan Stellung nehmen. Vgl. hierzu StAM, KDK Münster, Fach I Nr. 4, Bl. 92 f. – Liebrecht hat zwar noch ein Promemoria eingereicht, doch ist es damals nicht zur Bildung eines westfälischen Zollgebietes gekommen.
[168] Hierzu Alwin Hanschmidt, Fürstenberg als Staatsmann. Die Politik des münsterischen Ministers 1762–1780. Münster 1969, der besonders S. 298 ff. die Begrenzung der fürstlichen Macht durch die Stände des Fürstbistums Münster beschreibt und die Macht wie auch die Parteiungen des landsässigen Adels charakterisiert.
[169] Über einen solchen Vorfall Friedrich Keinemann, Der Beleidigungsstreit zwischen Domherren und preußischen Offizieren in Münster 1803/04. In: Westfalen 45, 1967, S. 307–313; Lahrkamp, Münster in napoleonischer Zeit, S. 574 f.
[170] Zur Koadjutorwahl von 1780 vgl. Hanschmidt, Fürstenberg als Staatsmann (Anm. 168), S. 249–288.
[171] Dieser Ausdruck in der Konduitenliste von Steins Hand, die dieser für seinen Nachfolger Vincke niedergeschrieben hat: Nachlaß A V, 10.
[172] Wie schwer es den altpreußischen Beamten fiel, sich an Münsters besondere Lebensart zu gewöhnen, und wie sie hier aufgenommen wurden, schildert Heinrich Karl Berghaus, Wallfahrt durchs Leben vom Baseler Frieden bis zur Gegenwart von einem Sechsundsechziger. 5 Bde., Leipzig 1862, insbes. Bd. 1, S. 105–244.
[173] Stein I, Nr. 561.
[174] Tagebuch Bd. 13 umfaßt die Zeit in Münster 1804–1807 und die Wanderungen des Jahres 1807 bis zur Rückkehr aus England.
[175] Über Spiegels Verhältnis zum preußischen Staat, zu Stein und Vincke berichtet ausführlich Lipgens, Spiegel, S. 79 ff., 89 ff.
[176] Zu Spiegels Anschauungen vgl. Lipgens, Spiegel, S. 43 ff. – Über Vinckes religiöse Anschauungen in diesen Jahren gibt am deutlichsten das Teilstück eines Briefes an den Jugendfreund Ferdinand Weerth Auskunft, der wohl dessen Anfrage beantworten sollte, aber nicht vollendet und abgegangen ist, sondern sich als Einlage in einem Brief des Freundes erhalten hat: Nachlaß A II, 77, datiert vom 19. April (1805?), in ihm heißt es „Religiosität ist notwendig, sie muß aber dem einfachen Verstand begreiflich sein, ohne an diesen zu hohe Ansprüche zu stellen."
[177] Tagebuch Bd. 21, 13. November, 1. Dezember, 17. Dezember 1835 und Bd. 22, 19. November 1837.

Anmerkungen

[178] Erhalten sind aus dieser Zeit nur Briefe Steins an Vincke, doch lassen sich aus ihnen Vinckes Fragen und Sorgen zum Teil erschließen; vgl. Kochendörffer, Briefwechsel, Nr. 17–26.

[179] Nachlaß A II, 40: Brief der Frau v. Itzenplitz aus Berlin vom 15. Februar 1805; ihre Mutter, die auch von Vincke sehr verehrte Frau v. Friedland, war die Begründerin der fortschrittlichen Wirtschaften in Kunersdorf und Groß-Behnitz gewesen, sie war 1804 gestorben.

[180] Den eigentlichen Plan zur Anstalt hatte 1805 Dr. Stephan Landgräber, Professor für Anthropologie und Psychologie in Münster, ausgearbeitet; Vincke hatte ihn mit seinem befürwortenden Bericht Minister v. Angern vorgelegt, der aber seine Zustimmung hinauszögerte. Hierzu Westphalen, Tagebücher, S. 331, Anm. 823, und S. 361.

[181] Vgl. hierzu Alwin Hanschmidt, Die erste münstersche Universität 1773–80–1818. Vorgeschichte, Gründung und Grundzüge ihrer Struktur und Entwicklung. In: Heinz Dollinger (Hrsg.), Die Universität Münster 1780–1980. Münster 1980, insbes. S. 3ff.; über die Versuche der Simultanisierung der Universität S. 14–16.

[182] Vgl. Heinrich Kochendörffer, Vincke und Spiegel zur Frage der westfälischen Universität im Jahr 1805. In: Westfalen 16, 1931, S. 152–163. – In Vinckes Schreiben an v. Angern vom 18. Januar 1806 – Abschrift im Nachlaß Q 1 – werden drei Gründe für die Verlegung der Universität nach Paderborn genannt: 1) Nur so könne man in Münster ohne zusätzliche Kosten zu dem so dringend notwendigen Regierungslokal – der Landesjustizbehörde – kommen. 2) In Münster gäbe es die größten Schwierigkeiten in religiöser Hinsicht, wie es sich bei der Berufung des Theologieprofessors Wecklein zeige. 3) Paderborn sei bisher stiefmütterlich behandelt worden und brauche dringend eine Einrichtung, die Geld in die Stadt ziehe und einen Ersatz für die verlorenen Landesbehörden darstelle.

[183] Bezeichnend hierfür ist die Haltung des münsterschen Verlegers Johann Hermann Hüffer, der zwar die Schwächen des alten Regiments erkannte und die Mißbräuche der Adelsherrschaft verurteilte, der auch zu Stein und Vincke in durchweg guten persönlichen Beziehungen gestanden hat, der aber seine Abneigung gegen die Preußen nie überwunden hat und verhehlen mochte; vgl. Hüffer, Lebenserinnerungen, S. 48ff., 57ff.

[184] Einige Angaben über die Geschichte des Adligen Damenclubs bei Eugen Müller, Altmünstersches Gesellschaftsleben. In: Westfalen 9, 1917/18, Heft 2/3, S. 8f. – Über den Civilclub vgl. die Schrift: 200 Jahre Civilclub in Münster 1775–1975. Festgabe zum Jubiläumstag 2. Februar 1975. Münster 1975. Das Mitgliederverzeichnis S. 66ff. spiegelt die politischen und sozialen Veränderungen in der münsterschen Gesellschaft wider.

[185] Tagebuch Bd. 13, 27. Januar 1805.

[186] StAM, KDK Münster, Fach 1 Nr. 2.

[187] Ernst v. Bodelschwingh hat selbst geschildert, wie er Vincke zum ersten Mal in Hamm gesehen und wie sehr ihn dessen Versunkenheit in die Aktenlektüre beeindruckt hat: Bodelschwingh, Vincke, S. 263f. Anm.

[188] Einen breiten Überblick über solche Äußerungen und eine kritische Zusammenfassung der älteren Literatur bietet die abwägende Darstellung von Alfred Heggen, Staat und Wirtschaft im Fürstentum Paderborn. Studien und Quellen zur westfälischen Geschichte, Bd. 17. Paderborn 1978.

[189] In Steins Brief an Sack vom 20. Dezember 1802 – in Stein I, Nr. 507 – und in seinem Bericht an Graf von der Schulenburg vom 28. Dezember 1802 – in Stein I, Nr. 508.

[190] Heggen, Staat und Wirtschaft (Anm. 188), S. 100.

[191] Nach dem Tagebuch Bd. 3 reitet der Marburger Student Vincke am 11. April 1793 durch das Hochstift Paderborn und kommt zum Kloster Hardehausen; er notiert: „Fette Mönche und gutes Bier daselbst" und erfährt von einem Wirt einiges über die „unglückliche Lage des Landes unter einer Reihe geiziger Wahlfürsten, die Bauern müssen das dritte Gebund geben, sie werden von den Juden geigelt und gequält wie die Polacken, unordentliche Justizpflege, der Fürst ist gewöhnlich in Hildesheim, man erwartete auch hier sehnlichst die Franzosen ..."

[192] Die Flächenangaben sind dem „Forsthandbuch" entnommen, das H. C. Loers für Münster und Paderborn bei der Organisation der preußischen Forstverwaltung im April 1803 entworfen hat: StAM, KDK Münster, Fach 1 Nr. 4, Bl. 66f. Der Überschuß aus den Domänenforsten des Hochstifts Paderborn wird mit jährlich 20000 Talern recht niedrig angesetzt.

[193] Bodelschwingh, Vincke, S. 256f.
[194] Bodelschwingh, Vincke, S. 258f.
[195] Über den Verlauf und die Ergebnisse, aber auch die Unfallgefahren einer solchen Visitation geben das Tagebuch Vinckes und die anschließende Korrespondenz zwischen Minister und Kammerpräsident guten Aufschluß – diese im Nachlaß A III, 2 und Q 1.
[196] Tagebuch Bd. 13, 5. Juni, 4. September, 3. November 1805 und 26. Februar 1806.
[197] August Hermann Niemeyer, Beobachtungen auf einer Reise durch einen Teil von Westphalen und Holland. Halle 1823, S. 54f. Niemeyer, dessen Familie aus dem östlichen Westfalen stammte, hatte zuvor auch Paderborn besucht und äußert über die Stadt wie auch die ehemaligen Jesuiten, die er dort als akademische Lehrer vorfindet, sehr abfällige Urteile: ebd. S. 35ff.
[198] Als Beleg dafür, daß diese Meinung damals in der höheren Beamtenschaft Preußens weit verbreitet war, kann man die Äußerung Samuel Gottfried Borsches heranziehen, des Studienfreundes Vinckes, damals Kammerdirektor in Heiligenstadt; er schreibt am 30. März 1806: „So erbärmlich und schimpflich ist noch kein Staat um seine mit so schweren Opfern errungene Höhe der Selbständigkeit gekommen. Jeder sieht dies und fühlt es ..." – Nachlaß A II, 19. – Sehr eingehend über Stimmung und öffentliche Meinung in Preußen Kurt v. Raumer, Deutschland um 1800. In: Handbuch der Deutschen Geschichte. Neu hrsg. v. Leo Just, Bd. 3/Ia, Wiesbaden 1980, S. 193ff.
[199] Stein hat sich bemüht, Vinckes Unwillen hierüber mit dem Hinweis zu mildern, daß die Natur dem Herrscher die große moralische und intellektuelle Kraft versagt habe und man den Willen der Vorsehung hinnehmen müsse; keinesfalls dürfe die Schwäche des Monarchen den Vorwand bieten, dem preußischen Staat die Treue zu brechen: Steins Brief an Vincke vom 30. Januar 1806 bei Kochendörffer, Briefwechsel, Nr. 25.
[200] Tagebuch Bd. 13, 18. Dezember 1805, hier bringt Vincke anscheinend den Waffenstillstand von Znaim und den Vertragsentwurf von Schönbrunn durcheinander. – Über die militärische Sicherung des ihm immer noch teuren Ostfriesland hat sich Vincke viel Sorgen gemacht und dementsprechende Eingaben an v. Angern geschickt: Nachlaß A V, 8.
[201] Seit dem 2. April 1806 berichtete Vincke mehrfach über die französischen Okkupationsversuche in Essen, Werden und Elten an v. Angern: Nachlaß A V, 14. – Die angebliche Redensart des Grafen Haugwitz in Vinckes Bericht vom 7. Juni 1806 ebd. Bl. 255.
[202] Tagebuch Bd. 13, 20. Dezember 1805.
[203] Tagebuch Bd. 13, 19. Februar 1806.
[204] Die zitierten Bemerkungen v. Angerns in seinem Brief an Vincke vom 27. September 1805 im Nachlaß A III, 2. – Graf von der Schulenburg-Kehnert hatte nach der Niederlage von Jena und Auerstedt als Gouverneur von Berlin den Einwohnern der Hauptstadt in einem Maueranschlag mitgeteilt: „Der König hat eine Bataille verloren. Jetzt ist Ruhe die erste Bürgerpflicht ..."
[205] Nachlaß A II, 3: Brief des Vaters vom 26. August 1806. Auch Minister v. Angern hat ihm mehrfach solche Gedanken auszureden versucht, so in einem Privatschreiben vom 21. Dezember 1805, in dem übrigens deutlich wird, daß Vinckes Dienstunlust Ausdruck einer verbreiteten Stimmung war: „Des Königs Majestät sagten neulich, als geäußert wurde, daß jemand von Abschied spreche: ‚Wenns aufs Abschiednehmen ankömme, dann nehme ich gewiß den meinigen auch'" – eine solche Redensart ist Friedrich Wilhelm III. in seiner zugleich trockenen wie selbstironischen Redeweise wohl zuzutrauen, Nachlaß A III, 2.
[206] Nachlaß A II, 10: Brief Friedrich v. Sybergs vom 9. September 1806.
[207] Hövels Ernennung zum Kammerpräsidenten fand Minister v. Angern so bemerkenswert, daß er am 9. September 1809 an Vincke schrieb: „Der katholische Adel wird sich hieraus zu überzeugen belieben, daß auch Katholiken, wenn sie nur die nötige Kapazität haben, sich in unserem Staat auf die ersten Civilstellen poussieren können, und wünsche ich, daß Ew.Hwgb. (Euer Hochwohlgeboren) gelegentlich denen Ungläubigen dieses Beispiel unserer Toleranz auftischen wollen, da wir sogar einer protestantischen Provinz einen Katholiken zum Präsidenten zu geben kein Bedenken tragen" – Nachlaß A III, 2.
[208] Nachlaß A III, 112: Brief Friedrich Alexander v. Hövels vom 23. Februar 1806.
[209] Tagebuch Bd. 13, 10. Mai 1806.

[210] Tagebuch Bd. 13, 14./15. August 1806.
[211] Tagebuch Bd. 13, 11. Oktober 1806.
[212] Die Begleitumstände der französischen und holländischen Besatzung und die Reaktion der Münsterländer schildert Lahrkamp, Münster in napoleonischer Zeit, S. 60–64, eingehend. – Über die zunehmende Agitation besonders des katholischen Adels enthält der Bd. 13 des Tagebuchs zahlreiche ärgerliche Bemerkungen.
[213] Tagebuch Bd. 13, 27. November, 3. Dezember 1806.
[214] Nachlaß J 1, Bd. 2.
[215] Der gereizte Briefwechsel und die Entlassungsverfügung haben sich erhalten: Nachlaß A V, 15.
[216] Anscheinend hat Vincke erst am 8. April 1815 seine „alten Mobilien" bei Kottmeiers wieder in Besitz genommen; vgl. Westphalen, Tagebücher, S. 146, Anm. 356.
[217] Brief Vinckes an Spiegel vom 7. April 1807: StAM, Herrschaft Desenberg (Dep.) Nachlaß Ferdinand August v. Spiegel Nr. 326.
[218] Nachlaß A V, 16: Brief Erdmannsdorffs vom 26. April 1807.
[219] An diesem Tag war die preußische Armee bei Jena und Auerstedt vernichtend geschlagen worden.
[220] Tagebuch Bd. 13, 5. Februar 1807.
[221] Nachlaß A III, 288; Stein wird diesen Brief, der weder bei Kochendörffer, Briefwechsel, noch in der Stein-Ausgabe erscheint, schon wegen seines delikaten Inhalts durch einen Boten oder eine besondere Gelegenheit Vincke zugesandt haben, der ihn sonst bis zum Tag seines Abritts, dem 5. April 1807, kaum in Münster hätte haben können.
[222] Nachlaß A V, 16: Brief Ferdinand August v. Spiegels vom 11. Mai 1807.
[223] Tagebuch Bd. 13, 23. April 1807.
[224] Der Freiherr vom Stein hatte schon unmittelbar nach seiner Entlassung Ministern und anderen Bekannten Abschriften von Akten, die sich auf die Auseinandersetzung mit dem König bezogen, zu seiner Rechtfertigung – und mit seinen Zusätzen versehen – mitgeteilt; es scheint, als ob er von diesen Stücken auch den Brüdern Vincke einiges mitgeteilt hätte; vgl. Ritter, Stein, S. 179 f.
[225] Die Denkschrift Scharnhorsts ist gedruckt bei Colmar von der Goltz, Von Roßbach bis Jena. Berlin 1906, S. 543–549.
[226] Über den Aufstand der Hessen vgl. Losch, Geschichte Hessens, S. 40 f. – Über diese Erhebung wie über spätere Aktionen vgl. auch Heinz Heitzer, Insurrektionen zwischen Weser und Elbe. Volksbewegungen gegen die französische Fremdherrschaft im Königreich Westfalen (1806–1813). Berlin (Ost) 1959. Heitzer wertet reiches Quellenmaterial aus, ist aber einer Klassenkampfideologie unterworfen, die zur Erklärung der Vorgänge kaum etwas beitragen kann.
[227] Hierzu Lionnet, Erhebungspläne, S. 16.
[228] So urteilt Lionnet, Erhebungspläne, S. 125, der das Geflecht der Erhebungspläne im nördlichen Deutschland eingehend erläutert.
[229] Vgl. Anm. 218.
[230] Lionnet, Erhebungspläne, S. 114.
[231] Lionnet, Erhebungspläne, S. 32, 39.
[232] Dieser Brief ist gedruckt in der Sammlung „Briefe und Aktenstücke zur Geschichte Preußens unter Friedrich Wilhelm III., vorzugsweise aus dem Nachlaß von Friedrich August v. Stägemann". Hrsg. v. Franz Rühl, 1. Bd. Leipzig 1899, Nr. 12, S. 16.
[233] Tagebuch Bd. 13, 27. April, 4. Mai 1807.
[234] Nachlaß A IV, 42.
[235] Die eigenhändigen Entwürfe Vinckes zu ihnen im Nachlaß A IV, 41. – Nach Eintragungen im Tagebuch scheint ihm der Hamburger Freund Ferdinand Beneke die Reinschriften der Berichte angefertigt zu haben, die an den König abgegangen sind. Gedruckt sind die Eingaben bei Bodelschwingh, Vincke, S. 300–315, allerdings unter „Weglassung einiger Stellen und Namen, welche auch nach einem halben Jahrhundert noch verletzen können", wie Vinckes erster Biograph schonend vermerkt.
[236] Vgl. Friedrich Thimme, Zu Insurrektionsplänen Gneisenaus und Scharnhorsts. In: Historische Zeitschrift 86. Bd., 1901, S. 97 ff.

237 Losch, Geschichte Hessens, S. 43.
238 Peter Gerrit Thielen, Karl August v. Hardenberg. 1750–1822. Köln 1967. S. 191.
239 Tagebuch Bd. 13, 30. Mai 1807. – Ob Fürst Wittgenstein mehr im Interesse des Kurfürsten von Hessen die englische Unterstützung einer erneuten Insurrektion in dessen Land betrieben hat, wie Lionnet in seinem angegebenen Werk S. 146 andeutet, während Vincke und d'Ivernois von vornherein ganz Nord- und Westdeutschland einbeziehen wollten, läßt sich kaum erweisen, aber auch nicht ausschließen.
240 Nachlaß A IV, 42.
241 Aus diesem Mémoire vom 3. Juni wie aus dem schon zitierten Bericht an den König vom 16. Mai 1807 geht hervor, daß Vincke die Operationen der englischen Landungstruppen, der zusammengerufenen ehemals preußischen Soldaten und des Landsturms als eine planvolle Einheit aufgefaßt hat. Das Volksaufgebot wurde durchaus nicht nur „als ein ausgesprochen untergeordnetes, sekundäres Mittel betrachtet, um die Operationen der regulären Armee zu erleichtern", wie es Heinz Heitzer (Anm. 226) S. 130 unter anderm auch von den Plänen des Obristen d'Ivernois behauptet, der mit Vincke aufs engste zusammengewirkt und ganz ähnliche Pläne ausgearbeitet hat. Selbstverständlich sind diese beiden wie auch Scharnhorst und Gneisenau, die Theoretiker des Volksaufstandes – vgl. Anm. 236 – weit von Vorstellungen entfernt, nach denen Insurrektions- und Befreiungsbewegungen Klassenkämpfe im marxistischen Sinne gewesen seien, und eben das scheint Heitzer ihnen zum Vorwurf machen zu wollen.
242 Tagebuch Bd. 13, 3. Juni 1807.
243 Tagebuch Bd. 13, 13. Juni 1807.
244 Adolf Pfannkuche, Die Königlich deutsche Legion. 2. Aufl., Hannover 1926, S. 29.
245 So jedenfalls mußte es sich den preußischen Patrioten in London darstellen; Karl August v. Hardenberg, der eben aus seinem Amt als leitender Minister auf den Druck Napoleons hin ausscheiden mußte, hat in seinem 1807/08 geschriebenen Erinnerungswerk deren Pläne weiter und zu Ende gedacht. Vgl. Leopold v. Ranke, Denkwürdigkeiten des Staatskanzlers Fürsten v. Hardenberg. Bd. 3, 1877, S. 491 f.: Hardenberg läßt sich über das Zustandekommen des Friedens von Tilsit und die Unfähigkeit Friedrich Wilhelms III. aus, seine Interessen gegen Napoleon und Alexander I. zur Geltung zu bringen, und fährt fort: „Der König hätte einen großen heroischen Entschluß nehmen können ..., wenn er in einer Aufforderung an seine Untertanen und an Deutschland seine Lage schilderte und ein allgemeines Aufgebot ergehen ließ, welches gewiß unglaublich wirkte, da der Zunder der Insurrektion an vielen Orten verbreitet war, da durch den Fürsten v. Wittgenstein, durch den in Münster gestandenen Kammerpräsidenten v. Vincke und den Obersten d'Ivernois ... in Westfalen, in Hessen, in Niedersachsen schon alles wirklich vorbereitet war und nur auf die nun beschlossene Landung von 17000 Engländern und Hannoveranern mit Waffen und Munition wartete; wenn sich der König selbst an die Spitze seiner Truppe stellte ... Ein solcher Entschluß und die Kraft ihn durchzusetzen, lagen aber nicht in dem Charakter des Königs, und nach seinem Charakter konnte ihn auch ein anderer für ihn nicht ausführen ..." – Aus diesen Überlegungen Hardenbergs, die er der Königin Luise mitgeteilt hat und mit denen er wohl auch das Scheitern seiner Politik entschuldigen will, geht hervor, wie ernst man die Bemühungen Vinckes und seiner Freunde genommen hat und wie sehr seine Berichte aus Altona und London die Staatsführung beeindruckt haben.
246 Tagebuch Bd. 13, 28. Juni 1807.
247 Im Handbuch der Deutschen Geschichte, neu hrsg. v. Leo Just, Bd./Ia, Wiesbaden 1980; das Vincke-Zitat dort S. 175.
248 Tagebuch Bd. 13, 23. Juni 1807.
249 Tagebuch Bd. 13, 23. Juni 1807.
250 Vgl. Westphalen, Tagebücher, S. 176, Anm. 436; S. 545f., Brief Nr. 65.
251 Hingewiesen sei auf die Darstellung von Schulze-Marmeling, Englische Einflüsse auf Vincke, S. 164ff.; – Westphalen, Preußen zwischen Wunsch und Wirklichkeit, S. 207–227.
252 Tagebuch Bd. 13. 6. Juni 1807; unbekannt können Vincke solche Schienenwege aus Eisen nicht gewesen sein, da es in der Grafschaft Mark bereits zu Ende des 18. Jahrhunderts mit

eisernen Platten belegte Kohlenwege gegeben hat, nach deren Einrichtung sich Vinckes ehemaliger Lehrer in Halle, Christian Krause, 1798 erkundigt: Nachlaß A II, 47.

[253] Tagebuch Bd. 13, 27. Juli 1807. – Vinckes durchaus fortschrittlich anmutende Vorstellungen hierüber scheinen auf Anregungen und Belehrungen durch Johann Gottfried Langermann, Arzt im Irren- und Zuchthaus in Torgau, 1810 Geheimer Obermedizinalrat im preußischen Innenministerium, und Dr. Stephan Landgräber, Professor für Anthropologie und Psychologie in Münster, zurückzugehen (vgl. Anm. 180).

[254] Daß Vincke an ein längeres oder gar dauerndes Bleiben in England mindestens gedacht hat, geht aus der letzten Eintragung in Band 13 seiner Tagebücher am 10. August 1807 hervor, den er mit anderen persönlichen Papieren dem Freund d'Ivernois beim Abschied zu treuen Händen übergeben hat. – Am 24. Juni 1830 notiert Vincke in sein Tagebuch Band 20: „... große Freude, mein altes Tagebuch von 1804/07 wiedererhalten von Ivernois, bei welchem ich es in Verwahr gab, als ich 1807 von London in die französisch gewordene Heimat zurückkehren mußte".

[255] Tagebuch Bd. 13, 14. Juli 1807.

[256] Tagebuch Bd. 14, 14. August, 13.–15. September 1807, 5.–8. Januar 1808.

[257] Nachlaß A III, 288. „H" ist Hardenberg; dieser Brief Steins ist weder bei Kochendörffer, Briefwechsel, noch in der Stein-Ausgabe gedruckt. – Zur Wiederberufung Steins vgl. Ritter, Stein, S. 204 ff.

[258] Kochendörffer, Vincke II, S. 26, meint, Ernst Idel Jobst Vincke habe sich nur widerstrebend dieser Reise angeschlossen, bringt dafür aber keinen Beleg. Auch die Lebensgeschichte des Domdechanten – Nachlaß B 56 –, die fast 40 Jahre nach seinem Tod von seiner Schwiegertochter Luise Vincke, geb. v. Biel, auf Bitten Ernst v. Bodelschwinghs verfaßt worden ist, bringt über diesen Vorgang nichts Näheres. – Aus der Deputation ist in Paris ein engerer, fünfköpfiger Ausschuß gebildet worden, dem der Domdechant nicht angehört hat. Wie wenig ernst weder dieser Ausschuß noch die ganze Deputation mit ihren Bemerkungen zu dem ihnen mitgeteilten Verfassungsentwurf für das Königreich Westphalen genommen wurden, geht hervor aus der Arbeit von Georg Friedrich Karl Robert, Urkundliche Beiträge zur Staatengeschichte Deutschlands in der napoleonischen Zeit. I. Verhandlungen der Deputierten des Königreiches Westphalen zu Paris in den Monaten August und September des Jahres 1807, nebst 25 Anlagen. Kiel 1852. – Vgl. auch Rudolf Goecke/Theodor Ilgen, Das Königreich Westfalen. Düsseldorf 1888, S. 42 f.; Helmut Berding, Napoleonische Herrschafts- und Gesellschaftspolitik im Königreich Westfalen 1807–1813. Göttingen 1973, S. 19.

[259] Tagebuch Bd. 14, 27.–29. September 1807.

[260] Als Todestag des Kirchenlehrers und Heiligen Hieronymus, französisch Jérôme, ist der 30. September 419 überliefert.

[261] Vgl. Hans Branig, Fürst Wittgenstein. Ein preußischer Staatsmann der Restaurationszeit. Veröffentlichung aus den Archiven Preußischer Kulturbesitz, Bd. 17. Köln 1981, S. 21 ff., 25 f.

[262] Tagebuch Bd. 14, 9.–15. Oktober 1807.

[263] Der Etatsrat Lawaetz wird von Losch, Kurfürst Wilhelm, S. 283, als „sein (des Kurfürsten) früherer Mittelsmann in den Geldgeschäften mit Dänemark" bezeichnet. Auch hieraus ist zu schließen, daß es schon in diesen Verhandlungen darum ging, einen Zugang zu den Schätzen des hessischen Kurfürsten zu gewinnen.

[264] Nachlaß A III, 288. Der Brief ist weder bei Kochendörffer, Briefwechsel, noch in der Stein-Ausgabe gedruckt.

[265] Niebuhr war am 8. Oktober 1806, also wenige Tage vor der Niederlage bei Jena und Auerstedt, als Geheimer Seehandlungsrat in den preußischen Dienst getreten; über sein Verhältnis zu Stein vgl. Gerhard/Norvin, Die Briefe Niebuhrs, S. XLff.; ebd. S. LXV wird eine Bemerkung Wilhelm v. Humboldts zitiert, die Niebuhrs geringe Eignung für Fragen des praktischen Lebens herausstellt.

[266] Nachlaß A IV, 18: das Schreiben befindet sich in der Akte „Gutachten Vinckes betr. Veräußerung der preußischen Domänen mit Schriftwechsel 1807". – Gedr. bei Bodelschwingh, Vincke, S. 336, danach Regest in Stein II, 2 Nr. 436; bei Kochendörffer, Briefwechsel, ist dieser Brief weder gedruckt noch erwähnt.

Anmerkungen

267 Hierzu Hassel, Preußische Politik, S. 72ff., Akte Nr. 19, S. 344ff.; Ritter, Stein, S. 307ff.
268 Zusammen mit vier weiteren älteren Ministern war von der Reck nach dem Tilsiter Frieden aus dem Amt des Justizministers entlassen worden; daß diese Maßnahme als Strafe wegen des dem Kaiser Napoleon 1806 eilig geleisteten Treueides anzusehen ist, läßt sich kaum bezweifeln.
269 Tagebuch Bd. 14, 22.–25. Oktober 1807.
270 Nachlaß A II, 4: Brief des Bruders Ernst vom 10. September 1807; ähnlich auch am 4. Oktober desselben Jahres.
271 Tagebuch Bd. 14, 16.–19. November 1807.
272 Tagebuch Bd. 14, 30. November 1807.
273 Tagebuch Bd. 14, 1. Dezember 1807.
274 Über Niebuhrs Geschäfte und Schwierigkeiten in Amsterdam vgl. Gerhard/Norvin, Die Briefe Niebuhrs, S. XLIIff., 450ff.
275 Über den preußischen Domänenbesitz und seine Verwaltung vgl. Hans-Heinrich Müller, Domänen und Domänenpächter in Brandenburg-Preußen im 18. Jahrhundert. In: Jahrbuch für Wirtschaftsgeschichte, Jahrgang 1965, Teil 4, S. 152–192; wieder abgedruckt in: Moderne preußische Geschichte (hrsg. v. Otto Büsch/Wolfgang Neugebauer) Berlin 1981, S. 316–359.
276 Das von Stein unterzeichnete Reskript im Nachlaß A IV, 18; ebd. der eigenhändige Entwurf zu Vinckes Stellungnahme vom 6. Dezember 1807: „Betr. die bei der Veräußerung der Domänen zu beobachtenden Grundsätze". In der Akte auch Übersichten über den Kapitalwert preußischer Domänen und Forsten mit handschriftlichen Zusätzen Vinckes; sie hat er als Verhandlungsgrundlage auf die Reise zum Kurfürsten von Hessen mitgenommen. – Stein hat die Aufforderung zur Abgabe von Gutachten über diese Frage gleichzeitig an die Immediatkommission und die Staatsräte Sack und Borgstede gerichtet. Vgl. Stein II, 2 Nr. 473.
277 Diese Schreiben Steins an von der Goltz gedr. in Hassel, Preußische Politik, S. 324, Aktenstück Nr. 18; danach das Regest in Stein II, 2 Nr. 466.
278 Vgl. Stein II, 2 Nr. 487.
279 Vgl. Hassel, Preußische Politik, S. 326, Aktenstück Nr. 20.
280 Diese Kabinettsorder vom 9. Dezember 1807 im Nachlaß A III, 225; gedr. bei Bodelschwingh, Vincke, S. 343f.
281 Tagebuch Bd. 14, 2.–11. Dezember 1807.
282 Dieser Bericht wird ausführlich zitiert von Kochendörffer, Vincke II, S. 39ff.
283 Die Kabinettsorder im Nachlaß A III, 225; gedr. bei Kochendörffer, Vincke II, S. 42.
284 Tagebuch Bd. 14, 2.–11. Dezember 1807.
285 Hierzu Ritter, Stein, S. 310f. – Nicht ohne Interesse mag die Feststellung sein, daß Kochendörffer in dem 1933 erschienenen 2. Bd. der Vincke-Biographie, S. 36, für Steins Versuche, mit Frankreich zu einem finanziellen Ausgleich zu kommen, die Bezeichnung „Erfüllungspolitik" gebraucht und damit auf die – zahlreichen Deutschen verdächtigen – Bemühungen der Weimarer Republik anspielt, mit den Siegermächten des Ersten Weltkrieges Vereinbarungen über die geforderte Kriegsentschädigung zu erreichen.
286 Die Bedenken und tatsächlichen Schwierigkeiten des Kurfürsten von Hessen verdeutlicht Wittgensteins ausführlicher Bericht an den preußischen König vom 17. Dezember 1807, aus dem auch die fragwürdige Position des preußischen Unterhändlers hervorgeht; vgl. Hassel, Preußische Politik, S. 75f., 326ff., Aktenstück Nr. 21. – Während Vincke auch in späteren Jahren gegen Wittgenstein keine Vorbehalte zu haben scheint, wie aus seinen Tagebuchnotizen der Jahre 1815–1817 und seinem Briefwechsel mit jenem hervorgeht – vgl. Westphalen, Tagebücher, Brief Nr. 42 –, ist Stein 1807/08 von Männern seiner nächsten Umgebung, darunter Niebuhr, vor diesem dubiosen Patrioten gewarnt worden, was nicht ohne Wirkung blieb; vgl. Gerhard/Norvin, Die Briefe Niebuhrs, S. 451, 481. – Wittgensteins Verhalten bei Steins Entlassung hat ihm dessen lebenslangen Haß zugezogen.
287 Der Brief Wittgensteins an Vincke vom 24. Dezember 1807, wohl die zweite der in Vinckes Tagebuch genannten Nachrichten, im Nachlaß A III, 324, gedr. bei Bodelschwingh, Vincke, S. 347. Auch späterhin ist es zu einer Anleihe oder zu einem Domänenkauf des hessischen Kurfürsten nicht gekommen; dieser entzog sich vielmehr im Juli 1808 den drängenden, lästigen

preußischen Wünschen wie auch einem befürchteten französischen Zugriff durch die Übersiedlung nach Böhmen. – Die wenig erfolgreichen Versuche Steins, an die hessischen Schätze heranzukommen, gehen übrigens bis in die Jahre 1805 und 1806 zurück; vgl. Stein II, 1 Nr. 73, 77, 83, 107, 181, 196 und 216. Kein Wunder, daß Stein ihn als habsüchtig bezeichnet hat; vgl. seinen Brief an Wittgenstein vom 15. August 1808 in Stein II, 2 Nr. 780. Dies abfällige Urteil blieb trotz zahlreicher Begegnungen im gemeinsamen Prager Exil bestehen, was Wilhelm von Hessen während der Befreiungskriege zu spüren bekam, als Stein als Chef des Zentralverwaltungsdepartements mit ihm nicht eben sanft umging. – Nicht unkritisch, aber verständnisvoll urteilt Losch, Kurfürst Wilhelm, S. 324 f. Anm. 1.

[288] In seinem Tagebuch vermerkt Vincke am 27. Dezember 1807, er wolle bei dieser Gelegenheit seine Angelegenheiten in Altwestfalen erledigen; damit will er seine westfälische Heimat deutlich von dem neuen Königreich Westphalen absetzen, dessen territoriale und stammliche Zusammensetzung den Namen kaum verdiente. Der Ausdruck Altwestfalen wird von Vincke auch später noch verwandt, während er das Königreich Westphalen als „neuwestfälisch" bezeichnet.

[289] Da die Tagebuchnotizen im Bd. 14 vom 5.–8. und vom 10. Januar 1808 nur den Familiennamen Harkort nennen, wie das bei Vincke auch sonst üblich ist, läßt sich nicht erkennen, ob er mit dem Vater oder einem Onkel Friedrich Harkorts verhandelt hat; beide waren Walzwerkbesitzer und Stahlfabrikanten und im Hagener Raum ansässig. – Kochendörffers Vermutung in Vincke II, S. 46, es habe sich bei dem mit Harkort verhandelten Geschäft um die Erneuerung älterer Insurrektionspläne gehandelt, findet in Vinckes Tagebuch keine Stütze, vielmehr ist von dem „Anleiheplan im Märkischen" die Rede, und am 10. Januar wird „das neue Geschäft, zu dem Harkort eigens hergekommen", notiert.

[290] Nachlaß A II, 4: Brief des Bruders Ernst vom 10. September 1807.

[291] Veröffentlicht im ‚Bulletin des lois du Royaume de Westphalie / Gesetz-Bulletin des Königreiches Westphalen'. 1. Teil, Kassel 1808, Nr. 9. Das Verbot wurde in Artikel 1 und 2 für den Militär- und Zivildienst ausgesprochen; Artikel 4 enthält die Androhung der Vermögenskonfiskation. Vgl. Goecke/Ilgen, Das Königreich Westfalen (Anm. 258), S. 67, 152.

[292] Nachlaß J 1, Bd. 2: Brief an die Schwester Luise vom 3. Mai 1808.

[293] Tagebuch Bd. 14, März–April–Mai 1808, Bl. 35.

[294] Tagebuch Bd. 14, 15. Januar–2. März 1808, Bl. 27.

[295] Steins Schreiben im Nachlaß A III, 288; gedr. in Stein II, 2 Nr. 593; mit unrichtigem Absendeort und einigen Unklarheiten auch bei Kochendörffer, Briefwechsel, Nr. 27.

[296] Beide Zitate aus dem Tagebuch Bd. 14, März–Mai 1808, Bl. 30 bzw. 32.

[297] Die Nassauer Denkschrift in Stein II, 1 Nr. 354; über ihre Entstehung und ihren Inhalt vgl. Ritter, Stein, S. 181 ff.

[298] Gemeint ist der von Altenstein nach Steins Weisungen ausgearbeitete Entwurf zur Organisation der obersten Staatsbehörden; nach intensiver Beratung und Durcharbeitung hat Stein am 23. November 1807 den 1. Teil, am 26. Dezember 1807 den 2. Teil dem König vorgelegt. Über den Plan vgl. Ritter, Stein, S. 240ff. Neben Vincke wurden auch Hardenberg, Beyme, Schön und Klewitz zur Erörterung herangezogen, vgl. Lehmann, Stein, 2. Bd., S. 405ff. – Vinckes „Bemerkungen" haben sich in seinem Nachlaß nicht erhalten; ich stütze mich auf die ausführliche Inhaltsangabe bei Kochendörffer, Vincke II, S. 51ff.

[299] Die „Bemerkungen über einige Mängel der Staatsverwaltung, vornehmlich über Anstellung, Entlassung und Pensionierung der Staatsdiener", Berlin, den 3. April 1808, liegen in Reinschrift mit eigenhändigen Zusätzen Vinckes im Nachlaß A V, 27 vor.

[300] Dies Gutachten ist veröffentlicht von Heinrich Kochendörffer, Eine Denkschrift Vinckes über die bäuerliche und ständische Verfassung in Ostfriesland. In: Jahrbuch der Gesellschaft für bildende Kunst und vaterländischen Altertümer zu Emden, Bd. 24, 1936, S. 119–123. Beigefügt ist dort auch jener Aufsatz des Auricher Kammerrates Johann Konrad Freese über die Verfassung des ostfriesischen Bauernstandes, den Vincke für seine Ausarbeitung benutzt hat. Keines der beiden Gutachten liegt im Nachlaß vor.

[301] Vinckes Gutachten „Über die kollegialische Form der Finanz- und Polizeiverwaltung und über ihre Verbesserung", Berlin, 9. April 1808, findet sich in zwei Abschriften im Nachlaß A V, 28, eine von ihnen enthält Zusätze von der Hand Vinckes und wohl auch von der Steins.

[302] Vinckes eigenhändiger Entwurf über „Das Verfahren der Gemeinheitsteilungen" mit zahlreichen Veränderungen findet sich im Nachlaß A V, 38. Daß seine englischen Erfahrungen ebensowenig wie die eigenen Vorschläge weder in den Stellungnahmen der Reformer noch auch in der einschlägigen Literatur sichtbar werden, erklärt sich aus der überraschenden Tatsache, daß die beiden von Vincke unterschriebenen Reinschriften dieses Gutachtens an Albrecht Thaer gelangt und in dessen Papieren verblieben sind; vgl. Simons, Thaer, S. 58. – Ob Vinckes Ausführungen, von Simons zeitlich wohl nicht richtig eingeordnet, auf Thaers Vorschläge zu einer preußischen Gemeinheits-Teilungs-Ordnung eingewirkt haben, wurde nicht festgestellt; zu Thaers Ausführungen hierüber vgl. Simons, Thaer, S. 130 ff.

[303] Dies Gutachten vom 20. April 1808 stellt den ersten Teil einer umfassenden Stellungnahme „Über die Organisation der Unterbehörden" dar, dem er am 14. Juni seine Vorschläge für die Finanzverwaltung, am 8. Juli 1808 die für die Militärverwaltung und am 13. Juli die für die Kommunalverwaltung folgen ließ – sie alle in eigenhändigen Entwürfen, z. T. auch in Abschriften im Nachlaß A V, 29. Vincke hat diese Gutachten zusammen mit einem Begleitbericht über „Zwecke und Mittel der preußischen Staatsverwaltung" am 8. August 1808 Stein eingereicht, vgl. Nachlaß A V, 20; letzterer gedr. bei Bodelschwingh, Vincke, S. 376 ff.

[304] Nachlaß A V, 38 enthält u. a. den „Versuch einer Darstellung der inneren Verwaltung in Großbritannien". Das Manuskript ist nicht datiert, doch handelt es sich wahrscheinlich um die Niederschrift von 1808, die im Juli 1815 als Grundlage für Vinckes „Darstellung der inneren Verwaltung in Großbritannien" gedient hat, die noch im gleichen Jahr mit einem Vorwort Barthold Georg Niebuhrs im Druck erschienen ist; vgl. Westphalen, Tagebücher, S. 176 f., Anm. 436 und 440.

[305] Mit ihnen mag seine Ausarbeitung „Betreffend die antichretische (Antichresis = Nutzungspfand, das dem Gläubiger an Stelle von Zinsen Nutzung gestattet) Übereignung der Domänen auf dargeliehene Kapitalien" vom 22. Mai 1808 zusammenhängen; der eigenhändige Entwurf im Nachlaß A V, 21. Ob der Gedanke, an Stelle der sich so schwierig anlassenden Domänenverkäufe Verpfändungen von Staatsgütern vorzunehmen, von Stein oder von Vincke ausgegangen ist, wurde nicht festgestellt.

[306] Nachlaß A V, 29.

[307] Nachlaß A V, 23.

[308] Nachlaß A V, 29.

[309] Nachlaß A V, 24.

[310] Nachlaß A V, 29.

[311] Nachlaß A V, 20.

[312] Nachlaß A V, 19.

[313] Nachlaß A V, 26.

[314] Tagebuch Bd. 14, März–Mai 1808, Bl. 31 f.

[315] „Annehmlich" hier wohl im Sinne von annehmbar, brauchbar.

[316] Nachlaß K 1.

[317] Tagebuch Bd. 14, März–Mai 1808, Bl. 31.

[318] Aus den Papieren des Ministers und Burggrafen von Marienburg Theodor v. Schön. Anhang zum 1. Teil. 2. Bd., Berlin 1875, S. 61. – In einer Tagebuchnotiz Schöns vom 20. Dezember 1808 heißt es, „Vincke, mein alter Vincke, ist noch hier, der gute Macher." Ebd. S. 64.

[319] Vincke hat zu diesem Oktoberedikt nur einen nachträglichen Diskussionsbeitrag liefern können: Im Juni 1808 veröffentlichte Albrecht Thaer in den von ihm herausgegebenen „Möglinner Annalen des Ackerbaus", seit 1817 „Möglinsche Annalen der Landwirtschaft" genannt, einen Briefwechsel über die sog. Bauernbefreiung, der von drei anonymen Verfassern geführt wird; Simons, Thaer, S. 131, macht es nun wahrscheinlich, daß einer der Autoren Vincke, ein zweiter v. Itzenplitz ist.

[320] So urteilt auch Ernst Meier, Die Reform der Verwaltungsorganisation unter Stein und Hardenberg. Leipzig 1881, S. 148. Ihm folgt weithin Heinz Singer, Die Mitarbeiter des Freiherrn vom Stein bei seinen Reformideen. Diss.jur., Heidelberg 1954. – Vgl. auch Menne, Mitarbeit Vinckes. – Westphalen, Stein und Vincke, S. 44 ff.

Anmerkungen

[321] Belege hierfür in Stein II, 2 Nr. 644, 645, 659, 668 und 729. Ein anschauliches Bild der Zusammenarbeit unter den Reformern und Steins leitender Rolle unter ihnen ergibt sich aus Heinrich Scheel (Hrsg.), Das Reformministerium Steins. Akten zur Verfassungs- und Verwaltungsgeschichte aus den Jahren 1807/08. Berlin (-Ost) 1967, Bd. 2; dort die zitierten Worte Altensteins über Vinckes Vorschläge auf S. 455.

[322] Vgl. Kochendörffer, Vincke II, S. 68.

[323] So in Vinckes Gutachten „Über die kollegialische Form" vom 9. April 1808 im Nachlaß A V, 28.

[324] Nachlaß A V, 28. Hier wie in fast allen Gutachten Vinckes wird das Lob der englischen Zustände und Einrichtungen gesungen und deren Nachahmung gefordert.

[325] Vinckes Gutachten „Über die Organisation der Unterbehörden" vom 14. Juni 1808 – Nachlaß A V, 29 – und „Über die Grundsteuerverfassung im preußischen Staate" vom 18. Juni 1808 – Nachlaß A V, 23 – wandeln dieselben Grundgedanken ab, die zusammengefaßt hier zitiert werden.

[326] Kritisch ablehnend stellt Ritter, Stein, S. 61ff., die Erbentage als unbrauchbare Reste kommunaler Selbstverwaltung dar.

[327] Als Vorbild nennt Vincke die Methoden des Vermessungsfachmannes Professor Johann Friedrich Benzenberg, der 1806 ein Lehrbuch der praktischen Geometrie für die Feldmesser des Herzogtums Berg herausgegeben hatte; ihn lernte Vincke am 30. Oktober 1808 in Düsseldorf kennen und er hat sich seiner insbesondere seit 1817 bei der Planung und Ausführung des rheinisch-westfälischen Katasters vielfach bedient. Vgl. Westphalen, Tagebücher, S. 376f., Anm. 931.

[328] Als Beleg hierfür können die Aufsichtsbehörden für die preußischen Gymnasien gelten, die 1825 als Provinzial-Schulkollegien begründet wurden und in den Schulkollegien in Münster und Düsseldorf bis 1985 fortbestanden haben. Die Arbeitsweise kollegialischer Beratungen und Beschlüsse war bei ihnen allerdings weitgehend verloren gegangen. Vgl. Heinz Vogelsang, Die Schulkollegien nach dem Schulverwaltungsgesetz von Nordrhein-Westfalen in ihrer Fortentwicklung aus den früheren Provinzialschulkollegien. Diss.jur., Berlin 1963; Ludger Graf v. Westphalen, 150 Jahre Schulkollegium in Münster. Ein Beitrag zu seiner Geschichte. Münster 1976.

[329] Ritter, Stein, S. 64. – Angesichts dieser und der folgenden Sätze ist die spätere Aussage Ritters, S. 242f., die Oberpräsidenten im alten Preußen vor der Reform hätten nur als „Kammerpräsidenten höheren Grades gewirkt ..., mehr dazu berufen, die Sonderinteressen der Provinz gegen die Zentrale zu vertreten als umgekehrt" nicht recht verständlich. – Übrigens haben weder Stein noch Vincke nie nur in der einen oder anderen Richtung, Wahrung der Provinzialinteressen oder Überwindung territorialer Besonderheiten zugunsten des Gesamtstaates, gedacht und gewirkt, sondern diese miteinander auszusöhnen gesucht: Beide waren überzeugte Westfalen und Preußen zugleich.

[330] Diese Kritik hat Vincke schon in seinen „Bemerkungen über den größeren Organisationsplan, am 22. März vollendet" (Anm. 298) angebracht, vgl. Kochendörffer, Vincke II, 51ff. In zwei Briefen Vinckes an Stein vom 1. Januar und vom 12. November 1809 wiederholt er sein Mißbehagen über das Oberpräsidentenamt; vgl. Kochendörffer, Briefwechsel, Nr. 28 und Nr. 29. – Über Vinckes Abneigung auch Ritter, Stein, S. 243.

[331] Vgl. Ritter, Stein, S. 243f.

[332] Vgl. Lehmann, Stein, 2. Bd., S. 412f. und 435ff.

[333] So ausdrücklich in Vinckes Gutachten „Über die Organisation der ständischen Repräsentation" vom 20. September 1808 – Nachlaß A V, 19. – Menne, Mitarbeit Vinckes, schreibt demgegenüber Vincke eine positive Grundeinstellung zu der Verwendung ständischer Vertreter in der Verwaltung zu, geht aber auf das o. a. Gutachten nicht ein. Nach Menne hat Vincke seine Einstellung erst 1809 als Präsident der Kurmärkischen Regierung geändert.

[334] Tagebuch Bd. 14, März–Mai 1808, Bl. 30.

[335] Tagebuch Bd. 14, 31. Juli, 9. August 1808.

[336] Gedruckt bei Bodelschwingh, Vincke, S. 395f.

Anmerkungen

[337] Zwei kennzeichnende Denkschriften Scharnhorsts in Stein II, 2 Nr. 785, verfaßt etwa Mitte August 1808. – Vgl. Gordon A. Craig, Scharnhorst und die preußischen Reformen. In: Moderne preußische Geschichte 1648–1947. Eine Anthologie. Bd. 2, Berlin 1981, S. 810–826; Rainer Wohlfeil, Vom stehenden Heer zur allgemeinen Wehrpflicht. In: Handbuch zur deutschen Militärgeschichte, Bd. 2. Freiburg 1964/65; ders., Spanien und die deutsche Erhebung 1808–1814. Wiesbaden 1965.
[338] So in seinem „Gutachten betr. Einführung eines allgemeinen Konskriptionssystems" vom 30. September 1808, Nachlaß A V, 26.
[339] Vincke, der selbst über keinerlei militärische Erfahrungen verfügte, vertrat solche Vorschläge – vorwiegend aus staatswirtschaftlichen Erwägungen geboren – in seinem Gutachten „Über die Organisation der Unterbehörden, zunächst für die ... Militärverwaltung", das er am 8. Juli 1808 in Kunersdorf abgeschlossen hat.
[340] Tagebuch Bd. 14, 23.–27. Oktober, 4.–7. und 14. November 1808.
[341] Hierzu Wohlfeil, Spanien und die deutsche Erhebung (Anm. 337).
[342] Bodelschwingh, Vincke, S. 360, stellt den Auftrag Steins als möglich hin.
[343] Stein II, 2 Nr. 780.
[344] Ritter, Stein, S. 346 ff.
[345] Nachlaß J 1, Bd. 2. – Gemeint war in Steins Brief der preußische Gesandte in Wien Graf Karl Albrecht Finck v. Finckenstein, der Insurrektionspläne förderte und die spanische Erhebung als Vorbild für Deutschland pries.
[346] Tagebuch Bd. 14, 17.–28. September 1808.
[347] Ritter, Stein, S. 359f.
[348] Tagebuch Bd. 14, 2. Dezember 1808.
[349] Nachlaß A III, 268.
[350] Tagebuch Bd. 15, 9. Dezember 1808.
[351] Über den Verlauf liegt nicht nur ein Protokoll mit Teilnehmerliste in den „Mögliner Annalen des Ackerbaus", hrsg. v. Albrecht Thaer, Bd. 7, 4. Jahrgang 1808, S. 661–670, sondern auch eine ausführliche Schilderung im Tagebuch Bd. 14, 20. Juni 1808, vor; ebenso bei Simons, Thaer, S. 129f. (Anm. 302 und 319).
[352] Simons, Thaer, S. 130.
[353] Tagebuch Bd. 14, 16. August 1808.
[354] Tagebuch Bd. 14, 27. August 1808.
[355] Nachlaß A V, 70.
[356] Siehe S. 23.
[357] Wilhelm v. Humboldt, Werke in 5 Bänden, 1. Schriften zur Anthropologie und Geschichte. Hrsg. v. Andreas Flitner und Klaus Giel, Darmstadt 1960, S. 56–233.
[358] Tagebuch Bd. 14, 3.–6. September 1808.
[359] In der Weimarer Ausgabe seiner Tagebücher schreibt Goethe am 18. August 1808 aus Karlsbad, dann am 6. September aus Franzensbad und darauf erst wieder am 27. September aus Weimar.
[360] Über die Anknüpfung dieser Verbindung siehe S. 54f.
[361] Siehe S. 22 und 34.
[362] Nachlaß A II, 10: Brief Sybergs vom 23. August 1806.
[363] Nachlaß A II, 10: Brief Sybergs vom 9. September 1806.
[364] Tagebuch Bd. 14, 15. Januar–2. März 1808.
[365] Tagebuch Bd. 14, 11. Juni 1808.
[366] Nachlaß A II, 3: Brief des Vaters vom 7. Juli 1808.
[367] Nachlaß A II, 10: Brief Sybergs vom 30. Mai 1808 liegt in Abschrift vor.
[368] Tagebuch Bd. 14, 13. Juli 1808; Nachlaß J 1, Bd. 2: Brief an die Schwester Luise vom 9. August 1808.
[369] Siehe S. 83.
[370] Tagebuch Bd. 14, 23.–27. Oktober 1808.
[371] Tagebuch Bd. 14, 17. und 18.–28. September 1808.
[372] Nachlaß C 1, Bd. 1.

373 Nachlaß A II, 1 Bd. 1: Brief Eleonores vom 20. Januar 1809.
374 Tagebuch Bd. 15, 13. Dezember 1808.
375 Nachlaß A V, 32. – Vincke wird im großen und ganzen bestätigt durch die Darstellung von Fritz Karl, 150 Jahre Staatsschuldenverwaltung 17. 1. 1820–17. 1. 1970. Ein Gang durch anderthalb Jahrhunderte Finanzgeschichte. Berlin 1970. Allerdings schildert Karl, S. 16, die Tätigkeit Steins nur unklar und erwähnt die Arbeiten Vinckes und anderer nicht.
376 Vinckes Vorschläge sind zu einem erheblichen Teil durch die „Verordnung über das Staatsschuldenwesen" vom 17. Januar 1820 – Gesetzessammlung für die Königlichen Preußischen Staaten. Berlin 1820, S. 9–16 – verwirklicht worden, die eine klare Regelung des Staatsanleihewesens gebracht hat, insbesondere auch die notwendige Mitgarantie der versprochenen Reichsstände.
377 Nachlaß A III, 225.
378 Nachlaß A V, 30.
379 Nachlaß A V, 25 und 31.
380 Zu Vinckes Kritik an Plänen Schrötters und Schöns vgl. Meier, Reform der Verwaltungsorganisation (Anm. 320), S. 407 und 413.
381 Über Scheffner vgl. Carl Diesch, Johann George Scheffner. In: Altpreußische Biographie. Bd. 2, Marburg 1967, hrsg. v. Kurt Forstreuter/Fritz Gause, S. 600f. – Ein Brief Scheffners an Vincke vom 4. Juli (?) 1816, der auf ältere Beziehungen hinweist, in Westphalen, Tagebücher, S. 583f. – Ernst Moritz Arndt, Meine Wanderungen und Wandlungen mit dem Reichsfreiherrn Heinrich Karl Friedrich vom Stein. Hrsg. v. Wilhelm Steffens, Münster 1957, schildert Scheffners Auftreten 1813 auf S. 172. – Walther Hubatsch, Karl vom Stein und Immanuel Kant. In: Moderne preußische Geschichten (hrsg. v. Otto Büsch/Wolfgang Neugebauer), Berlin 1981, S. 1342–1345.
382 Vgl. Cécile Lowenthal-Hensel, Die Erwerbung der Sammlung Solly durch den preußischen Staat. Neue Forschungen zur Brandenburgisch-Preußischen Geschichte 1. Veröffentlichungen aus den Archiven Preußischer Kulturbesitz, Bd. 14, Köln und Wien 1979.
383 Tagebuch Bd. 15, 2. März 1809. Bemerkenswert ist, daß bereits vor Karl August Zeller, der im Herbst 1809 in Königsberg ankam, die Pestalozzische Methode bei Lehrern und Pfarrern einführte und in effektvollen Vorführungen einer breiten Öffentlichkeit bekannt machte, der solidere Busolt einer Erneuerung im Pestalozzischen Geist vorgearbeitet hat. Über ihn, Gotthilf Christoph Wilhelm Busolt (1771–1831), vgl. Altpreußische Biographie Bd. 1. Königsberg 1936, S. 97. Vincke hat hier Gelegenheit bekommen, Lehrmethoden und Einrichtungen kennenzulernen, wie sie auch sein Freund Ludwig Bernhard Christoph Natorp anstrebte, der wenig später in Potsdam tätig wurde und bis zu Vinckes Tod eng mit ihm verbunden blieb.
384 Tagebuch Bd. 15, 15. Dezember 1808.
385 Tagebuch Bd. 15, 30. Januar 1809.
386 Tagebuch Bd. 15, 14. Januar 1809.
387 Tagebuch Bd. 15, 20. Januar 1809.
388 Hans-Joachim Schoeps (Hrsg.), Neue Quellen zur Geschichte Preußens im 19. Jahrhundert. Berlin 1968, S. 87, dazu Anm. 6.
389 Hans-Joachim Schoeps (Hrsg.), Aus den Jahren preußischer Not und Erneuerung. Tagebücher und Briefe der Gebrüder Gerlach und ihres Kreises 1805–1820. Berlin 1963, S. 370f., 373ff., 376 und 378f. – Karl Friedrich Leopold v. Gerlach ließ sich wenig später zum Oberbürgermeister von Berlin wählen.
390 Tagebuch Bd. 15, 17. Februar 1809.
391 Den letzten Gesichtspunkt hebt Ludwig Vincke in seinem Brief an Eleonore v. Syberg vom 21. Februar 1809 hervor: Nachlaß C 1, Bd. 1.
392 Angaben hierzu bei Bodelschwingh, Vincke, S. 374f., und Kochendörffer, Vincke II, S. 88ff.
393 Kochendörffer, Vincke II, S. 90.
394 Durch die „Verordnung wegen verbesserter Einrichtung der Provinzial-, Polizei- und Finanzbehörden" vom 26. Dezember 1808 – Gesetzessammlung für die Königlichen Preußischen Staaten 1806–1810. Berlin 1822, S. 464–485 – waren die Kriegs- und Domänenkammern in Regierungen, die alten Regierungen in Oberlandesgerichte umbenannt worden. Die Umbenen-

nung von Kammern in Regierungen hat vorerst keine erhebliche Änderung in der Organisation und Arbeitsweise der Mittelinstanz gebracht.

[395] Vinckes Mitteilung vom 30. März 1809, noch aus Königsberg datiert, ist im „Westfälischen Anzeiger" 22. Bd. Nr. 34 vom 29. April 1809 erschienen.

[396] Nachlaß C 1, Bd. 1.

[397] Westphalen, Tagebücher, S. 637.

REGISTER

Das *Personenregister* enthält die in der Darstellung und in den Anmerkungen genannten Personen. Diese werden – soweit ermittelt – mit ihren Lebensdaten und mit Angaben über Wohnsitz und Beruf aufgeführt, auch werden besondere Beziehungen zu Vincke erwähnt.

Das *Ortsregister* enthält die vorkommenden geographischen Bezeichnungen. Unter den Ländernamen – wie Deutschland oder Westfalen – werden auch die darauf bezüglichen Adjektive – wie deutsch oder westfälisch – erfaßt. Die Orte in der Bundesrepublik Deutschland mit eigener Postleitzahl sind nicht näher gekennzeichnet.

In beiden Registern wird für die Darstellung (S. 1–93) auf die Seitenzahl verwiesen, für die Anmerkungen (S. 98–119) unter Zusatz eines ‚A' auf die jeweilige Anmerkung.

Personenregister

Alexander I. (1777–1825), 1801 Kaiser von Rußland   66, A 245

Alopaeus, Maximilian David Graf v. (1748–1822), russischer Diplomat, 1790 Gesandter in Berlin   61, 64

Altenstein, Karl Siegmund Franz Frhr. vom Stein zum (1770–1840), preußischer Staatsmann, 1808–10 Finanzminister, 1817–38 Kultusminister   71, 78, 81, 88, 90f., A 298, A 321

Angern, Ferdinand Ludwig v. (1757–1828), preußischer Beamter, 1803 Minister für die Entschädigungsländer, 1807 entlassen   38, 44, 48, 51f., 54, A 164f., A 167, A 180, A 182, A 200f., A 204f., A 207

Arenberg, Ludwig Engelbert Herzog von (1750–1820)   45

Arndt, Ernst Moritz (1769–1860), politischer Schriftsteller und Dichter   A 381

Bärensprung, Karl Sigismund v. (1770–1842), preußischer Beamter, 1809 Regierungsrat in Potsdam, 1818 in Frankfurt a. d. Oder   24

Bassewitz, Magnus Friedrich Graf v. (1773–1858), preußischer Beamter, 1809 Regierungsdirektor in Potsdam, 1810 Regierungspräsident; Mitschüler Vinckes in Halle   24, 70, 91, A 82

Beneke, Ferdinand (1774–1848), Dr. jur., 1796 Anwalt in Hamburg; Freund Vinckes   62, 69, A 235

Benzenberg, Johann Friedrich (1775–1846), Vermessungsfachmann, liberaler Publizist; Eleonore v. Sybergs Lehrer in Heidelberg   A 327

Bertuch, Friedrich Johann Justin (1747–1822), Verleger, Schriftsteller und Industrieller in Weimar   86

Beuth, Christian Peter Wilhelm (1781–1859), preußischer Beamter, 1809 Regierungsrat in Potsdam, 1811 Obersteuerrat im Finanzministerium, 1813 Lützower Jäger   91

Beyme, Karl Friedrich v., 1816 Graf (1765–1838), preußischer Beamter, 1806/07 Außenminister, 1808–10 Justizminister, 1810 entlassen   38, 53, A 298

Blücher, Gebhard Leberecht v., 1814 Fürst B. von Wahlstatt (1742–1819), preußischer General, 1803 Militärgouverneur in Münster, 1813 Feldmarschall, 1815 Oberbefehlshaber der preußischen Armee; verh. II. mit Amalie v. Colomb (1772–1850)   37, 44, 49, 52, 54f., 71, A 164

Bodelschwingh-Velmede, Ernst Albert Karl Frhr. v. (1794–1854), preußischer Staatsmann, 1822 Landrat in Tecklenburg, 1834 Oberpräsident der Rheinprovinz, 1842 Finanzminister, 1851 Regierungspräsident in Arnsberg; erster Biograph Vinckes   2f., 5, 8, 50, A 4f., A 59, A 99, A 128, A 133, A 136, A 139, A 145, A 166, A 187, A 235, A 258, A 266

Boeselager, Familie v.   49

Borges, Wilhelm Heinrich Ludwig (1768–1838), Arzt in Minden, 1816 Medizinal- und Regierungsrat in Münster   A 115
Borgstede, August Heinrich (1758–1824), 1791 Geh. Oberfinanzrat, 1807–09 Zivilgouverneur von Pommern und Neumark   A 276
Borsche, Samuel Gottfried (1767–1821), preußischer Beamter, 1803 Kammerdirektor in Heiligenstadt, 1814 Direktor der Generalverwaltung für Domänen und Forsten; Freund Vinckes 20, 24, 29, 34, A 72, A 198
Brandes, Ernst (1758–1810), hannoverscher Politiker und Publizist   14f., A 44
Brökelmann, Heinrich Friedrich Christian (1763–1817), Prediger und Superintendent in Petershagen   30
Busolt, Gotthilf Christoph Wilhelm (1771–1831), Pfarrer und Pädagoge, 1800 Kirchen- und Schulrat in Königsberg   90, A 383

Canning, George (1770–1827), englischer Staatsmann, 1807–09 Außenminister   64f.
Canuel, Simon Baron (1767–1840), französischer General, 1807–10 Gouverneur in Münster   56f., 62
Cathcart, William Shaw Earl (1755–1834), englischer General und Diplomat, Befehlshaber für die geplante Expedition nach Nordwestdeutschland im Sommer 1807   65
Cervantes, Miguel de (1547–1616), spanischer Dichter   56
Chamisso, Adelbert v. (1781–1838), Dichter und Naturforscher   A 85
Cronenberg, Marianne v.; Jugendliebe Vinckes in Marburg   22, A 60
Croy, August Friedrich Emmanuel Herzog von (1765–1822)   45

Daendels, Hermann Willem (1762–1818), 1806 niederländischer Gouverneur in Münster   56
Daru, Pierre Bruno Comte (1767–1829), französischer Finanzmann, 1805–09 Generalintendant der französischen Armee in Preußen   70, 75
Delius, Daniel Heinrich (1773–1832), preußischer Beamter, 1800 Kriegs- und Domänenrat in Minden, 1809 Präfekt des Leine-Departements, 1813 Mitarbeiter Vinckes im Zivilgouvernement, 1816 Regierungspräsident in Trier, 1825 in Köln; Mitschüler Vinckes in Halle   28
Dörnberg, Friedrich Ludwig Ernst v. (1771–1843), kurhessischer Offizier, zuletzt Generalmajor, 1807 als deutscher Patriot in London   61, 64
Dohna, Friedrich Ferdinand Alexander Graf zu D.-Schlobitten (1771–1831), 1798 Kriegs- und Domänenrat in Berlin, 1808 Regierungspräsident, dann Innenminister, 1810 entlassen 88, 90f.
Droste zu Vischering, Adolf Heidenreich Bernhard Frhr., 1826 Graf (1769–1826), „Erbdroste"; Bruder von Caspar Max, Clemens August und Franz Otto Droste zu Vischering   49
Droste zu Vischering, Caspar Max Frhr. (1770–1846), 1790 Domherr in Münster, 1795 Weihbischof, 1825 Bischof von Münster   46, A 15
Droste zu Vischering, Clemens August Frhr. (1773–1845), 1807 Generalvikar in Münster, 1827 Weihbischof in Münster, 1835 Erzbischof von Köln   46f.
Droste zu Vischering, Franz Otto Frhr. (1771–1826), 1800 kurfürstlicher Geh. Rat, Domherr in Münster und Hildesheim   46
Druffel, Johann Gerhard, 1804 v. (1759–1834), Jurist, 1789 Leiter der fürstbischöflichen Kanzlei, 1803 preußischer Kriegs- und Domänenrat, 1811 Generalsekretär des Ems-Departements, 1813 in der Regierungskommission in Münster   46, 48

Egloffstein, Wolfgang Gottlieb Christoph Frhr. v. (1766–1815), Oberhofmarschall in Weimar   86
Erdmannsdorff, Friedrich August v. (1772–1827), preußischer Beamter, 1800 Kriegs- und Domänenrat in Hamm, 1809 Regierungspräsident in Liegnitz; Mitschüler Vinckes in Halle   59, 61, A 218
Erhard, Heinrich August (1793–1851), Staatsarchivar in Münster   1f.
Eschwege, Abraham (1741–1806) oder sein Sohn Herz (1772–1836)   25
Eylert, Rulemann Friedrich (1770–1852), evangelischer Theologe, 1806 Hofprediger in Potsdam, 1818 Bischof und Mitglied des Staatsrats   29, A 105

Finckenstein, Karl Albrecht Graf Finck v. (1772–1811), preußischer Diplomat, 1804 Legationsrat, Gesandter in Wien, 1811 in Dresden   A 345
Fontane, Theodor (1819–98), Schriftsteller   A 85
Forckenbeck, Maximilian Bernhard, 1804 v. (1749–1820), 1780 Hof- und Regierungsrat in Hildesheim, 1783 Kanzleidirektor in Münster, 1803 preußischer Kriegs- und Domänenrat   48
Forster, Johann Georg Adam (1754–94), politischer Schriftsteller und Völkerkundler   14
Francke, August Hermann (1663–1727), evangelischer Theologe und Pädagoge   8
Franz II. (1768–1835), 1792 Deutscher Kaiser, 1804 Kaiser von Österreich als Franz I.   15
Franzius, Johann Nikolaus (1761–1825), preußischer Beamter für Moorregulierungen, Treckfahrt und Schleusen in Aurich   41f., A 152
Freese, Johann Konrad (1757–1819), Kammerrat, 1813–15 Mitglied der ostfriesischen Landesdirektion   42, A 153, A 300
Frey, Johann Gottfried (1762–1831), preußischer Beamter, 1806 Polizeidirektor in Königsberg, 1816 Leiter des Konsistoriums   78
Friedländer, David (1750–1834), sein Sohn Moses (1774–1840) oder ein anderer Namensträger   25
Friedland, Helene Charlotte v., geb. v. Lestwitz (gestorben 1804), Mutter der Henriette Charlotte v. Itzenplitz   24, 36, 47, A 85, A 179
Friedrich II. (1712–86), 1740 König von Preußen   7, 25, 34, 40, 55, 60, 88, A 82
Friedrich Herzog von Holstein-Beck (1757–1816)   85
Friedrich Herzog von York (1763–1827), Fürstbischof von Osnabrück   7
Friedrich August Fürst von Nassau-Usingen (1738–1816), 1806 Herzog von Nassau, österreichischer Feldmarschall   47
Friedrich Wilhelm I. (1688–1740), 1713 König in Preußen   38, 50, A 117
Friedrich Wilhelm II. (1744–97), 1786 König von Preußen   20f., 24
Friedrich Wilhelm III. (1770–1840), 1797 König von Preußen   2, 4, 27, 29f., 32f., 38, 43f., 53–55, 59–71, 73f., 79, 84, 87–90, A 13, A 105, A 116, A 139, A 159, A 165, A 199, A 204f., A 224, A 232, A 235, A 241, A 245, A 286, A 298
Friedrich Wilhelm IV. (1795–1861), 1840 König von Preußen   2, 4
Fürstenberg, Friedrich Wilhelm Franz Frhr. v. (1728–1810), katholischer Geistlicher und Staatsmann, 1749 Domherr in Münster, 1763–80 leitender Minister, 1770–1807 Generalvikar des Bistums Münster   46–48, 51, A 168, A 170
Fürstenstein, Graf v., Privatsekretär des Königs Jérôme, der den auf Martinique geborenen Pierre Alexandre Le Camus zum Grafen v. F. ernannt hat   74

Galen, Clemens August Graf v. (1744–1820)   49
Gatterer, Johann Christoph (1727–99) Historiker, 1759 Prof. in Göttingen; Lehrer Vinckes   22
Gehrken, Friedrich Josef (1771–1845), Kammerfiskal in Paderborn; Studienfreund Vinckes   18, 37, A 55, A 137
Gerlach, Karl Friedrich Leopold v. (1757–1813), preußischer Beamter, 1795 Präsident der Kurmärkischen Kammer in Berlin, 1809 Oberbürgermeister von Berlin   90f., A 389
Gibbon, Edward (1737–94), englischer Geschichtsschreiber   25
Gneisenau, August Wilhelm Anton Neithard v., 1804 Graf (1760–1831), preußischer Generalfeldmarschall   60f., 64, 82f., A 236, A 241
Godoy, Manuel de G. Alvarez de Faria Sánchez Zarzosa (1767–1851), spanischer Staatsmann   36
Goethe, Johann Wolfgang v. (1749–1832), Dichter   14, 43, 86, A 26, A 41, A 359
Goltz, August Friedrich Ferdinand Graf von der (1765–1832), preußischer Staatsmann, 1807 Außenminister, 1814 Oberhofmarschall, 1816–24 Gesandter am Deutschen Bundestag   72, A 277
Grenville, William Wyndham Baron (1759–1834), 1806/07 britischer Premierminister   61
Grote, August Otto Graf v. (1747–1835), preußischer Diplomat, Gesandter in Hamburg und Bremen   74

Haarland, Heinrich Johann (1800–79), 1829–49 Leiter des Verwaltungsarchivs in Minden   33
Halem, Friedrich Wilhelm v. (1762–1835), Arzt und Medizinalrat in Aurich, Badearzt in Norderney   42
Hardenberg, Karl August Frhr., 1814 Fürst v. (1750–1822), preußischer Staatsmann, 1803 Minister in Berlin, 1807 entlassen, 1810 Staatskanzler   53, 69, 78, A 238, A 245, A 257, A 298, A 320
Harkort, Johann Caspar (1753–1818) oder sein Bruder Peter Nikolaus (1755–1817)   74, A 289
Haß, Amalie; Jugendliebe Vinckes in Minden   34
Haß, Ernst (1742–1816), Kammerdirektor in Minden, Vater von Amalie Haß   34
Haugwitz, Christian, seit 1786 Graf v. (1752–1832), preußischer Staatsmann, 1792–1804 und 1805/06 Außenminister   53, 55, A 201
Hecht, Julius Gottfried Konrad (1771–1837), 1809 Regierungsrat in Potsdam; Jugendfreund Vinckes   26, 75, 91
Heine, Heinrich (1797–1856), Dichter und Publizist   3
Heinitz, Friedrich Anton Frhr. v. (1725–1802), Bergbeamter, 1765 Gründer der Bergakademie Freiberg/Sachsen, 1777 preußischer Minister und Leiter des Bergwerks- und Hütten-Departements   26, 35, 52
Hölty, Ludwig Christoph Heinrich (1748–76), volkstümlicher Lyriker und Übersetzer   14
Hövel, Friedrich Alexander Frhr. v. (1766–1826), 1797 Landrat des Kreises Wetter, 1805 Präsident der Kriegs- und Domänenkammer Minden, 1808 Präfekt des Leine-Departements, 1809 Staatsrat; Gutsbesitzer auf Haus Herbeck, Nachbargut von Haus Busch   50, 54f., 62, 75, A 207f.
Hohnhorst, Luise v. (1798–1875), zweite Frau Ludwig Vinckes   93
Hüffer, Johann Hermann (1784–1855), 1804 Inhaber des Verlags Aschendorff in Münster, 1842 Oberbürgermeister der Stadt Münster   A 26, A 183
Humboldt, Alexander Frhr. v. (1769–1859), Naturforscher   24, A 85
Humboldt, Wilhelm Frhr. v. (1767–1835), Gelehrter und preußischer Staatsmann, 1801 Ministerresident in Rom, 1809 Leiter des Kultusministeriums, 1817 Staatsrat, 1819 Minister für ständische und kommunale Angelegenheiten   23f., 85, A 85, A 265, A 357

Itzenplitz, Peter Ludwig Alexander v. (1769–1834), Landwirt auf Groß-Behnitz, 1795 Landrat des Kreises Havelland, 1817 Staatsrat; verh. mit Henriette v. Borcke, Tochter der Frau v. Friedland; seit 1796 enge Beziehungen zu Vincke   24, 28, 30, 35, 39f., 47, 70, 76, 82, 85, 87, A 85, A 110, A 125, A 127, A 179, A 319
d'Ivernois, Francis Sir (1758–1842), Finanzschriftsteller aus Genfer Familie, Emigrant in England   61, 65, 67, A 239, A 254
d'Ivernois, Philipp Charles (1753–1813), 1806 Oberst in Münster, später preußischer General, 1813 Gouverneur zwischen Weser und Elbe; Bruder von Francis d'I.   61, 64f., A 239, A 245

Jacobi-Kloest, Constans Wilhelm Philipp Frhr. v. (1745–1817), preußischer Diplomat, 1792–1806 und 1813–16 Gesandter in London   64f.
Jean Paul (Johann Paul Friedrich Richter, 1763–1825), Dichter   14, 43
Jérôme Bonaparte (1784–1860), 1807–13 König von Westphalen   69, 74, A 260
Jhering, Sebastian Eberhard (1700–59), Meliorator Ostfrieslands, preußischer Regierungsdirektor   40
Josef II. (1741–90), 1765 Deutscher Kaiser   21
Jung (gen. Jung-Stilling), Johann Heinrich (1740–1817), Arzt, Schriftsteller, Prof. für Kameralistik in Marburg; Lehrer und Freund Vinckes   14, 16, 18, 22, A 43

Kant, Immanuel (1724–1804), Philosoph   16, 25, 77f., A 91, A 381
Karl IV. und Maria Luise, 1788–1808 König und Königin von Spanien   36
Karl August Herzog von Sachsen-Weimar (1757–1828), 1815 Großherzog   85
Karl Theodor (1724–99), 1742 Kurfürst von der Pfalz, 1777 auch von Bayern   25

Karl II. Wilhelm Ferdinand Herzog von Braunschweig-Wolfenbüttel (1735–1806), preußischer Feldmarschall   28

Ketteler, Clemens August Frhr. v. (1751–1815), münsterscher Geh. Rat, Mitglied der französischen Gesetzgebenden Körperschaften, Leiter der Nationalgarde in Münster   57

Ketteler, Familie v.   49

Klewitz, Anton Wilhelm v. (1760–1838), preußischer Beamter, 1813 Zivilgouverneur zwischen Weser und Elbe, 1817 Finanzminister, 1825 Oberpräsident der Provinz Sachsen   71, 78, A 298

Klopp, Onno (1822–1903), Geschichtsschreiber   41

Klüber, Johann Ludwig (1762–1837), Staatsrechtler, 1737 Prof. für Reichsrecht in Erlangen, 1814 Berater Hardenbergs in Wien, 1824 entlassen; Lehrer Vinckes   18

Knigge, Adolf Franz Friedrich Frhr. v. (1752–96), satirischer, politisch-pädagogischer Schriftsteller   14

Kochendörffer, Heinrich (1880–1936), Staatsarchivrat in Münster; Biograph Vinckes   3, 5, A 9, A 101, A 105, A 145, A 161, A 182, A 199, A 285, A 289, A 295, A 298, A 300

Koppe, Karl Wilhelm (1777–1837), preußischer Beamter, 1808 mit Briefen des Frhr. vom Stein abgefangen und interniert   83

Korff, Familie v.   49

Kottmeier, Theoderich (Dietrich Gottlieb, 1773–1845), preußischer Beamter, 1802 expedierender Sekretär der Organisationskommission in Münster, 1816 Regierungsrat, 1819 entlassen   56, A 216

Kraus, Christian Jakob (1753–1807), Philosoph und Kameralist   77f., A 91

Krause, Christian, Lehrer Vinckes in Halle, später Kriegs- und Domänenrat in Bayreuth   A 56, A 252

Kunth, Gottlob Johann Christian (1757–1829), preußischer Beamter, 1777 Erzieher der Brüder Humboldt, 1789 Assessor im Manufaktur- und Kommerzkollegium in Berlin, 1794 Kriegsrat, 1815 Generalhandelskommissar, 1825 Staatsrat   23f., 28, 70, 78, 81

Landgräber, Stephan (1771–1815), praktischer Arzt in Liesborn, 1804 Prof. für Anthropologie und Psychologie in Münster   A 180, A 253

Langermann, Johann Gottfried (1786–1832), Arzt im Irren- und Zuchthaus in Torgau, 1810 Geh. Obermedizinalrat im preußischen Innenministerium   A 253

Lawaetz, Johann Daniel (1750–1826), Etatsrat, holsteinischer Kaufmann und Fabrikant   69f., 72, A 263

Lecoq, Karl Ludwig v. (1754–1829), preußischer General und Militärkartograph, 1806 Kommandeur der Truppen in Westfalen   62

Lehzen, Joachim Friedrich (1735–1800), Pastor und Leiter eines Knabenpensionats in Hannover; Lehrer Vinckes   8, A 18

Lichtenberg, Georg Christoph (1742–99), Physiker und Schriftsteller, Prof. in Göttingen   22

Liebrecht, Johann Anton Heinrich (1736–1821), Kriegs- und Zollrat in Sundern bei Schwelm   A 167

Loison, Jean Baptiste Maurice Comte de (1771–1816), französischer General, 1806/07 Generalgouverneur in Münster   56

Lombard, Johann Wilhelm (1767–1812), preußischer Kabinettsrat   53

Looz-Corswarem, Josef Arnold Fürst zu (1770–1827)   45

Lucchesini, Girolamo Marchese de (1751–1825), preußischer Diplomat, Kammerherr und Vorleser bei Friedrich II., 1806 preußischer Gesandter in Paris   36f.

Ludwig Bonaparte (1778–1846), 1806–10 König von Holland   56

Lützow, Ludwig Adolf Wilhelm Frhr. v. (1782–1834), preußischer Offizier, 1809 Teilnahme am Schillschen Aufstand, 1813 Führer des nach ihm benannten Freikorps, 1814 in Münster   83

Luise, Königin von Preußen (1776–1810), Tochter des Herzogs Karl von Mecklenburg-Strelitz, 1793 verh. mit dem späteren König Friedrich Wilhelm III.   29, 43, 71, 74, 90, A 159, A 245

Maaßen, Karl Georg (1769–1834), preußischer Staatsmann, 1804 Kriegs- und Domänenrat in Hamm, 1808 Regierungsdirektor, 1817 Staatsrat, 1830 Finanzminister   50, 91
Mark, Jakob, 1793 Finanzrat in Erlangen, 1816 in Arolsen   19
Massow, Julius Eberhard Wilhelm Ernst v. (1750–1816), 1783 Direktor des pommerschen Konsistoriums, 1784 Regierungspräsident in Stettin, 1798 Justizminister, 1805 Minister des geistlichen Departements   52
Mehmel, Lehrer Vinckes in Halle   9
Merveldt, August Ferdinand Graf v. (1759–1834), fürstbischöflich münsterscher Geh. Rat und Droste zu Wolbeck, 1803 preußischer Kriegs- und Domänenrat, 1807 Präsident des Administrationskollegiums   48f., 57
Meyer, Friedrich Siegmund v. (1775–1829), kurhessischer Beamter, zuletzt Vorsteher des Finanzministeriums in Kassel; Studienfreund Vinckes in Marburg   18
Meyer, Ignaz Theodor Liborius (1773–1843), Domkapitular in Paderborn   1
Mirabeau, Honoré Gabriel de Riqueti Graf v. (1749–91), Publizist in Paris und Berlin   10, 14
Möser, Jenny (geb. 1749), Tochter von Justus M., verh. mit dem Rat Johann Gerlach Justus v. Voigts   A 34
Möser, Justus (1720–94), Osnabrücker Historiker, Staatsmann und Publizist   12, A 34
Moser, Friedrich Karl Frhr. v. (1723–98), Beamter und Schriftsteller   14
Motz, Friedrich Christian Adolf v. (1775–1830), 1803 preußischer Landrat im Eichsfeld, 1818 Regierungspräsident in Erfurt, 1825 Finanzminister; Studienfreund Vinckes   17, 85, A 53

Napoleon I. Bonaparte (1769–1821), 1804–14 und 1815 Kaiser der Franzosen   7, 24, 36, 53, 55f., 60–62, 64–66, 69, 72, 75, 82–84, A 245, A 258, A 268
Natorp, Ludwig Bernhard Christoph (1774–1846), evangelischer Theologe, 1804 Schulrat in Bochum, 1809 Oberkonsistorialrat in Potsdam, 1816 in Münster; seit 1806 mit Vincke bekannt   91, A 383
Niebuhr, Barthold Georg (1776–1831), Historiker und Staatsmann, 1804 Direktor des Bank- und Wechselkontors in Kopenhagen, 1806 Leiter der preußischen Seehandlung, 1810 Prof. in Berlin, 1816 preußischer Gesandter in Rom   61, 67, 70–72, 78, A 265, A 274, A 286, A 304
Niemeyer, August Hermann (1754–1828), evangelischer Theologe und Erzieher, Leiter der Franckeschen Anstalten in Halle, Prof. in Halle; 1789–92 Lehrer Vinckes   8–12, 14, 52, A 22 – A 24, A 29, A 197

Offelsmeyer, Friedrich Wilhelm (1761–1834), evangelischer Theologe, 1805 Konsistorialrat und Militärprediger in Münster, 1809 in Potsdam   91

Pertz, Georg Heinrich (1795–1876), Archivar und Historiker; erster Biograph Steins   2, A 105
Pestalozzi, Johann Heinrich (1746–1827), Schweizer Pädagoge, volkstümlicher Schriftsteller   14, 90, A 383
Pestel, Philipp v. (1768–1835), preußischer Beamter, 1803 Kriegs- und Domänenrat in Paderborn   51
Peter I. Herzog von Oldenburg (1755–1829), 1815 Großherzog   45
Pitt, William (1759–1806), englischer Premierminister 1783–1801 und 1804–06   61, 64
Pütter, Johann Stephan (1725–1807), 1747 Staatsrechtler in Göttingen   22

Ranke, Leopold v. (1795–1861), Historiker   A 85, A 245
Rappard, Friedrich Wilhelm, 1790 v. (1748–1833), preußischer Beamter, 1799 Kammerdirektor in Hamm, 1819 Oberlandesgerichtspräsident in Kleve, 1821 in Hamm   50, 57
Raumer, Kurt v. (1900–82), Historiker   66, A 26, A 198
Reck (Recke), Eberhard Friedrich Christoph von der (1744–1816), preußischer Beamter, 1771 Regierungspräsident in Minden, 1780 in Kleve, 1784–1807 Justizminister, 1814/15 Zivilgouverneur in Sachsen; verh. mit Elisabeth Vincke, der ältesten Schwester Ludwig Vinckes   9, 13, 23–25, 70, 75, 84, A 19, A 107, A 268

Reden, Friedrich Wilhelm Graf v. (1752–1815), preußischer Staatsmann, 1802–07 Leiter des Bergwerks- und Hütten-Departements; enger Freund Steins   52, 77
Rehberg, August Wilhelm (1757–1836), hannoverscher Beamter, Publizist; Freund und Studiengenosse Steins   A 44
Rehdiger, Karl Nikolaus Wilhelm v. (1764–1824), preußischer Beamter, 1808 Staatsrat in der Gesetzgebungskommission, Gutsbesitzer in Schlesien   78
Ritter, Gerhard (1888–1967), Historiker   81, A 26, A 326, A 329
Rose, George Henry (1771–1855), englischer Unterhausabgeordneter   67
Rousseau, Jean-Jacques (1712–78), französischer Schriftsteller   14
Rudolphi, Caroline (gest. 1811), Leiterin eines Mädchenpensionats in Heidelberg; Eleonore v. Sybergs Lehrerin   55
Rumford, Benjamin Thompson Graf v. (1753–1814), amerikanischer Physiker, 1776 Emigrant in England, 1784 in bayerischem Dienst   25, 36

Sack, Johann August (1764–1831), preußischer Beamter, 1798 Geh. Oberfinanzrat im Generaldirektorium in Berlin, 1816 Oberpräsident der Provinz Pommern   70, 78, 91, A 189, A 276
Salm, Wilhelm Friedrich Graf v., Wild- und Rheingraf von Grumbach (1799–1865), 1803 Landesherr des Amtes Horstmar (1816 preuß. Fürst zu Salm-Horstmar) unter Vormundschaft seiner Mutter, der Rheingräfin Friederike, geb. Gräfin zu Sayn-Wittgenstein-Hohenstein (1767–1849)   45
Salm-Kyrburg, Friedrich IV. Fürst zu (1789–1859), 1803 Landesherr der Ämter Ahaus und Bocholt zu einem Drittel unter Vormundschaft seines Oheims Moritz Prinz zu Salm-Kyrburg (1761–1813)   45
Salm-Salm, Constantin Fürst zu (1762–1828), 1803 Landesherr der Ämter Ahaus und Bocholt zu zwei Dritteln   45
Salzmann, Christian Gotthilf (1744–1811), evangelischer Pfarrer und Pädagoge, 1784 Gründer der Erziehungsanstalt Schnepfenthal bei Gotha   9, A 22
Savigny, Friedrich Karl v. (1779–1861), Rechtsgelehrter, 1810 Prof. in Berlin, 1842–48 Minister für die Revision der Gesetzgebung   A 85
Scharnhorst, Gerhard Johann David, 1804 v. (1755–1813), preußischer General und Militärreformer   60f., 64, 82f., A 225, A 236, A 241, A 337
Schaumburg-Lippe, Juliane Gräfin zu (1761–1799), geb. Landgräfin von Hessen-Philippstal   A 127
Scheffner, Johann George (1736–1820), preußischer Kriegs- und Steuerrat, Dichter   89, A 381
Schill, Ferdinand v. (1776–1809), preußischer Offizier   71
Schiller, Friedrich v. (1759–1805), Dichter   12, 43, 56
Schlözer, August Ludwig v. (1735–1809), Prof. für Geschichte und Politik in Göttingen   22
Schmedding, Johann Heinrich (1774–1846), preußischer Beamter, 1803 Kriegs- und Domänenrat in Münster, 1809 im Innenministerium in Berlin   48
Schön, Heinrich Theodor v. (1773–1856), preußischer Beamter, 1797 Kriegs- und Domänenrat in Marienwerder, 1807/08 Mitarbeiter Steins, 1816 Oberpräsident in Westpreußen, 1824 von Preußen in Königsberg; seit 1797 freundschaftliche Beziehungen zu Vincke   29, 34, 71, 77f., 84, 88f., A 91, A 298, A 318, A 380
Schönfeld, Friedrich Ludwig, Fabrikant in Herford   34
Schreve, Friedrich Wilhelm, Kaufmann und Inhaber einer Baumwollspinnerei in Herford   34
Schrötter, Friedrich Leopold Frhr. v. (1743–1815), 1795–1808 preußischer Provinzialminister für Ost- und Westpreußen   89, A 380
Schulenburg-Kehnert, Friedrich Wilhelm Graf von der (1742–1815), preußischer General, Staats- und Kabinettsminister   45, 54, A 189, A 204
Schulte-Ahlen, Wilhelm (1891–1986), Historiker   4, A 10
Schwerin, Friedrich Karl Heinrich Graf v. (1768–1805), 1793 Kriegs- und Domänenrat in Aurich, 1798 Präsident der Kriegs- und Domänenkammer, 1803 in Magdeburg, 1804/05 wieder in Aurich   38f., 42
Smith, Adam (1723–90), Volkswirtschaftler und Moralphilosoph   25, 32, 85, A 91

Solly, Eduard (1776–1844), Danziger Kaufmann, Reeder und Kunstfreund   89, A 382
Spiegel, Carl Emil Frhr. Sp. zu Peckelsheim (1783–1849), Hofmarschall in Weimar   86
Spiegel, Ferdinand August Frhr. Sp. zum Desenberg, 1816 Graf (1764–1835), 1783 Domherr, 1795 Domdechant in Münster, 1813 ernannter Bischof von Münster, 1825 Erzbischof von Köln; Freund Vinckes 47–49, 57, 59, A 26, A 175f., A 182, A 217, A 222
Spittler, Ludwig Timotheus Frhr. v. (1752–1810), Historiker, 1779–97 Prof. in Göttingen   22
Stägemann, Friedrich August v. (1763–1840), preußischer Beamter, 1806 Geh. Finanzrat in Berlin, 1809 Mitarbeiter Hardenbergs   61, 71, 78, 88, A 232
Stein, Heinrich Friedrich *Karl* Reichsfreiherr vom und zum (1757–1831), preußischer Staatsmann, 1796 Oberkammerpräsident, 1804 Minister, 1808 entlassen, 1812 Berater des Zaren Alexander, 1813/14 Leiter der Zentralverwaltung, 1826 westfälischer Landtagsmarschall; seit 1792 enge Beziehungen zu Vincke   2, 16, 23, 25, 28f., 32, 34f., 37, 43–50, 52, 54, 59–61, 64, 67, 69–73, 75–84, 87f., 90f., A 12, A 26, A 41, A 44, A 77, A 105, A 126, A 129, A 136, A 167, A 171, A 173, A 175, A 178, A 183, A 189, A 199, A 221, A 224, A 257, A 265f., A 276 – A 278, A 285 – A 287, A 295, A 297f., A 301, A 303, A 305, A 320f., A 329f., A 337, A 342f., A 345, A 375, A 381
Stein, Johann Friedrich Frhr. vom und zum (1749–99), Offizier, 1793 preußischer Gesandter in Mainz; ältester Bruder des Freiherrn Karl vom Stein   16
Stein, Wilhelmine Friederike Freifrau vom und zum (1772–1819), geb. Gräfin v. Wallmoden-Gimborn, Gattin des Freiherrn Karl vom Stein   47, 60f.
Steinmann, Friedrich Arnold (1801–75), Literat   2f., A 6
Struensee, Karl Gustav v. (1735–1804), preußischer Minister   23, 26, 35f., 38, 43, A 81
Syberg, Eleonore Wilhelmine Luise Freiin v. (1788–1826), seit 1810 verh. mit Ludwig Vincke   2, 54f., 71, 86–88, 91, 93, A 144, A 373, A 391
Syberg, Friedrich Heinrich Karl Frhr. v. (1761–1827), Gutsbesitzer auf Haus Busch bei Hagen, Schwiegervater Ludwig Vinckes; verh. mit Luise von Bodelschwingh   54f., 86–88, A 206, A 362f., A 367

Tenspolde, Michael Anton v. (1761–1821), kurkölnischer Hofrat, 1803 Kriegs- und Domänenrat in Münster, 1813 Mitglied der Regierungskommission, 1816 Regierungsrat   49
Thaer, Albrecht Daniel (1752–1828), Arzt und Agrarwissenschaftler, 1807 Gründer einer landwirtschaftlichen Lehranstalt mit Versuchsgut in Möglin, 1810–19 Prof. in Berlin, 1817 Staatsrat; seit 1800 reger Gedankenaustausch mit Vincke   24, 35, 41, 85, A 85, A 302, A 319, A 351

Vincke, Charlotte (1780–1833), verh. mit Caspar Heinrich Frhr. v. Sierstorpff, Besitzer des Bades Driburg; jüngste Schwester Ludwig Vinckes   52, 62, 77, 87, A 132
Vincke, Elisabeth (1763–1838), verh. mit Eberhard Friedrich von der Reck (1744–1816), preußischer Justizminister; älteste Schwester Ludwig Vinckes   9, 23f., 27, 52, 62, 87, 91, A 83, A 132
Vincke, Ernst Idel Jobst (1738–1813), Herr auf Ostenwalde, Domdechant in Minden, verh. mit Luise Sophie v. Buttlar; Vater Ludwig Vinckes   7–9, 13f., 18f., 22f., 26f., 34, 38f., 52, 54, 62, 69, 74f., 86f., A 15, A 18, A 23, A 34, A 39, A 45, A 61, A 63, A 65, A 74, A 77, A 79, A 83, A 93f., A 129, A 132, A 135, A 205, A 258, A 366
Vincke, Ernst (1768–1845), hannoverscher Generalleutnant, Besitzer von Ostenwalde, verh. mit Eberhardine Freiin v. Dalwigk-Lichtenfels; ältester Bruder Ludwig Vinckes   8, 52, 60–62, 71, 74, 87, 93, A 77, A 132, A 224, A 270, A 290
Vincke, Georg (1776–1807), preußischer Offizier; jüngerer Bruder Ludwig Vinckes   8f., 52, A 132
Vincke, Ernst Friedrich *Georg* (1811–75), Landrat in Hagen, liberaler Politiker, verh. mit Helene Sophie Berta Gräfin von der Schulenburg; ältester Sohn Ludwig Vinckes   2, 5, A 5
Vincke, Karl Friedrich *Giesbert* (1813–92), Regierungsrat, Dichter und Shakespeare-Forscher, verh. I. mit Antonie v. Monsterberg, II. mit Auguste Freiin v. Dungern; zweiter Sohn Ludwig Vinckes   A 5, A 8
Vincke, Karl (1770–1813), preußischer Offizier, verh. mit Luise v. Biel; älterer Bruder Ludwig Vinckes   8, 18, 52, 62, 87, A 34, A 132, A 258

Vincke, Luise Sophie, geb. v. Buttlar (1739–1806); Mutter Ludwig Vinckes   7, 13f., 19, 23, 26f., 52, 74f., 87, A 39, A 45, A 63, A 65, A 74, A 83, A 129, A 132, A 135
Vincke, Luise (1766–1834), letzte Äbtissin des Damenstiftes Quernheim; ältere Schwester Ludwig Vinckes   15, 28, 52, 57, 62, 83, 87, A 47, A 58, A 73, A 124, A 132, A 140, A 292, A 368
Vincke, Luise Friederike *Wilhelmine* (1817–88), verh. mit Konstantin Graf zur Lippe-Biesterfeld; jüngste Tochter Ludwig Vinckes aus erster Ehe   A 13

Wecklein, Michael Anton (1778–1849), katholischer Theologe, 1805 Prof. für Exegese und Orientalistik in Münster, 1818 Bibliothekar in Bonn, 1827 Kanonikus in Aachen   A 182
Weddigen, Peter Florenz (1758–1809), westfälischer Geschichtsschreiber und Publizist   30, A 111
Weerth, Ferdinand (1774–1836), evangelischer Theologe, 1796 Pastor in Kettwig, Generalsuperintendent im Fürstentum Lippe; enger Freund Vinckes   17, A 54, A 176
Wieland, Christoph Martin (1733–1813), Dichter   86, A 24
Wilckens, Heinrich Albert (1772–1835), preußischer Beamter, 1802 Kriegs- und Domänenrat, 1818 Geh. Oberfinanzrat, 1821 Direktor der Abteilung für Domänen und Forsten im Innenministerium   26, 91
Wilhelm IV. (1765–1837), seit 1830 König von Großbritannien und Hannover   8
Wilhelm Landgraf von Hessen-Kassel (1743–1821), 1803 Kurfürst Wilhelm I. von Hessen   16, 61, 64, 69, 72–74, A 239, A 263, A 276, A 286f.
Winkelmann, Johann Friedrich (1772–1821), Maler, 1800–12 in Hamburg, Bremen und Hannover tätig; 1804 malte er das erste Porträt Ludwig Vinckes in Aurich, es ist das Titelbild dieses Buches   43
Wittgenstein, Wilhelm Ludwig Georg Graf, 1804 Fürst von Sayn-W. (1770–1851), preußischer Oberhofmeister, Staatsrat, Minister   61, 63f., 69, 72–76, 83, A 239, A 245, A 261, A 286f.
Wöllner, Johann Christoph v. (1732–1800), preußischer Minister, Günstling Friedrich Wilhelms II.   16, 24, A 29
Wortmann, Johann Heinrich (1784–1839), 1806/07 Vinckes Diener und Reitknecht „Heinrich", später Kutscher des Oberpräsidenten   57
Wylich, Christoph Karl Alexander Friedrich Frhr. v. (1753–1831), 1797 Geh. Regierungsrat bei der kleve-märkischen Regierung, Gutsbesitzer auf Haus Diersfordt bei Wesel   57, 59

Zeller, Carl August (1774–1840), evangelischer Theologe, Förderer des Schulwesens im Sinne Pestalozzis   A 383

Ortsregister

Alt-Friedland, Gut der Familie v. Itzenplitz (DDR 1211)   24
Altona, heute Hamburg   62, 64, 69f., 73, A 245
Amerika (Vereinigte Staaten)   7f., 19, 25, 68
Amsterdam/Niederlande   70, 72, A 274
Ansbach   66, A 135
Arnsberg   2
Auerstedt (DDR 5321)   52, 55, 60, A 204, A 219, A 265
Aurich   1, 38f., 41, 43f., 48, 91, A 135, A 146, A 152f., A 155, A 300

Basel/Schweiz   27, 53, A 172
Bayern   25
Bayreuth   21, 66
Belgien   10
Berg (Herzogtum)   A 327

Ortsregister

Berlin 1–3, 21, 23–25, 27f., 31f., 34, 36, 41, 43–46, 51, 53, 59, 62, 69f., 72, 75–77, 84, 89–91, A 80, A 85, A 87, A 91, A 159, A 204, A 389
Bialystok/Polen 34
Bielefeld 33
Bierde, heute Petershagen 31
Bilbao/Spanien 36
Böhmen A 287
Bollersdorf, Gut der Familie v. Itzenplitz (DDR 1261) 76f., 82, 87
Bordeaux/Frankreich 36
Braunschweig 9
Bremen 69
Breslau, heute Wroclaw/Polen 90, A 91
Bückeburg 10, 33, 54
Busch, Haus, Sitz der Familie v. Syberg, später Vincke, heute Hagen 54f., 86f., 93

Carolinensiel, heute Wittmund 41
Castrop-Rauxel 93
Celle 24

Dänemark 62, A 263
Danzig, heute Gdansk/Polen 89
Deutschland (Teutschland) 1, 4, 10–12, 14–16, 19, 21f., 25, 36, 43, 51, 55, 61–63, 65–67, 74, 77, 82f., A 26, A 44, A 87, A 91, A 166, A 198, A 228, A 239, A 244f., A 258, A 285, A 337, A 345
Diersfordt, Sitz der Familie v. Wylich, heute Wesel 57, 59
Düsseldorf A 327f.
Duisburg 52

Eichsfeld/DDR 85
Elbe 54, 62, 66, 87, A 226
Elten, heute Emmerich 37, 45, 50, 53, A 138, A 201
Emden 39, 41f., A 300
Ems 62
England (Großbritannien) 8, 10, 22, 24f., 32f., 35, 53, 61–65, 67–69, 71, 73, 76–80, 85, 89, A 61, A 91, A 126f., A 129f., A 159, A 174, A 239, A 241, A 245, A 251, A 254, A 302, A 304, A 324
Erlangen 18–21, 42
Essen 37, 45, 50, 53, A 138, A 201
Estremadura/Spanien 36

Flamersheim, Sitz der Familie v. Dalwigk-Lichtenfels, heute Euskirchen 60, 93
Frankfurt am Main 15, 18
Frankreich 7, 10–12, 14–16, 18, 20f., 27, 32, 36f., 52–57, 60–63, 66f., 70, 72–75, 79f., 82–84, 88f., 93, A 26, A 29, A 44, A 61, A 82, A 191, A 201, A 212, A 226, A 254, A 260, A 285, A 287
Franzensbad/Tschechoslowakei A 359

Gießen 16
Glogau/Schlesien, heute Glogow/Polen 70
Göttingen 21–23, 25, A 77
Gotha (DDR 5800) 9, A 22
Greetsiel, heute Krummhörn 41
Grönenberg, heute Melle 7
Groß-Behnitz, Gut der Familie v. Itzenplitz (DDR 1551) 24, 82, A 179

Hagen 33, 55, 93, A 289
Halle an der Saale (DDR 4000) 8–11, 13, 18, 52, A 29, A 56

Hamburg 36, 62f., 69f., 74, A 235
Hameln 62
Hamm 16, 37, 44f., 47, 49f., 57, 59, 74, 91, A 166, A 187
Hanau 18
Hannover 7f., 14, 22, 53, 65, 71, A 152, A 245
Hardehausen, ehem. Zisterzienserkloster, heute Warburg A 191
Harlinger Land/Ostfriesland 39
Harz 85
Hausberge, heute Porta Westfalica 27
Heidelberg 55
Heiligenstadt (DDR 5630) A 198
Herbeck, Haus, Sitz der Familie v. Hövel, heute Hagen 54
Herford 31, 33f.
Hessen (H.-Kassel) 7, 15f., 31, 60f., 63–65, 73, 76, 83, A 226, A 239, A 245, A 263, A 287
Hildesheim 45, A 191
Hochzeit in der Neumark/Polen 84
Holland (Niederlande) 15, 34, 51, 56, 63, 68, 72, A 197, A 212
Holstein 62, 69, 72

Ickern, Haus, Sitz der Familie v. Syberg, seit 1810 Vincke, heute Castrop-Rauxel 2, 93
Itzehoe 64

Jena (DDR 6900) 52, 55, 60, A 204, A 219, A 265

Karlsbad/Tschechoslowakei 86, A 359
Kastilien/Spanien 36
Klein-Eickel, Gut der Familie Vincke, heute Lübbecke 27
Kleve (Kl.-Moers) 45f., 49–51, 53
Koblenz 60
Köln 60
Königsberg/Ostpreußen, heute Kaliningrad/Sowjetunion 71, 75, 78, 82, 84, 87–90, A 383, A 395
Kopenhagen/Dänemark 7, 26
Kunersdorf, Gut der Familie v. Itzenplitz (DDR 1311) 24f., 76, 82, A 85, A 179, A 339
Kurmark (Mark Brandenburg)/DDR 23, 25–28, 31, 36, 72, 90f., A 80, A 82, A 85, A 100, A 275, A 333, A 382

Lahn 17
Leer 42
Leine-Departement 75
Lenne 91
Lingen 45, A 117
Lippe (Fluß und Fürstentum) 17, 50
Lippstadt 50
London/England 61, 63f., 66–69, A 34, A 245, A 254
Lüttich/Belgien 1

Madrid/Spanien 36
Magdeburg (DDR 3010) 16, 38
Mainz 14–16, 18, A 56
Marburg 13–19, 22, 37, 43, A 56, A 191
Marienfeld, ehem. Zisterzienserkloster, heute Harsewinkel 32, 48, 67f.
Mark (Grafschaft) 22, 26, 45f., 49–52, 54f., 74, 85f., A 153, A 252, A 289
Marseille/Frankreich 36

Max-Clemens-Kanal   52
Memel/Ostpreußen, heute Klaipeda/Sowjetunion   69–71, 73, 78, 90
Minden   7f., 10f., 23, 26–34, 37–39, 41, 43, 46, 50, 54f., 62, 69, 74f., 81, 83, A 15f., A 34, A 77, A 107 – A 109, A 112f., A 115 – A 118, A 127
Möglin, Gut von Albrecht Thaer (DDR 1311)   24, 85, A 319, A 351
München   36
Münster (Münsterland)   1–4, 32, 37, 43–52, 55–57, 59, 61f., 66f., 73, 86, 91, 93, A 15, A 26, A 34, A 138, A 153, A 166, A 168f., A 172, A 174, A 180 – A 184, A 192, A 212, A 221, A 245, A 253, A 328
Müsen, heute Hilchenbach   18

Nassau (Ort und Herzogtum)   59–61, 69, 75, 83, A 297
Neuchâtel (Neuenburg)/Schweiz   36, 66
Neumark/Polen   84, A 82
Neuruppin (DDR 1950)   31
Neustrelitz (DDR 2080)   74
New Jersey/USA   19
Niederlausitz/DDR   A 82
Niedersachsen   A 245
Norderney   42
Nordsee   61, 64
Nottuln   57

Österreich   10, 16, 21, 46, 53, 66, 82
Osnabrück   7, 12, A 29
Ostenwalde, Haus, Sitz der Familie Vincke, heute Melle   2, 8, 24, 69, A 34
Ostfriesland   38–45, 53, 61, 68, 76, A 140f., A 147, A 152f., A 159, A 200, A 300
Ostpreußen   34, 64, 78, 89, A 91

Paderborn   1, 37, 45, 48, 50–52, 55, A 138, A 182, A 188, A 191f., A 197
Paris/Frankreich   16, 36f., 69f., 83, A 258
St. Petersburg (Leningrad)/Sowjetunion   26
Petershagen   27, 30–32
Polen   29, 88
Pommern   A 100
Portsmouth/England   8, 67
Portugal   36
Potsdam (DDR 1500)   90f., A 80, A 82, A 144, A 383
Prag/Tschechoslowakei   A 287
Preußen   2–5, 7–10, 12, 14–18, 20f., 23–31, 35–42, 44–57, 59–83, 86–89, A 12, A 15, A 34, A 71, A 82, A 100, A 126, A 138, A 142, A 152, A 156, A 166f., A 169, A 172, A 175, A 183, A 192, A 198f., A 219, A 232, A 241, A 245, A 253, A 261, A 265 – A 267, A 275 – A 277, A 286f., A 302f., A 325, A 328f., A 337, A 345, A 376, A 382, A 388f., A 394

Quernheim, heute Kirchlengern   28

Rambouillet/Frankreich   36
Ravensberg (Grafschaft)   31, 37, A 15, A 112f., A 116f.
Rhein   11, 37, 50, 52f., 57, 59f., 63, 74, 81, 93, A 59, A 158, A 327f.
Rügen/DDR   65
Ruhr   50, 52
Rußland   53, 61, 64–66

Sachsen   31, 84, A 97, A 100
Schlesien   26, 73, 84, A 97
Schleswig   73
Schlüsselburg, heute Petershagen   27
Schnepfenthal bei Gotha/DDR   9, 19, A 22
Schönbrunn/Österreich   A 200
Schweden   65
Schweiz   36, 66, 84
Siegen   18, 61
Soest   50
Spanien (Pyrenäenhalbinsel)   25f., 35–37, 56, 66, 75, 83, A 132f., A 337, A 341, A 345
Stralsund (DDR 2300)   65
Südpreußen   34
Sundern, Haus, Wohnsitz der Familie Liebrecht, heute Schwelm   A 167
Sundwig, heute Hemer   85

Tannenhof, Fehnkolonie   41
Tecklenburg   45, A 117
Thüringen   84
Tilsit/Ostpreußen, heute Sowjetsk/Sowjetunion   65f., 68, 70, 73, A 245, A 268
Torgau (DDR 7290)   A 253

Uckermark/DDR   84

Vendée/Frankreich   60

Wandsworth/England   67
Weimar (DDR 5300)   43, 85, A 26, A 285, A 359
Werden, heute Essen   37, 45, 50, 53, A 138, A 201
Wesel   2, 46, 50, 53, 62
Weser   37, 54, 62f., 91, 93, A 226
Westerwald   61
Westfalen (Landschaft, Provinz, Königreich)   1f., 4, 7, 11–14, 16, 18–21, 26, 28–30, 32f., 37f., 42, 44–49, 51–55, 61–69, 73–81, 83–85, 87, 90f., 93, A 10f., A 14, A 32f., A 105, A 107, A 111, A 138, A 147, A 166f., A 182, A 188, A 197, A 226, A 245, A 258, A 288, A 291, A 327 – A 329, A 395
Westpreußen   84
Wetter   35, 50, 52
Wetzlar   13, 18, A 41
Wien/Österreich   21, A 345
Wittmund   41, A 153
Würzburg   18

Zevenaar/Niederlande   51
Znaim/Tschechoslowakei   A 200